Bernhard Grimmer · Marius Neukom

Coaching und Psychotherapie

D1731908

Bernhard Grimmer
Marius Neukom

Coaching und Psychotherapie

Gemeinsamkeiten und
Unterschiede – Abgrenzung
oder Integration?

VS VERLAG FÜR SOZIALWISSENSCHAFTEN

Bibliografische Information der Deutschen Nationalbibliothek
Die Deutsche Nationalbibliothek verzeichnet diese Publikation in der
Deutschen Nationalbibliografie; detaillierte bibliografische Daten sind im Internet über
http://dnb.d-nb.de abrufbar.

1. Auflage 2009

Lektorat: Kea S. Brahms

VS Verlag für Sozialwissenschaften ist Teil der Fachverlagsgruppe
Springer Science+Business Media.
www.vs-verlag.de

Umschlaggestaltung: KünkelLopka Medienentwicklung, Heidelberg
Druck und buchbinderische Verarbeitung: Krips b.v., Meppel
Gedruckt auf säurefreiem und chlorfrei gebleichtem Papier
Printed in the Netherlands

ISBN 978-3-531-16603-2

Geleitwort

Coaching und Psychotherapie weisen – so erscheint es zumindest im Coaching-Alltag – keine Gemeinsamkeiten auf. Die Beteiligten, ob Coachs, Klienten oder Verantwortliche in Personalabteilungen, betonen unisono, dass man zwischen beiden Beratungsformaten eindeutig unterscheiden kann und muss. Überschneidungen scheint es nicht zu geben.

Ebenso tabuisiert sind etwaige Leistungsdefizite der Mitarbeiter, die für ein Coaching ausgewählt werden. Mit Ausnahme von Führungskräfte-Coachings, die an eine Beförderung geknüpft sind, empfehlen oder gewähren Unternehmen einem Mitarbeiter eine Coaching-Maßnahme vor dem Hintergrund einer Leistungs- oder Führungsschwäche. Dies wird allerdings nicht offen kommuniziert. Denn in unserer Leistungsgesellschaft wäre dies für Ansehen und Karriere der Betroffenen kontraproduktiv. Schon gar nicht wollen Unternehmen Psychotherapie-Empfehlungen aussprechen. Psychotherapie ist mit psychischer Erkrankung assoziiert und es wird unterstellt, dass ein psychisch Kranker als Leistungträger ausfällt.

Diese Stigmatisierung der Psychotherapie kann dazu führen, dass Coaching empfohlen wird, wo Therapie angezeigt ist. Ebenso wie das Leugnen der Tatsache, dass im Coaching auch psychotherapeutische Elemente zur Anwendung kommen, lässt dies vermuten, dass Vermischungen und Überschneidungen gang und gäbe sind. Wie leicht eine Beraterin, die Coaching und Psychotherapie anbietet, in die Grauzone „zwischen beiden Fronten" geraten kann und sich dabei unausgesprochen mit Unternehmen und Klienten verbündet, ist mir aus eigener Erfahrung wohl bekannt.

Bernhard Grimmer und Marius Neukom, Herausgeber und Autoren dieses Buches, haben sich – gemeinsam mit den Mitautorinnen – die Aufgabe gestellt, Unausgesprochenes auszusprechen und Gemeinsamkeiten und Unterschiede zwischen Coaching und Psychotherapie in einer qualitativen Studie zu untersuchen. Dies war notwendig und ist ermutigend. Denn die Offenlegung von Charakteristika und Überschneidungen beider Beratungsformate führt zu einer Professionalisierung des Coaching, von der die Klienten nur profitieren können. Die vorliegende Untersuchung baut Berührungsängste ab und trägt zu einer transparenteren Anwendung von Coaching und Psychotherapie bei.

Coaching fördert den Menschen vorwiegend in seiner beruflichen Rolle und Funktion, Psychotherapie zielt auf eine Veränderung der Person. Coaching setzt Selbstmanagementkompetenzen voraus, Psychotherapie baut Selbstmanagementkompetenzen auf. Die Studie zeigt jedoch, dass Personal- und Coachingverantwortliche zwar auf der Trennung von Coaching und Psychotherapie bestehen, paradoxerweise aber Interventionen, die der Therapie entlehnt sind, als besonders wirksam einschätzen, und daher wie selbstverständlich von ihrer Verwendung ausgehen. In der Praxis erscheint eine eindeutige Trennung weder realisierbar, noch unbedingt wünschenswert. Coaching und Psychotherapie können als gegensätzliche Pole einer Beratungsleistung „von Menschen für Menschen" verstanden werden, verbunden durch den Wirkfaktor „Beziehung". Wo die Grenzen des Coachings erreicht sind, muss der Coach manchmal sensibel austarieren. Grundkenntnisse eines therapeutischen Beziehungskonzeptes sind hierbei sicherlich eine Hilfe. Mir selbst haben die Beiträge in diesem Buch noch einmal verdeutlicht, wie unzulässig es im Coaching ist, die Persönlichkeit eines Klienten unvermittelt zu deuten, weil dies den Coach im Sinne Foucaults zu Machtausübung und Manipulation verführen kann. Für diese Erkenntnis bin ich sowohl als praktizierende Beraterin als auch als Weiterbildungsleiterin den Autoren und Herausgebern dieses Buches dankbar.

Als Fazit aus dem Dilemma der Uneindeutigkeit entwickeln die Herausgeber für das Coaching eine trennscharfe Konzeption und fordern eine differentielle Indikation für Coaching oder Psychotherapie. Es gilt mit dem Klienten möglichst gemeinsam herauszuarbeiten, ob die eine oder die andere Methode eher angezeigt ist. Das ist plausibel und doch gerade im Bereich des Business-Coaching aus den oben genannten Gründen heikel.

Von großer Hilfe wäre eine interdisziplinäre Clearingstelle, in der Personalverantwortliche, Klienten, Berater, Psychotherapeuten und – da wo psychosomatische Beschwerden vorliegen – auch psychosomatische Fachärzte solche differentiellen Indikationen gemeinsam erstellen. Auf dieser Basis könnten dann individuelle, passgenaue Förder- und Unterstützungsmaßnahmen entwickelt werden. Die Studie hat bestätigt, wie sinnvoll eine derartige Einrichtung wäre. Darüber freue ich mich sehr, denn der Aufbau einer Clearingstelle ist ein lang gehegtes Wunschprojekt von mir. Und um beim Wünschen zu bleiben: Eine finanzielle Unterstützung durch die Wirtschaft könnte erheblich dazu beitragen, psychotherapeutische Maßnahmen zum Erhalt der Arbeitskraft zu enttabuisieren. Dies würde sich langfristig wahrscheinlich nicht nur finanziell auszahlen.

Ich wünsche den Herausgebern und Autoren viele interessierte Leserinnen und Leser. Professionelle Berater, Coaching-Verantwortliche und -Weiterbildner werden von der Lektüre – da bin ich sicher – ebenso profitieren wie ich.

Beate West-Leuer

Vorwort

Einige Jahre lang haben wir, parallel zu unserer Forschungs- und Lehrtätigkeit, gemeinsam an der Universität Zürich als Psychotherapeuten praktiziert und als Coachs gearbeitet. Immer stärker hat uns die Frage beschäftigt, worin die Gemeinsamkeiten dieser beiden Interventionsverfahren zur Erlebens- und Verhaltensänderung bestehen, und was sie unterscheidet: Wer meldet sich für ein Coaching an, wer für eine Psychotherapie? Aus welchen Gründen wird das eine oder das andere Verfahren gewählt. Was sind die Anlässe? Handelt es sich überhaupt um zwei klar voneinander abgrenzbare Verfahren oder um zwei Varianten des Gleichen? Gibt es Indikationskriterien, anhand derer entschieden werden kann, ob man einem Menschen eine Psychotherapie oder ein Coaching empfehlen sollte? Sind es am Ende verschiedene Persönlichkeiten oder Milieu spezifische Prägungen, die jemanden in die Psychotherapie oder ins Coaching führen? Auffallend war darüber hinaus, dass insbesondere Angestellte in Führungspositionen sich meistens zum Coaching anmeldeten und nur selten zur Psychotherapie, und falls doch, dann immer ohne Wissen des Arbeitgebers. Woran könnte dies liegen?

Je länger wir in der Praxis vor diesen Fragen standen, desto stärker wurde unser Interesse, Antworten zu finden. Wir mussten feststellen, dass es bis heute nur sehr wenig Forschungs-Literatur zum Verhältnis von Coaching und Psychotherapie gibt. Wir haben deshalb ein Forschungsprojekt initiiert, um diesen Fragen nachzugehen.

Auf der Basis unserer praktischen und methodischen Expertise hat unsere Forschungsgruppe 30 qualitative, halbstrukturierte Interviews mit Coaching-Verantwortlichen aus Schweizer Großunternehmen und internationalen Konzernen durchgeführt, um handlungsleitende Konzepte und Funktionen von Coaching und Psychotherapie im HR-Bereich zu untersuchen. Die wissenschaftliche Inhaltsanalyse dieser Daten (ca. 700 Textseiten) wurde mit Hilfe von Atlas.ti, einem Software-Programm zur qualitativen Datenanalyse, durchgeführt.

Wir haben die Experten befragt, wie sie das Verhältnis von Coaching und Psychotherapie einschätzen: Was ist für sie Coaching und was Psychotherapie? Welches sind die Anlässe, in denen aus ihrer Sicht ein Coaching angezeigt ist? Sprechen sie auch Empfehlungen für Psychotherapie aus? Wo liegt der Grenzbereich? Welche Vorbehalte gegenüber der einen oder anderen Technik haben sie? Worauf kommt es an, damit die Ziele der Coachingnehmer und des Arbeitgebers erreicht werden können?

Auf der Basis der Expertenmeinungen gehen wir der Frage nach, worin sich diese beiden Verfahren in der Praxis unterscheiden und wie sie sich definitorisch voneinander abgrenzen lassen. Schließlich formulieren wir Indikationskriterien, die es Coachs und Psychotherapeuten erlauben, ihre Klienten dem passenden Verfahren zuzuweisen. Unser Ziel besteht auch darin, präziser heraus zu arbeiten, wie Coaching- und Psychotherapieangebote aussehen sollen, damit sie den Anforderungen der heutigen Zeit, insbesondere den aus der Wirtschaft kommenden, gerecht werden.

Wir gehen davon aus, dass mit Coaching und Psychotherapie zwei verschiedene Interventionsstrategien verbunden sind und dass Professionalität bedeutet, beide Techniken gezielt anzubieten und differenziert einzusetzen. Es gibt auch Situationen, in denen sie integriert werden können.

Unser Buch richtet sich an sowohl an Coachs, die ihre Profession und ihr tägliches Handeln in Bezug auf Psychotherapie reflektieren wollen als auch an Psychotherapeuten, die sich für Coaching interessieren. Zudem wollen wir Praktikern und Forschern, die wie wir in beiden Bereichen arbeiten, mit dieser ausführlichen Studie eine Diskussionsgrundlage bieten, um über das Verhältnis von Coaching und Psychotherapie vertieft nachzudenken. Natürlich finden auch Laien (Führungskräfte, Manager, Coachingnehmer, Psychotherapie-Interessierte und Patienten) Anregungen und Aufschlüsse zur Thematik: Das Buch erlaubt es ihnen, wichtige Kenntnisse in Bezug auf die Grundlagen beider Gebiete zu erwerben und Entscheidungen zu treffen.

Unter Coaching verstehen wir in unserer täglichen Arbeit wie auch in diesem Buch Business-Coaching. Damit ist ein berufsbezogener Beratungsprozess gemeint, der einzelne Personen (zumeist Führungskräfte), Arbeitsteams oder auch ganze Organisationen anleitet, ihre selbst gesetzten Ziele besser zu erreichen. Neben der Leistungssteigerung wird Coaching auch als Unterstützung in beruflichen Konflikten, schwierigen Entscheidungs-, Übergangs- oder Veränderungs-Situationen eingesetzt.

Coaching ist inzwischen ein inflationäres Modewort und eine typische Erscheinung gegenwärtiger, zumindest westlicher Gesellschaften. Es wird für jede nur denkbare Situation angeboten, wobei Business-Coaching längst eine Ergänzung im „Life-Coaching" gefunden hat. Dieses würden wir allerdings eher als „psychologische Lebensberatung" bezeichnen und auch lieber im Randbereich von Psychotherapie ansiedeln. Im vorliegenden Buch geht es ausschließlich um Business-Coaching wie oben definiert sowie um Psychotherapie, die subjektives Leiden im Bereich des Fühlens, Erlebens und in Beziehungen zu beheben hilft.

Sowohl als Psychotherapeuten wie als Coachs sind wir einem psychodynamischen Denkansatz verbunden, der – sehr allgemein formuliert – davon ausgeht, dass unser Erleben und Handeln zu großen Teilen unbewusst motiviert sowie lebens- und beziehungsgeschichtlich geprägt sind. Maladaptives Verhalten, sei es in privaten oder beruflichen Situationen, lässt sich dann verändern, wenn es gelingt, unbewusste Konflikte zu lösen, Wiederholungszwänge zu durchbrechen und Hemmungen abzubauen, die neuen Erfahrungen im Weg stehen.

Im ersten Kapitel beleuchten wir das gegenwärtige Verhältnis von Psychotherapie und Coaching: einerseits aus Sicht der Praxis und andererseits aus Forschungsperspektive. Danach beschreiben wir die Entwicklung, den Aufbau und das methodische Vorgehen unserer qualitativen Interviewstudie. Das dritte Kapitel widmet sich aus verschiedenen Perspektiven den Definitionen, Anlässen und Funktionen von Coaching und den Anforderungen an Coachs in Großunternehmen. Es mündet in eine sowohl für die Praxis als auch Forschung relevante, mehrschichtige Konzeptionalisierung von Coaching. Ob und wie Psychotherapie von Coaching- und Personalentwicklungs-Verantwortlichen in den Unternehmen wahrgenommen wird, zeigt das vierte Kapitel auf. Am Ende des Buches steht eine systematische Gegenüberstellung von Coaching und Psychotherapie, der wir unsere eigene Konzeptionalisierung zur differentiellen Indikation von Coaching und Psychotherapie zu Grunde legen.

Das Forschungsprojekt, auf das sich die vorliegende Publikation bezieht, fand zwischen 2006 und 2009 an der Abteilung für Klinische Psychologie, Psychotherapie und Psychoanalyse des Psychologischen Instituts der Universität Zürich statt. Das Forschungsteam bestand aus den beiden Projektleitern Dr. phil. Bernhard Grimmer und Dr. phil. Marius Neukom, sowie aus den Projektmitarbeiterinnen lic. phil. Colina Frisch (vgl. Frisch, 2008), lic. phil. Nicole Heyn (vgl. Heyn, 2008), cand. phil. Flavia Ineichen (vgl. Ineichen, 2008), cand. phil. Brigitte Meier (vgl. Meier, 2008), cand. phil. Kathrin Schnell (vgl. Schnell, 2009) und cand. phil. Bettina Spinner. Sie alle haben als Projektmitarbeiterinnen und Mitautorinnen in den vergangenen Jahren – lange bevor deutlich wurde, dass am Ende dieses Buch stehen wird – in der Konzeptualisierung, Durchführung und Auswertung der Interviewstudie Bemerkenswertes geleistet: Wir sind ihnen zu großem Dank verpflichtet, denn ohne sie wäre diese Publikation nicht möglich geworden. Wertvolle Anregungen verdanken wir zudem lic. phil. Lucia Dahinden, lic oec. Thomas Freitag und lic. phil. Peter Greutmann. Daneben bedanken wir uns bei Frau Professor Brigitte Boothe, die uns in Forschung und Praxis die institutionellen Möglichkeiten bot und den kreativen Raum ließ, Psychotherapien und Coachings nicht nur durchzuführen, sondern auch zu erforschen.

Unser besonderer Dank schließlich gehört unseren Interviewpartnern und ihren Unternehmen, die uns bereitwillig Auskunft und Einblicke in ihre handlungsleitenden Konzepte und in ihr praktisches Vorgehen gaben. Das Interesse und die Bereitschaft an der Studie mitzuwirken, war sehr groß, was für eine hohe praktische Relevanz des Themas spricht.

Im Text verwenden wir ausschließlich aus Gründen der Lesbarkeit durchgängig die männliche Form.

Bernhard Grimmer
Marius Neukom

Literatur

Frisch, C. (2008). Merkmale eines kompetenten Coachs aus der Sicht von Coachingverant-wortlichen. Eine explorative Studie. Unveröffentlichte Lizentiatsarbeit, Universität Zürich, Psychologisches Institut, Abteilung Klinische Psychologie, Psychotherapie und Psychoanalyse.

Heyn, N. (2008). Anlässe für Business-Coaching. Eine explorative Studie. Unveröffentlichte Lizentiatsarbeit, Universität Zürich, Psychologisches Institut, Abteilung Klinische Psychologie, Psychotherapie und Psychoanalyse.

Ineichen, F. (2008). Was ist Psychotherapie? Psychotherapie im beruflichen Umfeld. Unveröffentlichte Lizentiatsarbeit, Universität Zürich, Psychologisches Institut, Abteilung Klinische Psychologie, Psychotherapie und Psychoanalyse.

Meier, B. (2008). Was ist Coaching? Eine explorative Studie. Unveröffentlichte Lizentiatsarbeit, Universität Zürich, Psychologisches Institut, Abteilung Klinische Psychologie, Psychotherapie und Psychoanalyse.

Schnell, K. (2009). Psychotherapie und Coaching: Die Rolle der Beziehung. Unveröffentlichte Lizentiatsarbeit, Universität Zürich, Psychologisches Institut, Abteilung Klinische Psychologie, Psychotherapie und Psychoanalyse.

Inhaltsverzeichnis

1 Das Verhältnis von Coaching und Psychotherapie in Praxis und Forschung

1.1 Coaching und Psychotherapie in der Praxis

Als Psychotherapeuten und Coachs haben wir im Rahmen unserer Tätigkeit an den Praxisstellen für Coaching und für Psychotherapie des Lehrstuhls für Klinische Psychologie, Psychotherapie und Psychoanalyse an der Universität Zürich regelmäßig die Frage zu klären, ob für die jeweiligen Ratsuchenden ein Coaching oder eine psychotherapeutische Behandlung angezeigt ist. Wir machen die Erfahrung, dass sich vor allem an der Praxisstelle für Coaching häufig Klienten anmelden, bei denen im Verlauf der Vorgespräche eine spezifische Problemstellung auftaucht: Sie präsentieren eine enge Verzahnung von Schwierigkeiten am Arbeitsplatz und persönlichen Problemen, die sie mit Hilfe eines Coachings lösen wollen. Dabei haben sie meistens kaum Vorstellungen davon, was im Rahmen eines zeitlich begrenzten Coaching-Prozesses bearbeitet werden kann und wofür eine längerfristige Psychotherapie hilfreicher wäre. Hinzu kommen oft ausgeprägte Berührungsängste in Bezug auf Psychotherapie.

Die Problemstellung der differentiellen Indikation – für wen eignet sich Coaching und für wen Psychotherapie? – halten wir für wichtig. Eine erfolgreiche Zusammenarbeit, Konflikt- oder Problemlösung kommt bei beiden Interventionsformen nur dann zustande, wenn gemeinsam mit den Klienten passend erarbeitet werden kann, welcher Weg eingeschlagen werden soll. Diese Aufgabe wird besonders anspruchsvoll, wenn man beide Formen anbietet, ohne sie jedoch willkürlich vermischen zu wollen. Unserer Erfahrung nach droht die noch immer anhaltende Expansion im Coaching die Differenzierung zwischen den beiden Interventionsansätzen zusätzlich zu verwischen. Coaching ist überall und alles. Es genießt eine im Vergleich zur Psychotherapie ungleich höhere soziale Akzeptanz, doch es eignet sich freilich keineswegs für alle Anlässe und Anliegen. Obschon das Vermitteln zwischen Coaching und Psychotherapie zum Alltagsgeschäft des Coachs und Psychotherapeuten gehört, sind die damit verbundenen Erfahrungen, Möglichkeiten und Grenzen nirgends systematisch dokumentiert, evaluiert und in gebündelter Form verfügbar (vgl. Bluckert, 2005b). Auch gibt es kaum wissenschaftliche Studien zum Zusammenhang zwischen Coaching und Psychotherapie (s. Kapitel 4).

Als Praktiker haben wir gelernt, mit der geschilderten Problemstellung umzugehen. Als Forscher drängt sich uns aber die Frage auf, wie in der Vorstellung unseres Klientels und unserer Auftraggeber aus der Arbeitswelt Coaching und Psychotherapie zusammen hängen, und wie sie sie voneinander abgrenzen. Die Erkenntnisse aus einer solchen Befragung mit unseren praktischen Erfahrungen zu verbinden, ist die Absicht dieses Buches. Wir gehen davon aus, dass mit Coaching und Psychotherapie zwei verschiedene Interventionsstrategien verbunden sind und dass Professionalität mitunter bedeutet, beide Techniken gezielt anzubieten und differenziert einzusetzen. Das Ziel unserer Studie besteht deshalb auch darin, präziser heraus zu arbeiten, welche Vorstellungen und Erwartungen an Coaching- und Psychotherapieangebote gestellt werden und wie solche Angebote in der heutigen Zeit aussehen sollen, damit sie den Anforderungen der aus der Wirtschaft kommenden Ratsuchenden gerecht werden.

Obschon wir im Folgenden grundsätzlich von Coaching und Psychotherapie in allgemeiner Form sprechen, scheint es uns sinnvoll, einige Hinweise zu unseren praktischen und theoretischen Referenzpunkten zu geben. Aus Platzgründen ist es uns nicht möglich, die Gemeinsamkeiten und Unterschiede verschiedener psychotherapeutischer Behandlungsformen und -theorien darzulegen. Hierfür verweisen wir auf das ausgezeichnete und anschaulich geschriebene Werk von Kriz (2007). Als Psychoanalytiker und psychodynamische Coachs nehmen wir mitunter einen spezifischen Standpunkt ein, zu dem es selbstverständlich Alternativen mit anderen Schwerpunkten gibt. Unsere Leserschaft mag selbst entscheiden, wie weit unsere Konzeptualisierungen und unser theoretisches Rüstzeug für sie nützlich sind. Nachfolgend möchten wir einen Eindruck davon vermitteln, wie unsere praktische Arbeit mit Klienten und Patienten vor sich geht. Hierzu erklären wir einige konzeptuelle Grundlagen und geben zwei Fallbeispiele wieder, die unsere Arbeitsweise illustrieren und den Überschneidungsbereich von Coaching und Psychotherapie problematisieren.

Psychodynamisch orientierte Psychotherapie

Die unterschiedlichen Formen der psychodynamisch orientierten Psychotherapien basieren auf der von Sigmund Freud begründeten Psychoanalyse, die im klinischen Kontext als eine Persönlichkeits-, Krankheits- und Behandlungstheorie charakterisiert werden kann. Die Psychoanalyse verfügt über ein elaboriertes, sich in stetem Wandel befindliches Theoriegebäude zur menschlichen Entwicklung sowie zur Entstehung und Behandlung von psychischen Erkrankungen. Bei den psychodynamischen Behandlungsverfahren geht es um die Bearbeitung von lebensgeschichtlich begründeten pathogenen unbewussten Konflikten und krankheitswertigen Störungen der Persönlichkeitsentwicklung in einer therapeutischen Beziehung, unter besonderer Berücksichtigung des Unbewussten sowie von Phänomenen der Übertragung und Gegenübertragung (s. z.B. Mertens, 2000; Mertens, 2004; Mertens & Waldvogel, 2008; Müller-Pozzi, 2002; Neukom, Grimmer & Merk, 2005; Thomä & Kächele, 2006). Illustrative klinische Fallbeispiele von psychodynamisch orientierten

Behandlungen finden sich in Henseler & Wegner (2000) sowie Neukom, Merk & Boothe (2007).

Bezeichnungen wie „psychoanalytische" oder „psychoanalytisch orientierte Psychotherapie", „psychodynamische" oder „psychodynamisch orientierte Psychotherapie", „Psychoanalyse" und „Tiefenpsychologie" beziehen sich auf ein und dieselben Verfahren der Behandlung psychischer Krankheiten. Psychodynamisch orientierte Psychotherapien kommen in der Behandlung von Einzelpersonen (Kinder, Jugendliche und Erwachsene), Paaren, Familien oder Gruppen zur Anwendung und finden sowohl im ambulanten als auch im stationären Rahmen statt. Ihr Spektrum reicht von Kriseninterventionen (ein bis zwei Sitzungen) über Kurzzeittherapien (10 bis 50 Sitzungen) bis zu intensiven Langzeitverfahren (über mehrere Jahre hinweg). Seit ihrer Entwicklung vor rund 100 Jahren hat die Psychoanalyse eine Vielzahl von Erklärungshypothesen und behandlungstechnischen Modellen entwickelt, die aufgrund klinischer Erfahrungen und Forschungsergebnisse weiter entwickelt oder widerlegt worden sind. Die Wirksamkeit der psychoanalytisch orientierten Psychotherapie ist sowohl im Kurz- als auch Langzeitbereich mit Vergleichsstudien und aufwändigen Metaanalysen empirisch vielfach belegt (s. z.B. Brandl et al., 2004; Leichsenring & Rabung, 2008; Leichsenring, Rabung & Leibing, 2004; Leichsenring, 2001; Leuzinger-Bohleber, Rüger, Stuhr & Beutel, 2002; Rudolf, Dilg, Grande, Jakobsen, Keller, Krawietz, Langer, Stehle & Oberbracht, 2004; Sandell, Blomberg, Lazar, Carlsson, Broberg & Schubert, 2001; Taylor, 2008).

Allen psychodynamisch orientierten Verfahren liegt die Annahme zugrunde, dass psychische Prozesse teilweise unbewusst ablaufen und dass dem Unbewussten in den Funktionsweisen der gesunden Persönlichkeit wie auch bei psychischen Erkrankungen eine zentrale Bedeutung zukommt: „Das Unbewusste ist das eigentlich reale Psychische, uns nach seiner inneren Natur so unbekannt wie das Reale der Aussenwelt, und uns durch die Daten des Bewusstseins ebenso unvollständig gegeben wie die Aussenwelt durch die Angaben unserer Sinnesorgane" (Freud, 1900, S. 617f.). Aufbauend auf dem heute allgemein akzeptierten Faktum, dass „alle Arten menschlicher Seelentätigkeit unbewusst vor sich gehen können und dies auch tun" (Solms, 2000, S. 774), hat die Psychoanalyse spezifische Techniken entwickelt, um die unbewussten Motive eines Menschen so weit als möglich aufzudecken. Beispielsweise werden auf der Basis der Technik des freien Assoziierens psychische Vorgänge als ein Zusammenspiel von unbewussten Wünschen, Ängsten und Abwehrmechanismen rekonstruiert (Mentzos, 1997; Müller-Pozzi, 2002). Mit Abwehrmechanismen sind jene psychischen Aktivitäten gemeint, die psychischen Schmerz in all seinen möglichen Formen zu vermeiden oder zu umgehen versuchen. Die Verstehens- und Einsichtsarbeit, die in psychoanalytisch orientierten Therapien verfolgt wird, ist im Kontext dieser Auffassung der Psyche und des Unbewussten zu sehen: Diese Verfahren zielen auf ein Verständnis und die Integration der individuellen, bewussten und unbewussten Anteile, die an der Entstehung von inneren Konflikten, Beziehungsschwierigkeiten, psychischen und körperlichen Symptomen und Krankheiten beteiligt sind.

Die psychoanalytische Krankheitslehre sieht die Ursache für seelische und körperliche Symptome in unbewussten Konflikten oder strukturellen Störungen, die auf verinnerlichte pathogene Beziehungsmuster zurückgehen. Für deren Verständnis und Behandlung bedienen sich psychodynamisch orientierte Psychotherapeuten eines spezifischen methodischen Verfahrens, in dessen Mittelpunkt die Therapeut-Patient-Beziehung steht. Aus der klinischen Erfahrung heraus, dass sich Symptome und Krankheitsbilder unvermittelt verwandeln können, ohne dass es den Patienten subjektiv besser geht und dass umgekehrt ein Leidensdruck mitsamt der Symptomatik auch schlagartig verschwinden kann, steht die Psychoanalyse Begriffen wie „Störung", „Defekt" oder „(Entwicklungs-)Defizit" grundsätzlich kritisch gegenüber. Sie fasst psychische und körperliche Symptome vielmehr als sinnvolle, kompromisshafte Symbolbildungen auf, die einen Versuch der Selbstheilung darstellen. Symptome sind folglich das Ergebnis eines Prozesses, in den das Subjekt als Ganzes involviert ist. Sie sind Ausdruck seiner gegenwärtigen Bewältigungsmöglichkeiten. Deshalb müssen die Symptome, der mit ihnen verbundene primäre und sekundäre „Krankheitsgewinn" (Freyberger, 2000), ihre Genese, Bedeutung und Funktion für das betroffene Individuum verstanden werden, um sie einer Veränderung zugänglich zu machen. Mit „verstehen" wird in diesem Zusammenhang nicht allein ein kognitiver, sondern viel mehr noch ein emotionaler Prozess bezeichnet. Die psychoanalytische Behandlungstheorie folgt prinzipiell einem ätiologischen Modell: Sie ist nicht primär auf die Behandlung von Symptomen ausgerichtet, sondern darauf, die zugrunde liegenden Ursachen zu beheben.

Psychodynamisches Coaching und Organisationsentwicklung

Im Bereich von Coaching und Organisationsentwicklung interessiert sich der psychodynamisch orientierte Ansatz (s. z.b. Lang & Sidler, 2007, Lohmer, 2007, Lohmer, 2004, West-Leuer & Sies, 2003) besonders für „die Verbindung zwischen den rationalen Zwecken und Abläufen in einer Organisation und den unbewussten Prozessen" (Lohmer, 2007, S. 229). Dabei wird eine systemische Sichtweise mit den psychodynamisch orientierten Techniken der Analyse unbewusster emotionaler Vorgänge zusammen geführt. Die leitenden psychoanalytischen Konzepte in diesem Zusammenhang sind das Unbewusste, Regression, Abwehr, Angst, Widerstand, Übertragung und Gegenübertragung (ebd.; Mertens & Waldvogel, 2008).

Während die klassische Psychoanalyse vor allem auf das Individuum fokussiert, greift das psychodynamische Coaching auch wesentlich auf die Erkenntnisse der Gruppenanalyse zurück (Foulkes, 2007): „Gruppen haben die naturgemässe Tendenz, in primitiven Modi zu funktionieren, die aber durch funktionale Strukturen wie z.B. Aufgaben, Grenzen, Rollen und eine funktionale Führung, begrenzt werden können" (Lohmer, 2007, S. 230). Solche „primitive Modi" sind etwa eine starke Angstentwicklung, die Enthemmung von Aggression oder der Einsatz sogenannt unreifer Abwehrmechanismen wie Spaltung[1] oder projektive Identifizierung.[2] Der systemischen Analyse von Organisationsstrukturen wird im psychodynamischen Coaching somit die Analyse von unbewussten Gruppenprozessen zur Seite gestellt. Die gewonnenen Erkenntnisse dienen dem Verständnis von Verhaltensweisen und Reaktionen von Individuen oder Gruppen. Sie werden in der Folge auch hier über einen emotional geprägten Prozess des Verstehens einer Veränderung zugänglich gemacht.

Ein psychoanalytisch orientierter Coach arbeitet in der Regel auf der Basis einer mehrjährigen psychotherapeutischen Weiterbildung mit psychoanalytischer Ausrichtung auf dem Hintergrund eines Psychologie- oder Medizin-Studiums. Zu dieser postgradualen Weiterbildung gehören eine mehrjährige Selbsterfahrung im psychoanalytischen Setting, regelmäßige Supervision und eine stete klinische Praxis. Sie werden ergänzt durch Fortbildungen in den Bereichen Coaching, Organisationsentwicklung, Gruppenanalyse, Moderation und Training.[3]

Einige Indikationskriterien aus der praktischen Anwendung

Herauszufinden, ob Coaching oder eher Psychotherapie hilfreich sein könnte, ist für uns eine immer wieder neu zu beantwortende Frage, die nach einer gemeinsamen Klärung mit dem Klienten verlangt. Sie dreht sich in der Regel um das Verhältnis zwischen den strukturellen Gegebenheiten der Organisation, in der der Klient arbeitet und seinen eigenen Persönlichkeitsanteilen, denen er nicht entfliehen kann. Je stärker die Beteiligung letzterer ist, desto eher ist Psychotherapie anstelle von Coaching angezeigt. Jede Problemstellung hat jedoch ihre eigenen Bedingungen, die einer sorgfältigen und möglichst vorurteilsfreien Abklärung bedürfen.

---

1   Spaltungsvorgänge liegen vor, wenn eine Person oder Personengruppe sich selbst und andere in extreme Gegensätze aufgeteilt (stark/schwach, gut/böse etc.) voneinander unterscheidet. Mit einer solchen Wahrnehmungsstrategie wird vermieden, dass inkompatible Gegensätze zusammentreffen, was eine unaufhaltbare psychische Spannung nach sich ziehen würde (Lohmer, 2000, S. 76; Mentzos, 2000, S. 63)

2   Mit Hilfe von projektiver Identifizierung werden „unbewusst nicht akzeptable, abgespaltene Gefühle und Selbstbilder in andere Personen verlegt. Der Begriff Projektion meint dabei die Externalisierung eigener Anteile, der Begriff Identifizierung meint, dass die andere Person mit diesem Teil identifiziert wird und ihn auch selber bei sich empfindet" (Lohmer, 2000, S. 77).

3   Eine integrale und zertifizierte berufsbegleitende Weiterbildung in psychodynamischer Organisationsentwicklung und Coaching bietet das „Institut für Psychodynamische Organisationsentwicklung und Personalmanagement Düsseldorf e.V." (POP; vgl. www.pop.psa.de) an.

Für die meisten Menschen ist es relativ einfach, sich auf ein Coaching einzulassen. Vor allem unter dem Label „Business-Coaching" ist es sozial gut akzeptiert. Gegenüber Psychotherapie bestehen hingegen nicht selten große Ängste und Vorurteile. Solange Klienten nicht von einem erheblichen psychischen Leidensdruck gepeinigt sind, können sie den Nutzen oder gar die Notwendigkeit einer Psychotherapie oft erst nach einer Aufklärungs- und Beruhigungsarbeit ernsthaft für sich erwägen. Sowohl beim Coaching als auch in einer Psychotherapie spielt die (Vertrauens-)Beziehung zwischen den Beteiligten eine bedeutende Rolle. Die klare Zielorientierung und zeitliche Beschränkung im Coaching schützen vor einer angsteinflößenden Intensivierung der Bindung des Coachingnehmers an den Coach. Psychotherapie dagegen kommt nicht umhin, Abhängigkeit und damit verbundene Konflikte entstehen zu lassen, um sie in der Folge zu bearbeiten und zu verändern. Allerdings ist auch beim Coaching eine gute Beziehung zwischen Coachingnehmer und Coach der zentrale Schlüssel für die erfolgreiche Zusammenarbeit.

Als Coachs sehen wir uns öfters vor die Situation gestellt, dass Klienten ein Coaching machen möchten, obschon Psychotherapie die wahrscheinlich angemessenere und insbesondere nachhaltigere Option wäre. Manchmal kommt es vor, dass der Vorschlag, sich auf eine Psychotherapie einzulassen, Erleichterung und Dankbarkeit nach sich zieht, weil insgeheim nach gar nichts anderem gesucht wurde. Wenn allerdings die Bereitschaft, sich mit sich selbst auseinander zu setzen, von Vorurteilen, Beziehungsängsten oder einem zu starken Bedürfnis nach einer schnellen und effektiven Leistungsoptimierung überlagert sind, braucht es oft mehrere Sitzungen zur Klärung der Situation. In ihnen muss ein Erkenntnisprozess angestoßen werden, an dem sich sowohl der Klient als auch der Berater beteiligen.

1.2 Zwei Fallbeispiele im Überschneidungsbereich von Coaching und Psychotherapie

Nachfolgend präsentieren wir zwei anonymisierte Fallbeispiele[4], die den Überschneidungsbereich von Coaching und Psychotherapie umreißen. Sie zeigen, wie im Gespräch mit Klienten die Basis dafür geschaffen wird, die eine oder andere Interventionsform erfolgreich umzusetzen.

Erstes Fallbeispiel: Führungs-Coaching mit psychotherapeutischen Elementen

Ein knapp 30-jähriger Mann mit Universitätsabschluss, Herr K., meldet sich an unserer Praxisstelle für Psychodynamisches Coaching und Organisationsentwick-

---

4   Diese Fallbeispiele wurden erstmals veröffentlicht in Neukom & Grimmer, 2009.

lung und bittet um ein Erstgespräch. Dort schildert er folgendes Problem: Er arbeitet in einem kleinen Dienstleistungsunternehmen, das vor allem von öffentlichen Auftraggebern finanzierte Bildungsprogramme zum Gesundheitsverhalten entwickelt und vor Ort in den Gemeinden umsetzt. Gemäß seinem Arbeitsvertrag hat Herr K. eine Leitungsfunktion inne, zu der auch die Budgetverwaltung und die Außenkontakte mit Auftraggebern zählen. Nun beklagt sich Herr K. jedoch, dass einer seiner Mitarbeiter, der 15 Jahre ältere Herr L., seine Leitungsfunktion nicht anerkennt und mit ihm rivalisiert. Herr L. schreibt beispielsweise selbständig Briefe an Auftraggeber und trifft Vereinbarungen mit ihnen. In Sitzungen ist er fordernd und bestimmend. Er stellt fast alle Entscheidungen von Herrn K. in Frage. Hinterher regt sich dieser immer sehr auf, kann nach der Arbeit nicht abschalten und nur sehr schlecht einschlafen.

Herr K. äußert den Wunsch, Herr L. möge aufhören, mit ihm zu rivalisieren und stattdessen anfangen, seine Entscheidungen zu respektieren. Er äußert die Idee, ein Gespräch zu Dritt – mit dem Coach – zu machen, um die Konflikte mit seinem Mitarbeiter zu lösen. Dahinter zeigt sich der Wunsch, dass der Coach Herrn L. beibringt, seine Autorität als Vorgesetzter zu akzeptieren. Anstatt dieser Rollenzuweisung nachzugeben und einem solchen Gespräch zuzustimmen, schlägt der Coach vor, zunächst gemeinsam zu untersuchen, wie sich Herr K. in den Konflikten mit Herrn L. verhält und wie er seine Führungsrolle ausübt.

Es zeigt sich, dass sich Herr K. in einem inneren Dilemma befindet: Er hofft stets, Herr L. würde Verständnis für seine Entscheidungen haben, ohne dass es zu einer Auseinandersetzung käme. Die Tatsache, dass Herr L. über mehr Berufserfahrung verfügt, verunsichert ihn und lässt ihn insgeheim an seinem eigenen Führungsanspruch zweifeln. Der Lösungsansatz mit dem Vorschlag des Gesprächs zu Dritt ist ein Versuch, die Durchsetzung seines Machtanspruchs an den Coach zu delegieren. Schließlich zeigt sich auch noch, dass Herr K. auf der Ebene seines Führungsverhaltens so gut wie keine strukturierenden und standardisierten Instrumente einsetzt. Sowohl die vorgesehenen Arbeitsabläufe als auch die Budgetverwaltung handhabt er für seinen Mitarbeiter offensichtlich intransparent. Diese Willkür versteht der Coach als einen unangemessenen Versuch, sein Gefühl der Selbstsicherheit und Verfügungsgewalt zu stärken.

Der Coach unterbreitet Herrn K. ein Angebot für ein zehnstündiges Führungs-Coaching im Einzelsetting. In seinem Angebot begründet er zunächst, warum er von einem Gespräch zu Dritt abrät: Da die Hierarchie im Arbeitsvertrag klar geregelt ist, würde es seine Autorität eher schwächen, wenn er mit Hilfe einer dritten Person versucht, seinen Führungsanspruch durchzusetzen. Es müsse viel mehr darum gehen, sein Führungsverhalten zu optimieren. Um dies zu erreichen, halte er es für sinnvoll auf zwei Ebenen anzusetzen. Erstens seien Leitungsinstrumente zu entwickeln, die die Interaktionen strukturieren und Verbindlichkeiten schaffen, wie z.B. klare Aufgabenverteilung, Arbeits- und Finanzpläne, transparente Entscheidungen. Der zweite Ansatzpunkt sei die Entwicklung des Führungsverhaltens, wozu Verhaltensregeln für Konfliktsituationen erprobt und das Führen von Mitarbeitergesprächen geübt werden sollten. Am wichtigsten sei für die Entwicklung aber eine Analyse seiner persönlichen Verstrickung in die Beziehung mit dem Mitarbeiter, um zu verstehen, warum er einerseits den Führungsanspruch erhebt, ihn aber andererseits nicht durchsetzen kann.

Herr K. erteilt den Auftrag für dieses Coaching. Die Entwicklung der Leitungsinstrumente gibt ihm vermehrte Sicherheit im Kontakt mit seinem Mitarbeiter. Die größte Veränderung aber erbringt die Analyse seiner persönlichen Verstrickung in die Beziehung mit Herrn L. Darin geht es zunächst darum, ihm die zwei Seiten seines inneren Dilemmas zu verdeutlichen: Dass er einerseits einen Führungsanspruch erhebt, andererseits aber gleichzeitig Angst davor hat, diesen einzulösen. Der Coach formuliert wiederholt Hypothesen, die die Gefühle von Herrn K. benennen. Beispielsweise sagt er: „Sie befürchten, dass Herr L. besser als sie arbeitet und glauben deshalb, gar kein Recht zu haben, ihm etwas zu sagen." Verknüpfungen dieser Art eröffnen ihm ein Verständnis dafür, dass er eigentlich stets fürchtet, die Liebe und Anerkennung von Autoritätspersonen zu verlieren, wenn er ihre Überlegenheit in Frage stellt. Ein wichtiger Aspekt dieser Verstehensarbeit besteht auch darin, mit ihm herauszuarbeiten, dass es sich hier um ein Beziehungsmuster handelt, das sich auch in anderen privaten und beruflichen Beziehungen wiederholt. Herr K. zeigt sich sichtlich erleichtert, als er seine Furcht, das Wohlwollen von Herrn L. zu verlieren, zu spüren beginnt. Es gelingt ihm auch zunehmend besser, von sich aus Vorstellungen zu entwickeln, wie er künftig gegenüber Herrn L. auftreten möchte. Er beginnt zu begreifen, was es heißt, den Konflikten weniger auszuweichen und selbstbewusster aufzutreten.

Diese im Rahmen des Führungs-Coachings eingeführte Analyse des Autoritätskonflikts von Herrn K. lässt sich als Einbau eines „fokaltherapeutischen Elements" (Klüwer, 2000) bezeichnen: Der Coach zieht ein Stück weit die bisherigen privaten und beruflichen Beziehungen von Herrn K. in die Arbeit mit ein. Er zeigt ihm auf, wie dem Wunsch, eine einflussreiche und führungsstarke Person zu werden, die unbewusste Angst entgegensteht, diesen Anspruch – infolge von ebenfalls unbewussten Abhängigkeitswünschen und Bestrafungsängsten – nicht einlösen zu können. „Fokaltherapeutisch" meint dabei, dass es nicht darum geht, die gesamte Persönlichkeit von Herrn K. zu analysieren, sondern lediglich denjenigen Konflikt zu fokussieren und zu bearbeiten, der ihn in seiner Arbeit blockiert. Da der Konflikt für Herrn K. relativ bewusstseinsnah war und er über die nötige Einsichtsfähigkeit verfügte, gelang es ihm schnell, sein gewonnenes Verständnis einzusetzen und sich seiner Angst vor dem Verlust der Zuneigung und Anerkennung von Herrn L. zu stellen. Dies ermöglichte ihm, seine Arbeitssituation zu verbessern, ohne psychotherapeutische Sitzungen in Anspruch zu nehmen.

Zweites Fallbeispiel: Explorative Sitzungen können Entscheidungen ermöglichen

Frau T. ist eine 39-jährige Juristin mit Anwaltspatent und mehreren Weiterbildungen im internationalen Recht. Sie arbeitet in einem multinationalen Musikkonzern als Leiterin einer größeren Abteilung, die mit der Entwicklung neuer Geschäftsmodelle im Kontext von digitaler Distribution und Urheberrecht beauftragt ist. Dabei sieht sie sich mit Schwierigkeiten konfrontiert, deren Lösung sie sich ohne Hilfe von Außen nicht mehr vorstellen kann. Obschon ihr Auftrag an sich klar definiert sei, sieht sie dessen Ausführung durch die „chaotische Führungsstruktur" bedroht: Etappenziele können nicht erreicht werden, weil sich die Vorgesetzten nicht einig sind oder weil sie ohne Rücksprache mit ihr neue Ansprüche formulieren. Frau T. beklagt sich im Erstgespräch ausgiebig über die Inkompetenz ihrer Vorgesetzten und glaubt, dass sie im Grunde an den Arbeitsergebnissen ihrer Arbeitsgruppe desinteressiert seien. Seit mehreren Monaten fühlt sie sich ausgebrannt und hat Widerstände, morgens an die Arbeit zu gehen.

Vom Coaching erwartet sie Handlungs-Anweisungen. Sie möchte wissen, welche Maßnahmen sie treffen muss, damit ihre Vorgesetzten endlich Stellung beziehen und ihr die Erfüllung ihres Auftrags ermöglichen. Im Anschluss an die Frage des Coachs, ob es für sie denkbar wäre, sich mit den schwierigen Umständen zu arrangieren und ihre Aufgaben dennoch zu Ende zu führen, entsteht eine längere Pause im Gespräch. Frau T. wirkt enttäuscht, ratlos und sackt sichtbar in sich zusammen. Sie berichtet von ihrer Unsicherheit, den richtigen Beruf gewählt zu haben. Im Grunde hatte sie immer Vorbehalte gegenüber ihrem Berufsstand und konnte sich auch nie vorstellen, in einem so großen Unternehmen zu arbeiten. Ihre Faszination an der Lösung juristischer Fragestellungen sei nicht so groß, wie man meinen könnte. Viel mehr interessieren sie die Menschen selbst.

Der Coach konfrontiert Frau T. mit ihren starken Emotionen und den nicht ohne weiteres nachvollziehbaren Unsicherheiten in Bezug auf ihren beruflichen Weg, wo sie doch eine erfolgreiche Karriere eingeschlagen hat. Sie werfen die Frage auf, inwiefern sie sich in einer persönlichen Krise befindet, die sich vor allem in ihrer Reaktion auf die schwierige Situation mit den Vorgesetzten ausdrückt und zu deren Lösung eine Fokussierung der Situation am Arbeitsplatz möglicherweise zu kurz greift. Frau T. scheint damit zunächst nicht viel anfangen zu können, bemerkt aber dennoch, dass sie durchaus den Wunsch hegt, auch in den anderen, persönlichen Fragen eine Klärung zu erhalten.

Das Angebot, das der Coach am Ende der Sitzung unterbreitet und Frau T. ohne Zögern annimmt, umfasst drei Sitzungen im Wochenabstand, um gemeinsam über ihre aktuelle Situation nachzudenken. Welche Bedingungen der Organisationsstruktur behindern die Auftragserledigung und welche persönlichen Faktoren verunmöglichen das selbständige Lösen dieser Schwierigkeiten? Im Rahmen der gemeinsamen Erarbeitung eines verbesserten Verständnisses ihrer Situation sollen sowohl konkrete Lösungen in Betracht gezogen als auch die Möglichkeiten und Grenzen von Coaching-Sitzungen thematisiert werden. Im Verlauf der darauf folgenden zwei Sitzungen beschreibt Frau T. ausführlich ihre ungünstigen Arbeitsbedingungen, wobei sie in einer anklagenden Haltung gegenüber den Vorgesetzten verharrt. In Bezug auf ihre Arbeitsergebnisse zeigt sich, dass sie wohl eine ständige Unzufriedenheit mit sich herumträgt, ihre Leistung vom Umfeld jedoch in keiner Weise als mangelhaft wahrgenommen wird. Es fällt weiterhin auf, dass Frau T. besonders um ihre Mitarbeiter und ein gutes Arbeitsklima besorgt ist, während sie wenig Befriedigung aus dem Erreichen von Zielen zieht. Sie betont wiederholt ihr Angewiesensein auf den Rückhalt in der Unternehmensleitung und erwartet von dieser fachliche Kompetenzen, die dem Coach unrealistisch erscheinen. Öfters gerät Frau T. aus nicht nachvollziehbaren Gründen ins Stocken und erscheint sehr nachdenklich, ohne dass sie in der Folge neue Gedanken oder Perspektiven entwickeln würde. Direkt angesprochen auf diese Momente, kann sie zunächst keine Auskunft darüber geben, was in ihr vorgeht. Sie beschreibt körperliche Gefühle des Unwohlseins, ja fast Übelkeit und erklärt sodann, jeweils den Tränen ganz nahe zu sein. Schließlich formuliert sie, dass sie sich in diesen Momenten verlassen und verloren fühlt.

Obschon Frau T. in der zweiten Sitzung beteuert, wie froh sie über die Termine beim Coach sei, ändert sich nichts an ihrer Situation und Befindlichkeit. Dem Coach erscheint sie kaum in der Lage zu sein, Lösungen zu entwickeln. Die Klagen über die Auswegslosigkeit der Situation und eine abnehmende Lebenszufriedenheit scheinen sich eher zu verstärken. Auf die Frage, ob sie sich an Situationen in ihrem Leben erinnere, in denen sie sich ähnlich gefühlt hat, schildert sie frühere Arbeitssituationen, in denen vergleichbare Konflikte aufkamen, wobei sie dort jeweils aus eigener Initiative die Stellen verließ. Eine beiläufige biographische Bemerkung lässt den Coach aufhorchen. Frau T. erwähnt, dass sie als ältestes von 4 Kindern in einer für sie schwierigen Familien-Konstellation aufwuchs: Der strenge und zu Jähzorn neigende Vater sei geschäftlich oft unterwegs gewesen, während die Mutter zuhause unglücklich und mit den Kindern überfordert war. Auf Nachfrage hin erzählt Frau T., wie sie sich um ihre Geschwister kümmerte, ohne je das Gefühl zu erhalten, die Situation durch ihre Anstrengungen verändern zu können.

Dem Coach wird deutlich, dass die Sitzungen für Frau T. deshalb entlastend wirken, weil sie im Gegenüber einen Zuhörer gefunden hat, der ihren Wunsch nach einer hilfreichen väterlichen Figur nährt. Bevor sie jedoch aus eigener Initiative ihre Situation am Arbeitsplatz verbessern und auch ihre Einstellung gegenüber der eigenen Arbeitsleistung wird verändern können, muss sie sich mit den erlittenen Enttäuschungen durch Autoritätspersonen auseinander setzen. Es handelt sich hierbei um lebensgeschichtlich tief verwurzelte Beziehungssituationen, die Frau T. zunächst kaum zugänglich sind. Der Coach zeichnet daher die Geschichte der Gesprächsthemen und der zur Sprache gekommenen Emotionen im Verlauf der Sitzungen nach.

Er zeigt auf, inwiefern dieser Prozess Erinnerungen und Gefühle zutage förderte, welche die Verarbeitungs-Möglichkeiten innerhalb eines Coachings übersteigen, mit psychotherapeutischer Hilfe jedoch bewältigt werden könnten. Da Frau T. die entlastende Wirkung des Erzählens und die Dynamik der gemeinsamen Erinnerungsarbeit in den Sitzungen selbst erlebt hat, ist es ihr nachvollziehbar, was für sie der Gewinn von Psychotherapie sein könnte. Sie bemerkt, dass der Veränderungsbedarf an der Arbeitsstelle vielleicht wirklich kleiner ist als die Notwendigkeit, ihrem eigenen Erleben auf den Grund zu gehen.

Am Ende der zweiten Sitzung kommen Frau T. und der Coach überein, die dritte und letzte Sitzung dafür zu verwenden, über die Option einer Psychotherapie genauer nachzudenken. Weil der Coach keine freien Kapazitäten hat, um mit Frau T. psychotherapeutisch weiter zu arbeiten, endet diese letzte Sitzung mit der gezielten und persönlichen Vermittlung eines freien Therapieplatzes. Ungefähr ein halbes Jahr nach Beendigung der Gespräche erhält der Coach einen Brief von Frau T., in dem sie knapp und sachlich berichtet, dass sich ihre berufliche Situation nur wenig entspannt hätte. Sie fühle sich jedoch beim Psychotherapeuten „gut aufgehoben", und die Therapie habe ihr geholfen, in diesen schwierigen Zeiten nicht den Mut zu verlieren und alles aufzugeben. Im Übrigen sei sie gegenwärtig mehr mit sich selbst als mit beruflichen Fragen beschäftigt.

Einige schematische Unterscheidungsmerkmale zwischen Coaching und Psychotherapie

Die beiden Fallbeispiele machen deutlich, dass es zwischen Coaching und Psychotherapie einen Überschneidungsbereich gibt, der sowohl in der Phase der Auftragsklärung als auch der Durchführung auf gewinnbringende Weise genutzt werden kann. In der Praxis ist es allerdings entscheidend, dass der Coach/Psychotherapeut nicht nur flexibel, sondern sich zu jedem Zeitpunkt auch im Klaren darüber ist, in welchem Kontext er welche Intervention anbringt. Dazu gehört neben der genauen Beobachtung der Reaktionen der Klienten auf seine Interventionen auch die verantwortungsbewusste Dosierung der aufkommenden Gefühle.

Auf Seiten der Klienten ist das Sich-Einlassen auf solche Prozesse zunächst eine Frage des Vertrauens in die Qualitäten des Beraters. Das bedeutet jedoch nicht eine Abgabe von Verantwortung, sondern vielmehr die positive Beantwortung der Frage, ob die Sitzungen als hilfreich erlebt werden, ohne dass Eigenverantwortlichkeit und Autonomie eingeschränkt sind. Die Forderung nach Transparenz in Bezug auf die Methoden und Ziele ist in jedem Fall berechtigt. Denn die positive Überzeugung beider Beteiligen von der Wirksamkeit des vereinbarten Vorgehens sind sowohl beim Coaching als auch in der Psychotherapie eine wichtige Voraussetzung gelingender Zusammenarbeit.

Trotz der beschriebenen Gemeinsamkeiten unterscheiden sich Coaching und Psychotherapie in einigen Punkten aber auch erheblich. Coaching findet in einem relativ kurzen Zeitrahmen statt und soll den Coachingnehmer in die Lage setzen, spezifische Anforderungen an seinem Arbeitsplatz aus eigener Kraft (besser) zu bewältigen. Psychotherapie dagegen braucht wesentlich mehr Zeit und zielt auf Veränderungen ab, die die ganze Person betreffen – ihre beruflichen *und* privaten Beziehungen sowie ihr Fühlen und Denken vor dem Hintergrund ihrer gesamten Lebensgeschichte. Zusammenfassend kann man sagen, dass es sich grundsätzlich um zwei verschiedene Interventionsformen handelt. Angebote wie „psychotherapeutisches Coaching" oder „Psychotherapie mit Coaching nach Bedarf" wären weder seriös noch professionell. Von verantwortungsbewussten Fachleuten in beiden Gebieten darf man erwarten, dass sie den Klienten einerseits in der Phase der Auftragsklärung Erfahrungsräume anbieten, welche ihnen eigenständige und selbstkompetente Entscheidungen ermöglichen. Andererseits ist es aber auch wichtig, dass sie ihnen eindeutige und nachvollziehbare Angebote unterbreiten (vgl. auch Kapitel 5.3).

1.3 Coaching und Psychotherapie in der Forschung

Viele der derzeit existierenden Coaching-Studien können strengeren wissenschaftlichen Anforderungen nicht genügen; die Coaching-Forschung steht noch am Anfang (Künzli, 2006, 2009; Greif, 2008; Mäthner, Jansen & Bachmann, 2005). „Wissenschaftliche" Untersuchungen und Publikationen dienen derzeit in der Coaching-Branche vorwiegend als Marketing- und Selbstprofilierungs-Instrumente. Dabei ist die methodische Sorgfalt und Stringenz leider oft von sekundärer Bedeutung. Viele Autoren unterlassen es, zu definieren, was sie unter Coaching verstehen. Datensätze, Untersuchungsinstrumente und Auswertungsmethoden werden oft unzureichend beschrieben. „Stichproben" entpuppen sich nicht selten als TeilnehmerInnen von anonymen, „freiwilligen" Internetbefragungen oder einer Handvoll „Experten" aus dem Bekanntenkreis der Autoren oder einem bestimmten Berufsverband. Die Auswertung beschränkt sich allzu oft auf die Auszählung von Häufigkeiten, die Angabe von Prozentwerten und die Erstellung von einfachen Balkendiagrammen. Aus ungenügend beschriebenen und auch sehr kleinen Stichproben werden gerne wenig reflektierte und unzulässige Generalisierungen in Bezug auf den gesamten Bereich von Coaching gemacht.

In Bezug auf ihre wissenschaftliche Erforschung sind Coaching und Psychotherapie ein sehr ungleiches Paar. Da Psychotherapie auch aufgrund ihrer Einbindung in das von Krankenkassen finanzierte Gesundheitssystem im Blickfeld des öffentlichen Interesses steht, wurde und wird sie in Hinblick auf ihre Wirkungsweise und Wirksamkeit weltweit ausgesprochen breit erforscht. Sie ist auch universitär gut verankert, wenn gegenwärtig auch vorwiegend im Kontext kognitiv-verhaltenstherapeutischer Behandlungsformen. Mit der Verbreitung und Bedeutung von Coaching in der Wirtschaft – nicht zuletzt auch im Bestreben einer Professionalisierung – entwickelt sich auch seine Verwissenschaftlichung und nimmt die Relevanz wissenschaftlicher Befunde für die Praxis zu. Aufgrund der relativen Nähe zur Psychotherapie ist zu erwarten, dass die methodischen Ansätze der Psychotherapie-Forschung ein zunehmend wichtiger Bezugspunkt auch für die Erforschung von Coaching sein werden (vgl. Holm-Hadulla, 2002; Blunckert, 2005b; Künzli, 2009). Im Folgenden gehen wir etwas eingehender auf die gegenwärtige Situation der Psychotherapieforschung ein, um Perspektiven und potentielle Probleme der Coaching-Forschung aufzuzeigen.

Im Bereich der Psychotherapie wird Forschung derzeit vor allem im Bereich der Wirksamkeit störungsspezifischer Interventionen im Rahmen experimenteller Untersuchungsdesigns vorangetrieben. In diesen als „Goldstandard" bezeichneten experimentellen Untersuchungsplänen (sogenannte RCT-Studien; randomised controlled trials) werden Patienten nach dem Zufallsprinzip unterschiedlichen Behandlungsgruppen (beziehungsweise einer Behandlungs- und einer Wartelisten- oder Placebo-Kontrollgruppe) zugeteilt. Mittels Selbst- und Fremdbeurteilungen soll dann im Rahmen von Gruppenvergleichen die störungsspezifische Wirksamkeit psychotherapeutischer Techniken mit statistischen Methoden geklärt und die für jede Störungsform effektivste therapeutische Intervention ermittelt werden. Diese Forschungspraxis besticht durch die Überschaubarkeit in ihrer Anordnung der Variablen, die Klarheit ihrer Aussage und die Möglichkeit, statistisch errechnete Ergebnisse („Effektstärken") wiederum mit statistischen Methoden untereinander in Beziehung zu setzen und zu vergleichen.

RCT-Studien sind die zentralen Bausteine der sogenannten „evidence based medicine" (EbM). Die Evidenzbasierte Medizin – korrekter übersetzt: „beweisbasierte Medizin" – bezeichnet einen Paradigmenwechsel in der Medizin und beruht auf der Anwendung wissenschaftlicher Methoden, die das ganze Spektrum medizinischer Tätigkeit umfassen und auch lang etablierte medizinische Traditionen, die noch nie systematisch hinterfragt wurden, kritisch werten. Sie bezeichnet den „gewissenhafte[n], ausdrückliche[n] und vernünftige[n] Gebrauch der gegenwärtig besten externen, wissenschaftlichen Evidenz für Entscheidungen in der medizinischen Versorgung individueller Patienten" (Sackett, Rosenberg, Gray, Haynes & Richardson, 1997).

So überzeugend die Idee der Evidenzbasierte Medizin in ihrem Kern ist, so problematisch ist deren (gegenwärtige) Umsetzung. Aufgrund der radikalen Favorisierung experimenteller Studien als das wertvollste (und faktisch einzig zulässige) Beweismittel, impliziert sie eine tendenzielle Entwertung der praktischen Erfahrung, des Urteilsvermögens und der therapeutischen Kompetenz einzelner Psychotherapeuten. Alles, was nicht erforscht ist, gilt als suspekt und soll „aus ethischen Gründen" erst dann wieder zum Einsatz kommen, wenn der wissenschaftliche Beweis seiner Wirksamkeit und Effektivität erbracht worden ist. Dies geht manchmal sogar soweit, dass das Fehlen eines Wirksamkeitsnachweises als Beweis der Unwirksamkeit aufgefasst wird.

Randomisiert-kontrollierte Studien konzeptualisieren Psychotherapie in einem „medizinischen Modell" (Wampold, 2001; Neukom 2003) und erforschen sie nach dem Muster der pharmakologischen Forschung: Es wird davon ausgegangen, dass therapeutische Interventionen wie Medikamente eine spezifische Wirkung haben, die unabhängig von den beteiligten Personen und ihren Erwartungshaltungen zu belegen ist. Entsprechend sollen in der Folge diejenigen Interventionsstrategien favorisiert werden, deren Wirksamkeit („efficacy"), klinische Brauchbarkeit („effectiveness") und Wirtschaftlichkeit („efficiency") am besten belegt sind. Diese Auffassung und die damit verbundenen Forschungsstrategien wurden vielfach kritisiert und als nicht genügend, insbesondere für das gesamte Feld der psychotherapeutischen Interventionsstrategien als nicht repräsentativ erkannt (Wampold, 2001; Kriz, 2004; Orlinsky, 2008; Strauss, 2008).

Die geforderte Beweisführung im Rahmen kontrollierter experimenteller Studien hat gravierende Nachteile, die vor allem darin bestehen, dass die Ergebnisse nur sehr beschränkt aussagekräftig für die Praxis sind (vgl. Neukom, 2003 und 2004; Leichsenring, 2004; Revenstorf, 2005;). Im Bemühen, die Wirkung einer spezifischen Intervention isoliert einzuschätzen, wird der Einfluss der therapeutischen Beziehung systematisch ausgeschaltet. Diese ist jedoch einer der bedeutendsten Wirkfaktoren (Hentschel, 2005ab; Lambert, 2004; Wampold, 2001; Strauss, 2000; s. auch Kapitel 4). Die zufällige Zuteilung von Patienten zu Behandlungsgruppen behandelt die Patienten als Individuen, die nicht selbst bestimmen können, wem sie ihr Vertrauen schenken und welche Behandlung (und das darin transportierte Menschenbild und Wertesystem) sie selbst als für sich Erfolg versprechend einschätzen. Im Fall von Psychotherapie ist das eine fatale Voraussetzung, denn ohne Einsicht, Motivation und aktive Mitarbeit der Patienten kann Psychotherapie gar nicht stattfinden. Sogar in der stationären Praxis sind (minimale) Wahlmöglichkeiten immer gegeben, und länger dauernde Behandlungen basieren stets auf einer Evaluation und der freiwilligen Entscheidung der Patienten. RCT-Studien setzen zudem voraus, dass alle Behandlungen in identischer Form an identischen Krankheitsbildern durchgeführt werden. Ersteres zu erreichen ist bereits bei kleinen Stichproben ein äußerst schwieriges Unterfangen; in der praktischen Alltagsarbeit dürfen wir erwarten, dass psychotherapeutische Techniken individuell abgestimmt und flexibel eingesetzt werden. In der Realität schließlich sind einzelne Krankheitsbilder nicht nur relativ selten eindeutig diagnostizierbar, sondern treten zumeist auch in Kombination mit anderen Störungsbildern auf. Die sogenannte Komorbidität – das gleichzeitige Auftreten mehrerer Krankheitsbilder – zieht unüberschaubare Wechselwirkungen nach sich, die die Brauchbarkeit des Modells des störungsspezifischen Intervenierens und Forschens stark in Frage stellen. Die Übertragtragung der aus RCT-

Studien gewonnnen Befunde auf den gesamten Bereich der stationären und ambulanten Psychotherapie ist sehr problematisch und auf jeden Fall nur sehr beschränkt möglich.

Wampold (2001) hat in seiner groß angelegten Metaanalyse klinischer Psychotherapiestudien dem medizinischen Modell ein „contextual model" zur Seite gestellt, das die von ihm eruierten Wirksamkeitsfaktoren weitaus besser erklärt. Folgt man seinen Befunden, wird deutlich, dass Psychotherapie in hohem Maße eine soziokulturelle Angelegenheit ist, was bedeutet, dass das Studium des therapeutischen Prozesses und der therapeutischen Beziehung mindestens so viel Aufmerksamkeit wie die Frage nach der „richtigen" Interventionstechnik verdient. Bei der Beantwortung der Frage nach der Wirkung von Psychotherapie stößt die naturwissenschaftlich-positivistische Position mit der Forderung nach empirisch-operationalen Datenreihen, numerischen und korrelativen Deskriptionen sowie dem Aufdecken von „objektiven" Kausalzusammenhängen an ihre Grenzen (Neukom, 2003).

Alternative Forschungspläne zu den RCT-Studien sind naturalistische Feld- oder Einzelfallstudien oder auch sogenannte katamnestische „Consumer-Reports" (Seligmann, 1997; Leuzinger-Bohleber, Rüger, Stuhr & Beutel, 2002; Leichsenring, 2004). Ihre Validität und klinische Relevanz sind häufig günstiger als bei den Vergleichsgruppendesigns. (Anders sieht es freilich in Bezug auf die Repräsentativität und die Möglichkeiten des Vergleichs untereinander aus.) Aus methodischer Sicht gibt es sowohl bei den Erhebungsverfahren (Fragebogen) als auch den Auswertungsmethoden (quantitative Verfahren) zahlreiche elaborierte und anerkannte Methoden (etwa katamnestische Befragungen oder audiovisuelle Datenerhebung im Feld sowie qualitative Auswertungsmethoden; vgl. Kapitel 2).

Die einseitige und hierdurch letztlich unwissenschaftliche Favorisierung eines einzelnen Untersuchungsdesigns und einer einzelnen Auswertungsmethode in der Evidenzbasierten Medizin im Allgemeinen und der Psychotherapie-Forschung im Speziellen hat in den vergangenen Jahren, namentlich in Deutschland, einigen Schaden angerichtet: Aufgrund angeblich fehlender Wirksamkeitsnachweise wurden bewährte Therapieformen temporär von den Leistungen der Krankenkassen ausgeschlossen, womit nicht nur die Angebotsbreite psychotherapeutischer Verfahren empfindlich eingeschränkt, sondern auch unzähligen Praktikern mit langjähriger Erfahrung die wirtschaftliche Grundlage schlagartig entzogen wurde. Erst eine anhaltende öffentliche Diskussion führte zu einer Öffnung und Ausweitung des Kriterienkatalogs, sodass beispielsweise auch Therapieschulen ohne hochdotierte Vertreter an Universitäten die Möglichkeit erhielten, die Wirksamkeit ihrer Verfahren mit an ihre Behandlungs-Techniken und theoretischen Fundierung angepasste Untersuchungsverfahren unter Beweis zu stellen.

Konsequenzen für die Coaching-Forschung

Wir haben der Thematik der Erforschung von Psychotherapie, psychotherapeutischen Prozessen und deren Wirksamkeit deshalb so viel Raum gegeben, um darauf hinweisen zu können, dass die Coaching-Forschung Gefahr läuft, ähnliche einseitige Entwicklungen durchzumachen. Dass es seit dem Jahr 2003 ein „International Journal of Evidence Based Coaching and Mentoring"[5] gibt, weist in diese Richtung. Auch das „Evidence based coaching handbook" (Stober & Grant, 2006), das einen für diese Forschungsrichtung charakteristischen Untertitel trägt: „Putting best practices to work for your clients." Abgesehen davon, dass wir bezweifeln, dass die Untersuchung der Wirksamkeit von einzelnen Interventionen dem Coaching gerecht werden kann (vgl. Kapitel 3.4), können wir zum Beispiel nicht einig gehen mit Künzli (2009, S. 9), wenn er sagt: „Die valide Messung der Wirksamkeit einer Intervention ist eng mit der Verwendung des Designs der randomisierten Kontrollgruppenstudie verbunden." Künzlis Forderung, dass „Wirkungen kausal mit Interventionen verbunden" (ebd.) werden müssten, steht in unkommentiertem Widerspruch zur Feststellung, „dass Vertrauen zwischen Coach und Klient in der einschlägigen Literatur als Schlüsselvariable für positive Ergebnisse bezeichnet wird" (ebd., S. 3). Während in der Coaching-Literatur anerkannt ist, „dass es nicht in erster Linie die Methoden und Techniken an sich sind, die den Erfolg eines Coachings ausmachen" (Lippmann, 2006, S. 326), scheint sich die Forschung anzuschicken, unter dem Label „evidenzbasiert" vor allem den Einfluss einzelner, spezifischer Interventionen zu erforschen und ausschließlich damit die Wirksamkeit von Coaching beweisen zu wollen (s. auch Grant, 2007). Damit wird auch Coaching behandelt, als wäre es ein Medikament, bei dem es unerheblich ist, wer es verabreicht. Angesichts der Vielfalt und Unvereinbarkeit der Ansätze und Ziele im Coaching erscheint der Zugang über die Erforschung der Wirkung von Coaching über einzelne Interventionen ein wenig hoffnungsvolles Unterfangen. Gewichtiger scheint uns jedoch der Einwand, dass dieses Untersuchungsdesign die hilfreiche (Vertrauens-)Beziehung zwischen Coachingnehmer und Coach und dessen Prozesscharakter ausklammert, obschon er inzwischen in der Coaching-Forschung als einer der zentralen Wirkfaktoren vielfach bestätigt worden ist (Schnell, 2009; Stober & Grant, 2006, S. 360; Künzli, 2006, S. 289; Mäthner, Jansen & Bachmann, 2005, S. 73; Holm-Hadulla, 2002; Wasylyshyn, 2003; s. auch Bluckert, 2005a und die Kapitel 3.1, 3.3 und 3.4). Dieser Umstand und die Erfahrungen aus der Psychotherapie-Forschung veranlassen uns zu einer kritischen und skeptischen Haltung gegenüber der unter dem Label „evidenzbasiertes Coaching" vorangetriebenen Forschung.

Dass die Erforschung der Beziehungsebene und -prozesse im Coaching wenig entwickelt ist (O'Broin & Palmer, 2006), liegt an der Komplexität und Ansprüch-

---

5 www.business.brookes.ac.uk/research/areas/coachingandmentoring/

lichkeit des Untersuchungsfeldes. Weil dies nicht in experimentellen Anordnungen unter Ausschaltung der Subjektivität der Beteiligten geschehen kann, sind innovative Methoden gefragt. Studien, welche essentielle Daten und Ergebnisse zur Beziehung im Coaching beinhalten, wurden vorgelegt von Gyllenstein & Palmer (2007), Dzierzon (2007) und Schnell (2009). Auch in diesem Bereich kann die Coaching-Forschung von der Psychotherapie-Forschung profitieren (vgl. etwa Luif, Thoma & Boothe, 2006).

1.4 Sinn und Zweck der vorliegenden Studie

Wissenschaftlich gut fundierte Studien im Feld von Coaching sind aus unserer Sicht absolut begrüßenswert und für einen ethisch verantwortbaren Professionalisierungs-Prozess, in dem Einzelinteressen und Standespolitik Schranken gesetzt sind, notwendig. Wie wir im Kapitel 3.4 ausführlich darlegen, ist es allerdings entscheidend, dass zuerst geklärt und differenziert wird, was unter Coaching verstanden wird. Die gegenwärtige Heterogenität der unter der Bezeichnung „Coaching" laufenden Beratungsansätze lässt es aus unserer Sicht kaum zu, von *der* Coaching-Forschung schlechthin zu sprechen – so wie es Coaching als wissenschaftliches Konzept derzeit gar nicht gibt. Die Wirkungsweise und Wirksamkeit dieser Ansätze sollten mit unterschiedlichen methodischen Ansätzen untersucht werden. Im besten Falle wird es möglich, auf der Basis fundierter Untersuchungen hilfreiche Differenzierungen zu machen, mit der bestimmte Beratungsformen ins Coaching eingeschlossen und andere davon abgegrenzt werden können. Wissenschaftlichkeit beweist sich dabei weniger über den Zwang zu einem bestimmten Untersuchungsdesign als über Transparenz, Nachvollziehbarkeit und ein gleichwertiges Nebeneinander unterschiedlicher und auch widersprüchlicher Auffassungen.

Die vorliegende Untersuchung ist eine explorative, hermeneutische Studie auf der Basis von inhaltsanalytisch ausgewerteten Experten-Interviews (Gläser & Laudel, 2006; Bogner, Littig & Menz, 2005): Ihr Ziel besteht darin, an einer bestimmten Stelle – nämlich im Schnittpunkt von Coaching und Psychotherapie in 30 Schweizer Großunternehmen – mittels wissenschaftlich fundierter, nachvollziehbarer Methodik in die Tiefe zu gehen und die vorgefundene Situation zu erforschen, zu erklären und – nicht zuletzt auf dem Boden unserer eigenen praktischen Kompetenzen und Erfahrungen – auszulegen. Es geht also nicht darum, eine bestimmte, vorgegebene Hypothese oder Theorie beweisen zu wollen, sondern um das Betreten und Erkunden von „Neuland". Der Datensatz mit 30 halbstrukturierten Interviews ist keine „Stichprobe" in dem Sinn, als er das Verhältnis von Psychotherapie und Coaching in Großunternehmen generalisiert repräsentieren soll. Hierfür ist die Sachlage zu komplex und vielschichtig und sind die Konzepte zu wenig entwickelt. Hingegen sind wir der Überzeugung, dass die von uns befragten Coaching-Verantwortlichen die Situation von Coaching und Psychotherapie in den betreffenden Großunternehmen gültig repräsentieren und dass wir in der Lage sind, Aussagen zu machen, die empirisch belegt (d.h. auf Erfahrung, Wahrnehmung und gezielter Beobachtung beruhend), differenziert, genau und auch relevant sind.

Literatur

Bluckert, P. (2005a). Critical factors in executive coaching – the coaching relationship. Industrial and Commercial Training, 37 (7), 336-340.

Bluckert, P. (2005b). The similarities and differences between coaching and therapy. Industrial and Commercial Training, 37 (2), 91-96.

Bogner, A., Littig, B. & Menz, W. (Hrsg.) (2005). Das Experteninterview. Theorie, Methode, Anwendung. 2. Auflage. VS Verlag für Sozialwissenschaften.

Brandl, Y., Bruns, G., Gerlach, A., Hau, S., Janssen, P.L., Kächele, H., Leichsenring, F., Leuzinger-Bohleber, M., Mertens, W., Rudolf, G., Schlösser, A.-M., Springer, A., Stuhr, U. & Windhaus, E. (2004). Psychoanalytische Therapie. Eine Stellungnahme für die wissenschaftliche Öffentlichkeit und für den Wissenschaftlichen Beirat Psychotherapie. Forum der Psychoanalyse, 20, 13-125.

Dzierzon, S. (2007). Personzentriertes Beziehungsverhalten beim Coaching: Auswirkungen der Beziehung zwischen Coach und Klient auf die Arbeitszufriedenheit. Saarbrücken: VDM Verlag Dr. Müller.

Foulkes, S. H. (2007). Gruppenanalytische Psychotherapie. 2., unveränderte Auflage. Eschborn: Dietmar Klotz.

Freud, S. (1900). Die Traumdeutung. In Gesammelte Werke, (Bd. 2/3, S. 1-642). Frankfurt a.M.: Fischer.

Freyberger, H. J. (2000). Krankheitsgewinn. In W. Mertens & B. Waldvogel (Hrsg.), Handbuch psychoanalytischer Grundbegriffe (S. 399-400). Stuttgart: Kohlhammer.

Gläser, J. & Laudel, G. (2006). Experteninterviews und qualitative Inhaltsanalyse. 2., durchgesehene Auflage. Wiesbaden: VS Verlag für Sozialwissenschaften.

Grant, A. M. (2007). Workplace, executive and life coaching: An annotated bibliography from the behavioral science literature (July 2007). Sydney: Coaching Psychology Unit, University of Sydney.

Greif, S. (2008). Coaching und ergebnisorientierte Selbstreflexion. Göttingen: Hogrefe.

Henseler, H. & Wegner, P. (Hrsg.) (2000). Psychoanalysen, die ihre Zeit brauchen. Zwölf klinische Darstellungen. 3., durchgesehene Auflage. Wiesbaden: VS Verlag für Sozialwissenschaft.

Hentschel, U. (2005a). Die Therapeutische Allianz: Teil 1: Die Entwicklungsgeschichte des Konzepts und moderner Forschungsansätze. Psychotherapeut 50 (5), 305-317.

Hentschel, U. (2005b). Die therapeutische Allianz. Teil 2: Ergänzende Betrachtungen über Verbindungen und Abgrenzungsmöglichkeiten zu ähnlichen Konstrukten. Psychotherapeut, 50 (6), 385-393.

Holm-Hadulla, R. M. (2002). Coaching. Psychotherapeut, 47 (4), 241-248.

Klüwer, R. (2000). Fokus, Fokaltherapie. In W. Mertens & B. Waldvogel (Hrsg.), Handbuch psychoanalytischer Grundbegriffe (S. 202-205). Stuttgart: Kohlhammer.

Kriz, J. (2004). Methodologische Aspekte von „Wissenschaftlichkeit" in der Psychotherapieforschung. Psychotherapie und Sozialwissenschaft, 6 (1), 6-31.

Kriz, J. (2007). Grundkonzepte der Psychotherapie. 6., vollständig überarbeitete Auflage. Weinheim: Beltz PVU.

Künzli, H. (2006). Wirksamkeitsforschung im Führungskräftecoaching. In E. Lippmann (Hrsg.), Coaching. Angewandte Psychologie für die Beratungspraxis (S. 280-294). Heidelberg: Springer Medizin Verlag Heidelberg.

Künzli, H. (2009). Wirksamkeitsforschung im Führungskräfte-Coaching. Organisationsberatung, Supervision, Coaching, 16, 1-15.

Lambert, M. J. (Hrsg.) (2004). Bergin and Garfield's handbook of psychotherapy and behaviour change (5th ed.). New York: Wiley.

Lang, F. & Sidler, A. (Hrsg.) (2007). Psychodynamische Organisationsanalyse und Beratung. Giessen: Psychosozial-Verlag.

Leichsenring, F. (2001). Comparative effects of short-term psychodynamic psychotherapy and cognitive-behavioral therapy in depression. A meta-analytic approach. Clinical Psychology Review, 21, 401-419.

Leichsenring, F. (2004). Randomized controlled vs. naturalistic studies. A new research agenda. Bulletin of the Menninger Clinic, 68, 115-129.

Leichsenring F., Rabung S. & Leibing E. (2004). The efficacy of short-term psychodynamic psychotherapy in specific psychiatric disorders: a meta-analysis. Arch Gen Psychiatry, 61 (12), 1208-1216.

Leichsenring, F. & Rabung, S. (2008). Effectiveness of long-therm psychodynamic psychotherapy: a meta-analysis. JAMA 300 (13), 1551-1565.

Leuzinger-Bohleber, M., Rüger, B., Stuhr, U. & Beutel, M. (2002). „Forschen und Heilen" in der Psychoanalyse. Ergebnisse und Berichte aus Forschung und Praxis. Stuttgart: Kohlhammer.

Lippmann, E. (Hrsg.). (2006). Coaching. Angewandte Psychologie für die Beratungspraxis. Heidelberg: Springer Medizin Verlag Heidelberg.

Lohmer, M. (2000). Abwehrmechanismen und Objektbeziehungsgestaltung bei Boderline-Patienten – eine psychoanalytische Perspektive. In O.F. Kernberg, B. Dulz und U. Sachsse (Hrsg.), Handbuch der Boderline-Störungen (S. 75-86). Stuttgart/New York: Schattauer.

Lohmer, M. (Hrsg.) (2004). Psychodynamische Organisationsberatung. Krisen und Potentiale in Veränderungsprozessen. 2. Auflage. Stuttgart: Klett-Cotta.

Lohmer, M. (2007). Der Psychoanalytische Ansatz in Coaching und Organisationsberatung. Psychotherapie im Dialog, 7, 229-233.

Luif, V., Thoma, G. & Boothe, B. (Hrsg.) (2006). Beschreiben – Erschließen – Erläutern. Psychotherapieforschung als qualitative Wissenschaft. Lengerich/Berlin: Pabst.

Mäthner, E., Jansen, A. & Bachmann, T. (2005). In C. Rauen (Hrsg.), Handbuch Coaching (S. 55-98). Göttingen: Hogrefe.

Mentzos, S. (2000). Neurotische Konfliktverarbeitung. Einführung in die psychoanalytische Neurosenlehre unter Berücksichtigung neuer Perspektiven. Frankfurt a.M.: Fischer.

Mertens, W. (2000, 2003, 1991). Einführung in die psychoanalytische Therapie (3 Bände). Stuttgart: Kohlhammer.

Mertens, W. (2004). Psychoanalyse. Geschichte und Methoden. München: Beck.

Mertens, W. & Waldvogel, B. (Hrsg.) (2008). Handbuch psychoanalytischer Grundbegriffe 3., überarbeitete und erweiterte Auflage. Stuttgart: Kohlhammer.

Müller-Pozzi, H. (2002). Psychoanalytisches Denken – Eine Einführung. (3., erweiterte Auflage.) Bern: Huber.

Neukom, M. (2003). Grenzen der wissenschaftlichen Evaluation. Wie lässt sich die Wirksamkeit von Psychotherapie messen? Neue Zürcher Zeitung, 22.11.2003, Nr. 272, 81.

Neukom, M. (2004). „Wissenschaftliche" Psychotherapie? Die Ausgangslage der Debatte um die Kriterien der Wissenschaftlichkeit von Psychotherapie in Deutschland und in der Schweiz. Psychotherapie und Sozialwissenschaft, 6 (1), 32-47.

Neukom, M. & Grimmer, B. (2009). Coaching oder Psychotherapie? Psychotherapie und Coaching? In L. Dahinden, Th. Freitag & F. Schellenberg (Hrsg.), Mythos Coaching. Was bringts? Wie funktioniert es? (S. 12-22). Zürich: Orell Füssli Verlag.

Neukom, M., Grimmer, B. & Merk, A. (2005). Ansatzpunkt Therapeut-Patient-Beziehung: Psychoanalytisch orientierte Psychotherapie. In M. Perrez & U. Baumann (Hrsg.), Lehrbuch Klinische Psychologie – Psychotherapie. 3., vollständig überarbeitete Auflage (S. 456-475). Bern: Huber.

Neukom, M., Merk, A. & Boothe, B. (2007). Panikstörung bei emotional instabiler Persönlichkeit. In R.-D. Stieglitz, U. Baumann & M. Perrez (Hrsg.), Fallbuch zur Klinischen Psychologie & Psychotherapie (S. 249-265). Bern: Huber.

O'Broin, A. & Palmer, S. (2006). The coach-client relationship and contributions made by the coach in improving coaching outcome. The Coaching Psychologist, 2 (2), 16-20.

Orlinsky, D. (2008). Die nächsten 10 Jahre Psychotherapieforschung. Eine Kritik des herrschenden Forschungsparadigmas mit Korrekturvorschlägen. Psychotherapie, Psychosomatik, Medizinische Psychologie 58, 345-354.

Revenstorf, D. (2005). Das Kuckucksei: Über das pharmakologische Modell in der Psychotherapie-Forschung. Psychotherapie in Psychiatrie, Psychosomatischer Medizin und Klinischer Psychologie 10 (1), 22-31.

Rudolf, G., Dilg, R., Grande, T., Jakobsen, Th., Keller, W., Krawietz, B., Langer, M., Stehle, S. & Oberbracht, C. (2004). Effektivität und Effizienz psychoanalytischer Langzeittherapie: Praxisstudie analytische Langzeittherapie. In A. Gerlach, A.-M. Schlösser & A. Springer (Hrsg.), Psychoanalyse des Glaubens (S. 515-528). Göttingen: Psychosozial.

Sackett D. L., Rosenberg W. M., Gray J. A., Haynes R. B., Richardson W.S. (1997). Was ist Evidenz-basierte Medizin und was nicht? Munch Med Wochenschr, 139 (44), 644-5. (engl. Original: British Medical Journal, 1996, 312 (7023), 71-2)

Sandell, R., Blomberg, J., Lazar, A., Carlsson, J., Broberg, J. & Schubert, J. (2001). Unterschiedliche Langzeitergebnisse von Psychoanalysen und Psychotherapien. Aus der Forschung des Stockholmer Projekts. Psyche, 55, 277-310.

Schnell, K. (2009). Psychotherapie und Coaching: Die Rolle der Beziehung. Unveröffentlichte Lizentiatsarbeit, Universität Zürich, Psychologisches Institut, Abteilung für Klinische Psychologie, Psychotherapie und Psychoanalyse.

Seligman, M. E. P. (1997). Die Effektivität von Psychotherapie. Die Consumer Reports-Studie. Integrative Therapie, 22(4) 264-288. (Original: 1995, American Psychologist, 50, 965-974.)

Solms, M. (2000). Unbewusst, das Unbewusste. In W. Mertens & B. Waldvogel (Hrsg.), Handbuch psychoanalytischer Grundbegriffe (S. 771-775). Stuttgart: Kohlhammer.

Stober, D. R & Grant, A. M. (2006). Evidence based coaching handbook: Putting best practices to work for your clients. Hoboken, NJ: Wiley.

Strauss, B. (2000). Bindungsmuster und Therapieindikation: Empirische Befunde und theoretische Überlegungen. In E. Parfy (Hrsg.), Bindung und Interaktion (S. 39-54). Wien: Facultas.

Strauss, B. (2008). Editorial: Die Zukunft der Psychotherapieforschung – David Orlinskys Vision. Psychotherapie, Psychosomatik, Medizinische Psychologie 58, 341-342.

Taylor, D. (2008). The outcome evidence für psychoanalytic/psychodynamic treatments of depression: the evidence base. Advances in Psychiatric Treatment, 14, 401-413.

Thomä, H. & Kächele, H. (2006). Lehrbuch der psychoanalytischen Therapie. Band 1 (Grundlagen) und Band 2 (Praxis). 3. überarbeitete u. aktualisierte Auflage. Berlin: Springer.

Wampold, B.E. (2001). The great psychotherapy debate: models, methods and findings. Mahwah, London: Erlbaum.

Wasylyshyn, K. M. (2003). Executive Coaching: An Outcome Study. Consulting Psychology Journal: Practice and Research, 55 (2), 94-106.

West-Leuer, B. & Sies, C. (2003). Coaching – Ein Kursbuch für die Psychodynamische Beratung. Stuttgart: Klett-Cotta.

2 Coaching und Psychotherapie: Eine qualitative Interviewstudie

2.1 Entwicklung einer praxisbezogenen Interviewstudie

Die vorliegende wissenschaftliche Untersuchung orientiert sich an einer Problemstellung aus der Praxis: Wie im vorangegangenen Kapitel dargelegt, gehört zu unserer Tätigkeit an den Praxisstellen für Coaching und für Psychotherapie der Abteilung Klinische Psychologie, Psychotherapie und Psychoanalyse der Universität Zürich die Klärung der Frage, ob für die jeweiligen Ratsuchenden ein Coaching oder eine psychotherapeutische Behandlung angezeigt ist. Die Problemstellung der differentiellen Indikation halten wir für besonders wichtig, da eine erfolgreiche Zusammenarbeit resp. Problemlösung nur dann zustande kommt, wenn gemeinsam mit den Klienten passend erarbeitet worden ist, welcher Weg eingeschlagen werden soll.

Das vorliegende Forschungsprojekt entwickelten wir ausgehend von der Frage, wie in der Vorstellung unseres Klientels und unserer Auftraggeber aus der Arbeitswelt Coaching und Psychotherapie zusammen hängen und wie sie sich voneinander abgrenzen. Es interessierte uns, Coaching-Verantwortliche aus Großunternehmen mit Standort in der Deutschschweiz zu befragen, weil deren Aufgabe darin besteht, Coaching nicht nur durchzuführen, sondern auch besonders häufig zu empfehlen oder gar zu verordnen. Im Rahmen dieser Tätigkeit – so unsere Vermutung – kommen sie auch regelmäßig mit Personen in Kontakt, für die (auch) Psychotherapie angezeigt ist oder wäre. Wie schätzen diese Experten das Verhältnis von Coaching und Psychotherapie ein? Was ist für sie Coaching und was Psychotherapie? Welches sind die Anlässe, aus denen aus ihrer Sicht ein Coaching angezeigt ist? Sprechen sie auch Empfehlungen für Psychotherapie aus? Wo liegt der Grenzbereich? Welche Vorbehalte gegenüber der einen oder anderen Technik haben sie? Worauf kommt es an, damit die Ziele der Coachingnehmer/des Arbeitsgebers erreicht werden können?

Nachfolgend präsentieren wir, ausgehend vom Stand der Forschung zur Thematik, die Konzeption unserer Studie mit der Fragestellung, Durchführung der Interviews, Auswertungsmethodik und den Gütekriterien. Anschließend folgt die Beschreibung der Unternehmen und Interviewpartner, die an der Studie teilgenommen haben (Größe und Branchenzugehörigkeit der Unternehmen, Ausbildungshintergrund und Aufgabenbereich der Interviewpartner, Anzahl, Geschlecht und durchschnittliches Alter der Coachingnehmer, Anzahl jährlich durchgeführter Coachings, Einsatz von internen oder externen Coachs).

2.2 Stand der Forschung

Parallel zum Coaching-Boom der letzten Jahre, haben sich auch die (Lehr-)Bücher über Coaching rasant vermehrt (u.a. Looss, 2002; Schreyögg, 2003; Böning & Fritschle, 2005; Rauen, 2005; Lippmann, 2006; Backhausen & Thommen, 2006). Methodisch sorgfältig durchgeführte wissenschaftliche Studien zum Thema Coaching sind allerdings nicht nur im deutschen Sprachraum nach wie vor selten. Sie beruhen auf schriftlichen und mündlichen Befragungen von Personalmanagern, Führungskräften, Coaching-Verantwortlichen, Coachs und Coachingnehmern verschiedener Unternehmen sowie der öffentlichen Verwaltung (vgl. Böning, 2004; Goldschmidt & Przybylski, 2005; Herrmann & Freitag, 2005; Jansen, Mäthner & Bachmann, 2004; Jüster, Hildebrand & Petzold, 2005; Neumann & Schneider, 2005; Stahl & Marlinghaus, 2000; Vogelauer, 1998; von Bose, Martens-Schmid & Schuchardt-Hain, 2003). Dabei werden ganz unterschiedliche Themenbereiche von Coaching untersucht, allen voran die Frage, was die befragten Personen unter Coaching verstehen (u.a. Böning, 2004; Herrmann & Freitag, 2005; Jüster, Hildebrand & Petzold, 2005; Stahl & Marlinghaus, 2000; von Bose et al., 2003). Aber auch die Zielgruppen (wer wird gecoacht?) und die Anlässe für Coaching (wann wird gecoacht?) werden untersucht (u.a. Stahl & Marlinghaus, 2000; von Bose et al., 2003). Weiter sind der Nutzen bzw. die Wirksamkeit von Coaching und Fragen nach Qualitätssicherung Gegenstand verschiedener Studien (u.a. Goldschmidt & Przybylski, 2005; Herrmann & Freitag, 2005). So untersuchen Jansen et al. (2004) Einflussgrößen bzw. Wirkfaktoren von Coaching und deren Zusammenhang mit dem Erfolg von Coaching. Vereinzelt widmen sich Studien auch Fragen nach den Anforderungen an den Coach (u.a. Böning, 2004; Herrmann & Freitag, 2005), nach dem gegenwärtigen Stellenwert von Coaching und nach zukünftigen Trends im Coaching-Markt (u.a. Böning 2004). Die erhobenen Daten wurden hauptsächlich quantitativ, seltener auch qualitativ ausgewertet (vgl. Jansen et al., 2004; von Bose et al., 2003).

   Die Fragen, wie Coaching- oder Personalverantwortliche Psychotherapie definieren oder wie die Experten Coaching und Psychotherapie voneinander abgrenzen, wurden bisher in keiner der erwähnten Coaching-Studien gestellt. Ebenso wenig wurde der Umgang mit Psychotherapie und psychischen Störungen in Unternehmen untersucht. Lediglich indirekt lassen sich in einigen Studien Hinweise auf diese Fragen finden. So kommt Böning (2004) zum Schluss, dass in Unternehmen Probleme in der Regel nicht mit Führungskräften assoziiert werden und „um einer falschen oder unfreiwilligen Pathologisierung keinen Vorschub zu leisten, eher die positive, leistungssteigernde Seite des Coaching in den Vordergrund gerückt [wird]", als die problem- oder defizitorientierte Seite: „Man fördert selbstverständlich die Potenzialentwicklung der (Top-)Führungskräfte, aber Probleme haben sie keine…" (ebd., S. 13). In einer Studie von Piotrowski (2004, S. 6-10) sind sämtliche Interviewpartner (Verantwortliche für Personalentwicklung in österreichischen Unternehmen) der Ansicht, dass Coaching nur für psychisch Gesunde geeignet sei. Interessanterweise wird Coaching trotzdem von 51% der Befragten als geeignete Methode zur „Behandlung von Burnout" bezeichnet. Interessant im Hinblick auf die Frage nach der Indikation von Psychotherapie ist die Studie von Stahl & Marlinghaus (2000). Die in der Erhebung am häufigsten genannten Coaching-Anlässe und Inhalte von Coaching-Sitzungen deuten darauf hin, dass therapierelevante Probleme wie Sucht, Ängste und Burnout auch in Coachings eine nicht unerhebliche Rolle spielen (ebd., S. 201f.). Im Weiteren bestätigt die Studie, dass die meisten verwendeten Coaching-Techniken „aus dem Methodenrepertoire der Psychotherapie stammen – ein Ergebnis, das in Anbetracht der oft krampfhaften Bemühungen von Coaches, sich von Psychotherapeuten bzw. der Psychotherapie abzugrenzen, nicht einer gewissen Ironie entbehrt" (ebd. S. 203). Angesprochen auf „Bedenken gegenüber Coaching", erwähnen mehrere Befragte in der Studie von von Bose et al. (2003) die „Angst vor Psychospielchen" sowie die Befürchtung, dass sich die Situation des Gecoachten verschlechtern könnte, „indem Dinge – ähnlich wie in einer Psychotherapie – aufgedeckt werden, die man zumindest zu diesem Zeitpunkt oder in diesem Kontext nicht betrachten will" (ebd., S 39). Damit wird die Psychotherapie indirekt als Methode bezeichnet, die unangenehme Wahrheiten an den Tag legt, welche gemäß Aussage eines Interviewpartners „besser nicht ausgesprochen werden". Auch wenn weitergehende Informationen fehlen, deuten diese Aussagen eher auf eine negativ-kritische Haltung gegenüber der Psychotherapie hin.

Zur Abgrenzung von Coaching und Psychotherapie existieren bisher also so gut wie keine wissenschaftlichen Untersuchungen. Durch die Befragung der Coaching-Verantwortlichen soll die vorliegende Studie zur Erkundung dieses wenig untersuchten Gebietes beitragen.

2.3 Fragestellungen

Das Ziel unseres Forschungsprojekts bestand erstens darin herauszufinden, welches Expertenwissen und welche handlungsleitenden Konzepte von Coaching und Psychotherapie in großen Unternehmen oder Verwaltungen heute bestehen und Anwendung finden. Und zweitens, wie in der Praxis Coaching von Psychotherapie abgegrenzt wird. Dafür schien es uns ratsam diejenigen Personen als Experten zu befragen, die in Schlüsselpositionen für die Initiierung von Coachings oder die Empfehlung von Psychotherapien zuständig sind. Wir entschieden uns dafür, ausführliche halbstrukturierte Interviews durchzuführen und diese qualitativ auszuwerten, um auf diese Weise die unterschiedlichen Konzepte der Coaching-Verantwortlichen ohne vorgegebene Kategorisierung ausführlich darstellen und differenziert vergleichen zu können.

Wir konzentrierten uns auf folgende Fragekomplexe, zu denen wir jeweils verschiedene Interviewfragen kreierten:

1. Welcher Stellenwert kommt Coaching in den Unternehmen zu?
    Diese Fragen drehten sich neben der Frage nach dem Stellenwert von Coaching im jeweiligen Unternehmen auch um die Person der Interviewpartner, ihren beruflichen Hintergrund und ihre Position im Unternehmen.
2. Was sind typische Anlässe für Coaching oder Psychotherapie?
    Hierbei interessierte vor allem, praxisrelevante Alltagsbeispiele zur differentiellen Indikationsstellung für die unterschiedlichen Interventionsverfahren in den Unternehmen zu ermitteln.
3. Definition von Coaching und Psychotherapie: Unterschiede und Gemeinsamkeiten.
    Welches Verständnis der beiden Verfahren existiert? Welche Einstellungen und auch Werturteile werden sichtbar.
4. Was macht einen guten Coach aus? Welche Rolle spielen Beziehungsfaktoren für das Gelingen eines Coachings? Ist es wichtig, dass ein Coach auch eine Psychotherapieweiterbildung absolviert hat?
    Im Bereich der Psychotherapieforschung gibt es inzwischen zahlreiche Studien zur besonderen Rolle der Beziehungsqualität für den Erfolg einer Behandlung und zum Einfluss bestimmter Persönlichkeitsmerkmale von Therapeuten. Uns interessiert, welche Bedeutung Beziehungsprozesse für die Experten im Hinblick auf Coaching-Prozesse haben.

2.4 Durchführung der halbstrukturierten Interviews

Rekrutierung der Unternehmen und der Interviewpartner

Wir haben 119 der umsatzstärksten Unternehmen mit Sitz in der Schweiz ausgewählt, die – nach einer gängigen Definition der Europäischen Union – mehr als 249 Personen beschäftigen und damit als „Großunternehmen" bezeichnet werden können. Zunächst wurde bei den HR- und Personalabteilungen der Unternehmen mittels E-Mail oder Telefon über das Interview-Projekt informiert und angefragt, ob sie bereit wären, daran teilzunehmen und die Kontaktkoordinaten der in ihrem Unternehmen für Coaching zuständigen Person mitzuteilen. Vor dem ersten Interview konnten bereits 24 definitive Zusagen verbucht werden. Von 36 weiteren Unternehmen waren die Kontaktkoordinaten der für Coaching verantwortlichen Person vorhanden, so dass diese in der Interviewphase nochmals angefragt werden konnten. Die geplante Anzahl von 30 Interviewpartnern konnte ohne Schwierigkeiten erreicht werden. Die Durchführung der Interviews erstreckte sich vom Januar bis August 2007.

Halbstrukturierte Interviews

Die der Studie zugrunde liegende Befragung wurde in Form von halbstrukturierten, neutralen Interviews durchgeführt. Bei halbstrukturierten Interviews wird ein Interviewleitfaden mit vorformulierten Fragen verwendet, so dass sich der Interviewer an den interessierenden Fragestellungen orientieren kann. Der Interviewer hält sich nicht unbedingt an die wörtliche Formulierung und die Reihenfolge. Er achtet jedoch darauf, dass alle Fragen angesprochen werden, sei es, indem er sie selbst stellt, oder indem der Interviewpartner sie in seinen Ausführungen von selbst beantwortet. Weil die Fragen offen sind, bleibt dem Interviewer die Freiheit, bei Unklarheiten nachzufragen oder Fragen, des besseren Verständnisses wegen, umzuformulieren. Auch dem Interviewpartner bleibt Raum, seine Ausführungen frei zu gestalten. Weicht er zu stark von der Thematik ab, ist der Interviewer dafür verantwortlich, wieder zu den Fragen zurückzuführen (Wittkowski, 1994, S. 13-14). Die Neutralität bezieht sich auf den freundlich-höflichen, aber sachbezogenen Umgang des Interviewers mit dem Interviewpartner. Aufgabe des Interviewers ist es, während dem Gespräch für eine vertrauensvolle Atmosphäre zu sorgen, ohne vom Ziel der Informationsbeschaffung abzuweichen (ebd., S. 27).

Organisation und Durchführung der Interviews

In der Interviewphase wurden die betreffenden Coaching-Verantwortlichen per E-Mail oder per Telefon nochmals angefragt. Jene, die bereits definitiv zugesagt hatten, wurden um einen Interviewtermin gebeten, die anderen wurden zuerst nochmals angefragt, ob sie bereit wären, an der Studie teilzunehmen. Zusammen mit der Anfrage erhielten alle ein Informationsblatt mit detaillierten Informationen über den Hintergrund der Studie. Alle Interviews wurden in den Räumlichkeiten der jeweiligen Unternehmen durchgeführt, entweder im Büro der für Coaching verantwortlichen Person oder in einem Sitzungszimmer. Jeweils zwei Projektmitarbeitende waren anwesend, wobei eine Person für die Tonaufzeichnung zuständig war und die andere für die eigentliche Durchführung des Interviews. Die Interviews dauerten jeweils ca. 45 Minuten.

Interviewleitfaden

Der Interviewleitfaden gliedert sich in 4 Abschnitte, die sich inhaltlich an den oben formulierten Fragekomplexen orientieren (vgl. Anhang A). Einleitend wurden die Funktion und der Ausbildungshintergrund der Coaching-Verantwortlichen ermittelt, sowie einige Zahlen und Fakten in Bezug auf das Coaching-Angebot in ihrem Unternehmen und die Mitarbeitenden, die das Angebot in Anspruch nehmen. Im

Hauptteil wurden die Interviewpartner zu ihren Definitionen von Coaching und Psychotherapie befragt. Drei weitere Fragen zielten darauf ab, typische Coaching- und Psychotherapieanlässe in den Unternehmen zu erheben. Den Schluss bildeten Fragen zu den Eigenschaften und Fähigkeiten, die ein Coach besitzen sollte und welche Rolle die Beziehung zwischen Coachingnehmer und Coach spielt.

2.5 Auswertungsmethode und Auswertungsschritte

Die Interviewpartner, in unserer Studie die Coaching-Verantwortlichen, verfügen zwar über einen unterschiedlichen Wissensstand zum Untersuchungsthema, werden aber in ihrer Funktion als Interviewpartner in unserer Studie trotzdem als *Experten* bezeichnet. Die Auswertung der Experteninterviews richtet sich auf die Analyse und den Vergleich dieses Expertenwissens (Flick, 1995, S. 100; Flick, 2002, S. 141).

Aufzeichnung und Transkription

Aufnahme und Transkription sind notwendige Zwischenschritte vor der Interpretation qualitativer Datensätze. Sie ermöglichen eine systematische, wortgetreue, jederzeit nachvollziehbare und damit wissenschaftlich überprüfbare Analyse: „Die Texte, die auf diesem Weg entstehen, konstruieren die untersuchte Wirklichkeit auf besondere Weise und machen sie als empirisches Material interpretativen Prozeduren zugänglich" (Flick, 1995, S. 192).

Da sich bei der Transkription noch kein Standard durchgesetzt hat (vgl. Wittowski, 1994 und Mergenthaler, 1992), wurden die Transkriptionsregeln pragmatisch im Hinblick auf die Anforderungen an die geplanten inhaltsanalytischen Auswertungen erstellt (vgl. Anhang B). Die regelgeleitete und wortgetreue Transkription der Tonaufnahmen der 30 Interviews ergab einen Datensatz, der sich über rund 750 A4-Seiten erstreckt. Die einzelnen Interviews nehmen also 20 bis 30 Textseiten ein. Dieser Text, aufgeteilt in 30 Einheiten, ist die Datengrundlage unserer Studie, auf die sich alle inhaltsanalytischen Auswertungen beziehen. Selbstverständlich war/ist es jederzeit möglich, im Falle von Unklarheiten oder Verständnisschwierigkeiten noch einmal die Tondokumente zu konsultieren.

Qualitative Inhaltsanalyse

Nach Frommer & Rennie (2006, S. 216) handelt es sich bei qualitativen Ansätzen um „sozial- und sprachwissenschaftliche Methoden (…), die in einem methodisch kontrollierten und reflektierten Prozess der doppelten Hermeneutik die kulturell verankerten Sinngehalte subjektiven Erlebens und sozialer Interaktion entschlüsseln". Qualitative Forschungsmethoden haben in den letzten drei Jahrzehnten in den Sozialwissenschaften aber auch in der immer noch überwiegend quantitativ-experimentell ausgerichteten Psychologie zunehmend an Bedeutung gewonnen. Trotzdem ist die qualitative Forschung noch nicht vorbehaltlos akzeptiert und muss sich oft mangelnde intersubjektive Nachvollziehbarkeit oder die Verletzung der klassischen Gütekriterien wie Objektivität und Reliabilität vorwerfen lassen. Die qualitative *Inhaltsanalyse* nimmt dabei eine Position zwischen quantitativer und qualitativer Forschung ein, indem das Datenmaterial oft auch quantitativ weiterverarbeitet wird (Auszählung von Kategoriehäufigkeiten) und zudem gewisse Gütekriterien wie etwa die Inter-Koder-Reliabilität übernommen werden (Mayring, 2003, S. 11). Sofern quantitative Arbeitsschritte in den Analyseprozess mit eingebaut werden, sollten sie sorgfältig begründet und die Ergebnisse eingehend diskutiert werden. Dabei sollten sowohl zu Beginn als auch am Ende des Forschungsprozesses qualitative Aspekte stehen (ebd., S. 19).

Nachfolgend (Abbildung 1) präsentieren wir ein Phasenmodell das das Verhältnis von qualitativer und quantitativer Analyse veranschaulicht (vgl. Mayring, 2003, S. 20):

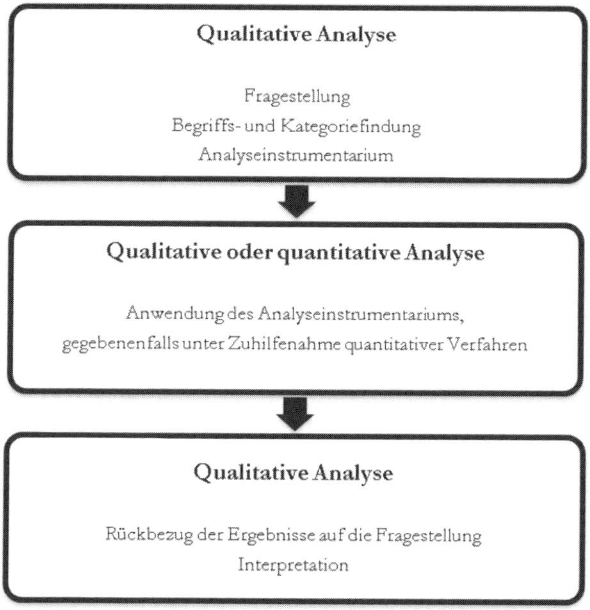

Qualitative Analyse

Fragestellung
Begriffs- und Kategoriefindung
Analyseinstrumentarium

Qualitative oder quantitative Analyse

Anwendung des Analyseinstrumentariums,
gegebenenfalls unter Zuhilfenahme quantitativer Verfahren

Qualitative Analyse

Rückbezug der Ergebnisse auf die Fragestellung
Interpretation

Abbildung 1: Phasenmodell zum Verhältnis qualitativer und quantitativer Analyse (Quelle: Mayring, 2003, S. 20)

Das Ziel einer qualitativen Inhaltsanalyse ist grundsätzlich, „die Analyse von Material, das aus irgendeiner Art von Kommunikation stammt" Mayring (2003, S. 11). Das inhaltsanalytische Vorgehen soll zudem regel- und auch theoriegeleitet sein mit dem Ziel, „Rückschlüsse auf bestimmte Aspekte der Kommunikation zu ziehen" (ebd., S. 13). Mayring hat ein Verfahren der qualitativen Inhaltsanalyse entwickelt, das auf systematisierten und überprüfbaren Analyseschritten und Regeln beruht. Die einzelnen Arbeitsschritte können sichtbar gemacht und nachvollzogen werden. Zentrale Punkte einer qualitativen Inhaltsanalyse sind neben der Regelgeleitetheit die Einbettung des Materials in den Kommunikationszusammenhang, ein am Material entwickeltes Kategoriensystem und eine theoriegeleitete Analyse der Ergebnisse (ebd., S. 42).

Mayring (2002) erwähnt drei Grundformen qualitativer Inhaltsanalyse: Zusammenfassung, Explikation und Strukturierung. Das Ziel der *zusammenfassenden Methode* ist, „das Material so zu reduzieren, dass die wesentlichen Inhalte erhalten bleiben, durch Abstraktion ein überschaubares Korpus zu schaffen, das immer noch ein Abbild des Grundmaterials ist" (ebd., S. 115). Die zusammenfassende Inhaltsanalyse folgt dem Grundprinzip, „dass die jeweilige Abstraktionsebene der Zusammenfassung genau festgelegt wird, auf die das Material durch Einsatz der Makrooperatoren (Verdichtung der Textbasis) transformiert wird" (Mayring, 2003, S. 59). Daraus resultiert, dass die Zusammenfassung zunehmend abstrakter wird. Im folgenden Ablaufmodell (Abbildung 2) werden die einzelnen Schritte dargestellt:

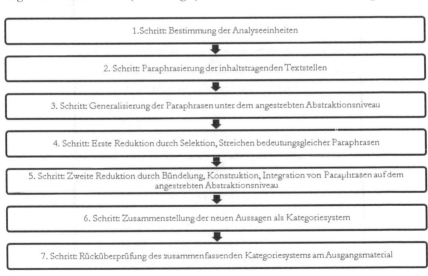

Abbildung 2:　Ablaufmodell zusammenfassender Inhaltsanalyse (Quelle: Mayring, 2003, S. 60)

Mayring fügt an, dass bei großen Datenmengen mehrere Analyseschritte zusammengefasst werden können. Da eine Paraphrasierung aller inhaltstragenden Textstellen zu aufwändig wäre, können letztere z.b. direkt auf das angestrebte Niveau abstrahiert werden, sodass die Arbeitsschritte 2-5 zusammenfallen (ebd. S. 61).

Atlas.ti – Instrument für softwarebasierte Inhaltsanalysen

Die inhaltsanalytische Auswertung erfolgte mit Unterstützung von Atlas.ti. Dies ist ein Software-Programm zur qualitativen Datenanalyse. Ursprünglich ausgerichtet an der Grounded Theory[6] und der qualitativen Inhaltsanalyse, deckt das Programm mittlerweile den gesamten Bereich der qualitativen Sozialforschung ab und bietet sogar Schnittstellen zur quantitativen Sozialforschung. Das Programm erlaubt das Verwalten von komplexen Datenmengen und lässt sich individuell auf die Bedürfnisse anpassen.

Ein allgemeiner Arbeitsablauf lässt sich in verschiedenen Arbeitsschritten festhalten: Zu Beginn wird ein Projekt kreiert, die so genannte hermeneutische Einheit (engl.: HU, hermeneutic unit). Alle Codes, Strukturen und Daten werden damit unter einem Namen abgespeichert und können von verschiedenen Personen bearbeitet werden, was den Hauptvorteil von Atlas.ti ausmacht. Die Transkripte werden in ein spezielles Dateiformat gebracht und mit der HU verbunden. Es ist auch möglich, die Audiofiles der Originalinterviews einzubinden und mit entsprechenden Textstellen zu verbinden. Ausgehend vom Transkript können, analog der qualitativen Inhaltsanalyse nach Mayring und der zusammenfassenden Methode, Textstellen markiert, paraphrasiert, generalisiert und schließlich codiert werden.

Es gibt verschiedene Vorgehensweisen für die Codierung. Textunabhängige Codiervarianten sind beispielsweise: „freie Codes", „von Beginn neu erzeugte Codes", oder es lassen sich „Codelisten von anderen HU übernehmen". Für das textabhängige sukzessive Codieren gibt es vier verschiedene Möglichkeiten: „neuer Code", „in-vivo-code", „code by list" und „den aktiven Code beibehalten". Auch eine markierte Textstelle kann als Code definiert werden. Durch eine „vergleichende Analyse" werden die Textstellen miteinander verglichen, und es können Gruppen oder Familien gebildet werden. Die so entstandenen Netzwerke können grafisch dargestellt werden und bilden die Ausgangslage für eine entstehende „gegenstandsbezogene Theorie" (Strübing, 1997, S. 7).

Die einheitliche Vorgehensweise und Erfassung der Daten ermöglicht es, die Basisdokumente und die codierten Elemente in ihrem gesamten Umfang nachzuvollziehen, und weiter zu bearbeiten und in neuen Strukturen (übergeordnete Co-

---

6   Gegenstandsverankerte Theoriebildung (vgl. Frommer & Rennie, 2001, S. 32 ff.). Es handelt sich dabei um eine Methodik der Theorie-Entwicklung auf der Basis einer detaillierten, quasi mikroskopischen Untersuchung und Interpretation sozialer Phänomene (Breuer, 1996, S. 16).

des, Families) zu organisieren. Zudem bietet Atlas.ti auch die Unterstützung bei der quantitativen Analyse des Datenmaterials, indem die Anzahl der kreierten Codierungen, Codes (Unterkategorien) und Families (Oberkategorien) abgerufen werden kann.

2.6 Gütekriterien

„Wenn die Inhaltsanalyse den Status einer sozialwissenschaftlichen Forschungsmethode für sich beanspruchen will, so muss sie sich Gütekriterien stellen" (Mayring, 2003, S. 109). Universelle, allgemein verbindliche Kriterien für qualitative Forschung sind gemäß Steinke (1999, S. 205) jedoch nicht formulierbar. Sie schlägt vor, aus einem Pool von relativ allgemein gehaltenen Gütekriterien diejenigen auszuwählen und festzulegen, die untersuchungsspezifisch angemessen sind. Lamnek (1995, S. 154) erwähnt, dass auch qualitative Sozialforschung wissenschaftliche Gütekriterien akzeptiert, „dass sich diese aber teilweise von denen der quantitativen Verfahren unterscheiden". Diesbezüglich verdeutlicht Helfferich (2005, S. 138), dass die Gütekriterien standardisierter Verfahren nicht bei qualitativen Verfahren angewendet werden können, da die Daten, z.B. bei einem qualitativen Interview, immer kontextabhängig und die Versionen bei einer Wiederholung nie identisch sind. Sie verweist auf aktuelle Diskussionen, wo es nicht um eine anzustrebende Objektivität geht, sondern einen „angemessenen Umgang mit Subjektivität". Mayring nimmt wie folgt Stellung zu den Gütekriterien der Inhaltsanalyse und den Grenzen der qualitativen Inhaltsanalyse: Bezüglich der klassischen Gütekriterien und deren „Übertragbarkeit auf inhaltsanalytische Forschung ist oft Kritik geübt worden", jedoch können spezifisch inhaltsanalytische Gütekriterien definiert werden (Mayring, 2003, S. 11ff.). Er erwähnt sechs allgemeine Gütekriterien (ebd., 2002, S. 144ff.):

- – Verfahrensdokumentation,
- – Argumentative Interpretationsabsicherung,
- – Regelgeleitetheit,
- – Nähe zum Gegenstand,
- – Kommunikative Validierung,
- – Triangulation

Gemäß Lamnek (1995, S. 148) „bleibt die Frage offen, ob es sich dabei um Zielvorgaben und Prüfsteine für die qualitative Sozialforschung handelt oder ob er [Mayring] nicht nur eine grundlegende Ausgangsposition für jeden empirischen Forschungsprozess beschreibt".

Reflexion der Gütekriterien zur Beurteilung der methodischen Qualität der vorliegenden Studie

Gütekriterien dienen gemäß Bohnsack et al. (2003, S. 80) als Maßstäbe zur Beurteilung der Qualität von Forschung. Um diesem Anspruch der messbaren methodischen Qualität gerecht zu werden, haben wir uns bezüglich der Durchführung, Bewertung und Legitimation dieser Studie an den im vorherigen Kapitel genannten sechs spezifisch inhaltsanalytischen Gütekriterien Mayrings orientiert. Deren konkrete Umsetzung in der Praxis gestaltete sich folgendermaßen:

Verfahrensdokumentation
Durch eine detaillierte Dokumentation des gesamten Verfahrens (Beschreibung des theoretischen Hintergrundes, der Fragestellung, der Datengrundlage und der Methodik inkl. Analyseinstrumentarium und der einzelnen (Zwischenergebnisse) ist gewährleistet, dass der gesamte Forschungsprozess intersubjektiv nachvollziehbar und auch nachprüfbar ist.[7]

Argumentative Interpretationsabsicherung
Dieses Gütekriterium hat einerseits Relevanz im Zusammenhang mit dem interpretativen Arbeitsschritt der Codierung von Unter- und Oberkategorien im Atlas.ti, d.h. der Paraphrasierung, Generalisierung und Reduktion des vorliegenden Textmaterials. Zudem unterliegen die Endauswertung und die Analyse der Resultate einem stark interpretativen Charakter. Interpretationen (und Alternativdeutungen) lassen sich zwar nicht beweisen, sollten aber argumentativ begründet und in sich schlüssig sein. Hinsichtlich des methodischen Vorgehens bei den Codierungen bedeutete dies, dass, falls eine Kategorie nicht selbsterklärend ist, sie mit einer Erläuterung in Form eines „comments" versehen wird. Durch die regelhafte Rücküberprüfung der jeweiligen Kategorien (inkl. comments) am Ausgangsmaterial durch eine oder mehrere Personen des Forschungsteams wird gewährleistet, dass die interpretative Zuordnung zu einer Kategorie begründet, schlüssig und nachvollziehbar ist. Bezüglich der Ergebnisanalyse garantiert eine fundierte Auseinandersetzung mit der Theorie, dass die Interpretationen belegt und sinnvoll in den theoretischen Kontext eingebettet werden können.

Regelgeleitetheit
Die systematische Bearbeitung des Materials ist durch das einheitliche Vorgehen der Forschergruppe nach einer klar definierten Methode (qualitative Inhaltsanalyse nach Mayring, zusammenfassende Methode) gegeben.

---

7   Die detaillierte Darstellung des methodischen Vorgehens mit der umfassenden Dokumentation der Analyseschritte und Code-Listen finden sich in den jeweiligen Teilstudien der Projektmitarbeiterinnen (Meier, 2008; Heyn, 2008; Frisch, 2008; Ineichen, 2008; Schnell, 2009).

Nähe zum Gegenstand

Gemäß Lamnek (1995, S. 147) sollte qualitative Forschung „daraufhin überprüft werden, ob sie sich auf die natürliche Lebenswelt der Betroffenen gerichtet und deren Interessen und Relevanzsysteme einbezogen hat". Der erste Schritt dahin erfolgte, indem die Interviewpartner in ihrem Arbeitsumfeld aufgesucht wurden. Im Weiteren wurden sie als *Experten* bezüglich des interessierenden *Gegenstands* befragt, das heißt, dass ihre Sicht und ihre praktische Erfahrung im Fokus des Interesses stehen und in dieser Studie möglichst korrekt und detailliert abgebildet werden soll.

Kommunikative Validierung

Gemeint ist, dass die Gültigkeit der Ergebnisse und Interpretationen im Dialog mit den Befragten nochmals überprüft werden sollen. Dieses Kriterium kann gemäß Lamnek (1995, S. 147) „als Wahrheits- und Gütekriterium sicher kritisch betrachtet werden". Mayring (2002, S. 147) vertritt jedoch die Ansicht, dass der Forscher durch diesen Dialog wichtige Argumente zur Relevanz der Ergebnisse gewinnen kann. Zudem wird so den „Beforschten" mehr Kompetenz zugebilligt, als dies üblicherweise der Fall ist. Die Umsetzung dieses Gütekriteriums wurde in unserer Studie nicht in absoluter Konsequenz verfolgt. Sämtliche Interviewpartner erhielten die Ergebnisse der Untersuchung. Von einer Rückkoppelung während des laufenden Arbeitsprozesses in Form einer Konfrontation mit einer Diskussion von einzelnen Zwischen-Auswertungsschritten wurde abgesehen. Die Gründe dafür liegen vor allem in der gewählten Methode: Der Subjektivität und interpretativen Unsicherheit sind aufgrund der konkreten Fragestellungen relativ enge Grenzen gesetzt, sodass der Aufwand für die Interviewpartner im Vergleich zu den zu erwartenden neuen Erkenntnissen unangemessen und auch unzumutbar erschien.

Triangulation

Die Triangulation ist als Gütekriterium sehr weit gefasst und kann sich gemäß Flick (2002, S. 330ff.) auf „die Kombination verschiedener Methoden, verschiedener Forscher, Untersuchungsgruppen, lokaler und zeitlicher Settings sowie unterschiedlicher theoretischer Perspektiven in der Auseinandersetzung mit einem Phänomen" beziehen. In unserer Studie erfolgte die Umsetzung auf der Ebene der Forscher-Triangulation. Die konkrete Vorgehensweise wurde im Gruppenprozess erarbeitet und lässt sich wie folgt beschreiben: In einer ersten Phase wurde ein Teil des Textmaterials bezüglich jeder Fragestellung von allen Forschenden individuell durchgearbeitet. Die Ergebnisse werden im Plenum verglichen und diskutiert. Ziel dabei ist es weniger, eine vollständige Übereinstimmung der Forschenden zu erreichen, als verschiedene Analysewege auszuloten und geeignete sowie für alle verbindliche Kriterien zu erarbeiten, die bei der Auswertung des Materials zur Anwendung kommen sollen. In einer zweiten Phase wurden Forscherpaare gebildet, die in regelmäßigem Kontakt zueinander standen und ihre Ergebnisse aus der Bearbeitung des Textmaterials stichprobenartig sukzessive verglichen. Dadurch wurde auch die interpersonelle Rücküberprüfung hinsichtlich der Vorgehensweise und der inhaltlicher Auswertung des Textmaterials während des gesamten Forschungsprozesses sichergestellt.

2.7 Der Stellenwert von Coaching in 30 Schweizer Großunternehmen

Die Beantwortung des ersten Fragenkomplexes nach dem Stellenwert von Coaching in den von uns befragten Unternehmen beschreibt die Struktur der Datengrundlage der gesamten Studie und führt zu Aussagen zur Qualität und Aussagekraft unserer Untersuchung. Ausgewertet wurden hierfür die Informationen aus dem ersten Teil der Interviews, in welchem die Interviewpartner nach einigen Kenndaten ihres Unternehmens sowie nach ihrem beruflichem Hintergrund und ihrer Position im Unternehmen befragt wurden.

Die Beschreibung unserer Datengrundlage folgt den nachstehenden Punkten:
– Größe der Unternehmen
– Branchenzugehörigkeit
– Ausbildungshintergrund der Interviewpartner
– Aufgabenbereich der Interviewpartner in der Firma
– Die Anzahl potentieller Coachingnehmer in den Unternehmen
– Geschlecht der Coachingnehmer
– Durchschnittliches Alter der Coachingnehmer
– Anzahl durchgeführte Coachings pro Jahr
– Einsatz von internen oder externen Coachs

Größe der Unternehmen
Orientiert an der oben erwähnten EU-Definition, sind die 30 Coaching-Verantwortlichen, deren Aussagen das Datenmaterial dieser Studie bilden, allesamt in Schweizer Großunternehmen angestellt.

Branchenzugehörigkeit
Die Abbildung 3 gibt Auskunft über die Branchenzugehörigkeit der Unternehmen. Am stärksten vertreten sind Banken und Versicherungen (7 Unternehmen), gefolgt von Gewerbe und Industrie (4 Unternehmen). Mit Interviewpartner aus insgesamt 12 verschiedenen Branchen wird eine große Breite an Tätigkeitsfeldern der Großunternehmen abgedeckt.

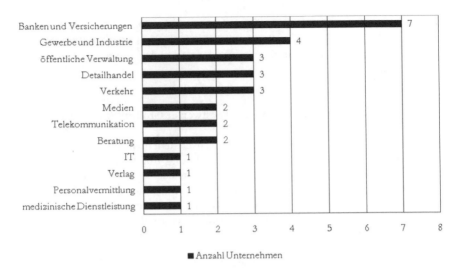

Abbildung 3:   Branchenzugehörigkeit der untersuchten Unternehmen

Ausbildungshintergrund der Interviewpartner
Die Interviewpartner wurden nach ihrem jeweiligen beruflichen Werdegang gefragt. Für die nachfolgende Auswertung wurden Ihre Antworten in Angaben zur *Grundausbildung* (Abbildung 4) und zu *(berufliche) Weiterbildungen* (Abbildung 5) unterteilt.

In Bezug auf die Grundausbildung hatten 18 Interviewpartner ein universitäres Hochschulstudium abgeschlossen, davon 7 ein Psychologiestudium und 4 ein Wirtschaftsstudium. Weitere 7 Personen absolvierten ein Fachhochschulstudium in Psychologie. Zwei Personen hatten eine Berufsausbildung ungenannter Art, eine Person arbeitete ohne Berufsausbildung. Bei 5 Personen konnte diese Information nicht aufgeschlüsselt werden, was vermuten lässt, dass sie keinen Hochschulabschluss haben und vielleicht auf der Basis einer Berufsausbildung als „Quereinsteiger" in ihre aktuelle Position gelangten. Coaching-Verantwortliche in Großfirmen sind also zumeist Fachleute mit Hochschulabschluss (insgesamt 22), die Hälfte davon mit dem Hauptfach Psychologie.

In Bezug auf die Weiterbildung gaben 27 Personen an, dass sie eine Weiterbildung absolviert hatten: 11 Personen nannten eine spezifische Weiterbildung in Coaching; 9 Personen eine Weiterbildung im Bereich Personalentwicklung, 7 nannten eine andere Weiterbildung (weder Coaching noch Personalentwicklung). 4 Personen sagen dezidiert, dass sie in Bezug auf Coaching keine Weiterbildung absolviert hätten. Bei 15 Personen blieb unklar, inwieweit sie sich auf dem Gebiet Coaching weitergebildet hatten.

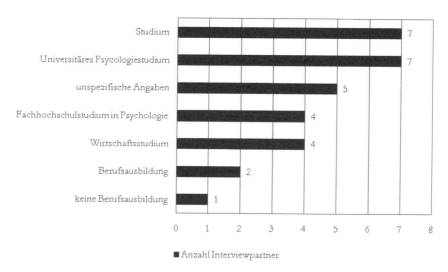

Abbildung 4:   Grundausbildung der Interviewpartner

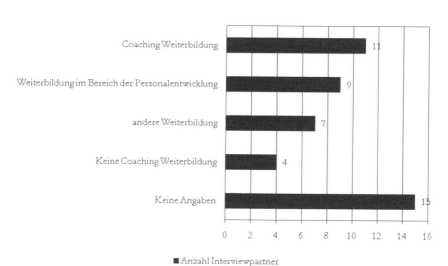

Abbildung 5:   Weiterbildung der Interviewpartner

Die Positionen der von uns befragten Coaching-Verantwortlichen gründen offensichtlich nicht auf einer spezifischen Grund- oder gar Coaching-Weiterbildung. Dies weist darauf hin, dass die Bezeichnung „Coach" oder „Coaching-Verantwortlicher" keine homogene Gruppe von Berufsleuten abbildet. Es handelt sich um Praktiker mit heterogenem Ausbildungshintergrund, die auch sehr unterschiedlichen Tätigkeiten nachgehen (s. nachfolgendes Merkmal „Aufgabenbereich in der Firma").

Aufgabenbereich der Interviewpartner in der Firma
Alle 30 Interviewpartner sind in ihrer jeweiligen Firma im Bereich Personalentwicklung tätig. Die Interviewten sind uns als die Coaching-Verantwortlichen der Firmen vermittelt worden, sind aber in ihrer täglichen Arbeit in sehr unterschiedlichem Ausmaß mit Coaching beschäftigt. Dies reicht von der Angabe eines Interviewpartners, in seiner Firma ein Vollzeitcoach zu sein, bis hin zu einem Personalleiter, der in seiner Firma die verschiedensten Aufgaben erfüllt und für die Durchführung von Coachings kaum Ressourcen zur Verfügung hat.

Insgesamt führen 15 der 30 Interviewten tatsächlich selber Coachings durch. Zwei Personen machen lediglich ganz kurze Coachings und zwei Interviewpartner führen nur die Abklärungsgespräche und vermitteln die Coachingnehmer danach weiter. Sieben Interviewpartner haben die Frage, ob sie in der Firma selber Coachings durchführen, verneint. Bei den übrigen vier Personen ist die Frage in den Interviews nicht klar beantwortet worden.

Die folgenden numerischen Angaben basieren auf Schätzungen, die die Coaching-Verantwortlichen aufgrund unserer Fragen zum jeweiligen Unternehmen spontan machten. Es handelt sich also nicht um Daten aus systematischen statistischen Erhebungen.

Die potentiellen Coachingnehmer in den Unternehmen
Die Anzahl der potentiellen Coachingnehmer, die im Verantwortungsbereich unserer Interviewpartner liegen, variiert stark über die verschiedenen Firmen hinweg (Abbildung 6). In der knappen Hälfte der Fälle ist jeder einzelne Mitarbeiter der Firma ein potentieller Coachingnehmer.

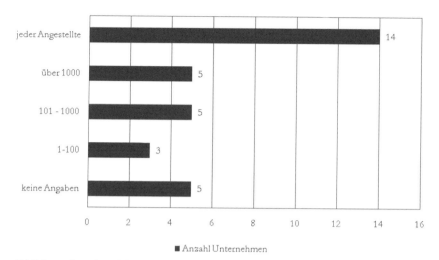

Abbildung 6:   Anzahl potentieller Coachingnehmer

Die Abbildung 7 zeigt die Anzahl Angestellter in den 14 Firmen, in denen jeder Arbeitnehmer ein potentieller Coachingnehmer ist.

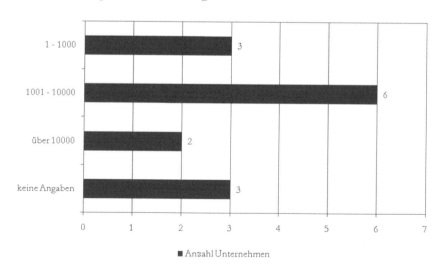

Abbildung 7:   Anzahl Angestellte der Firmen, in denen alle Angestellten potentielle Coachingnehmer sind

Gemäß den Angaben der Interviewpartner sind es meistens Führungskräfte, welche die primäre Zielgruppe für Coachings sind (Abbildung 8). Mitarbeiter ohne Führungsverantwortung werden oft von ihren direkten Vorgesetzten unterstützt.

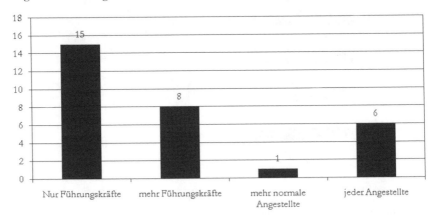

Abbildung 8:   Hierarchiestufe der Coachingnehmer

Geschlecht der Coachingnehmer
In 17 Firmen werden deutlich mehr Männer als Frauen gecoacht (Abbildung 9). Dies begründen die Interviewten hauptsächlich mit der Tatsache, dass in ihren Firmen entweder insgesamt mehr Männer als Frauen angestellt sind, oder die Führungspositionen häufiger von Männern besetzt sind. Proportional gleich verteilt sind die Coachings dann, wenn das Verhältnis von männlichen und weiblichen Angestellten im jeweiligen Unternehmen dem Verhältnis von Coachingnehmerinnen und Coachingnehmer entspricht.

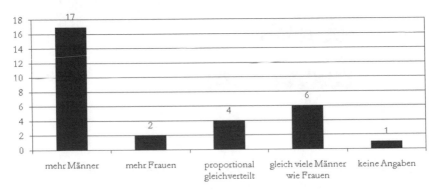

Abbildung 9:   Geschlecht der Coachingnehmer

Durchschnittliches Alter der Coachingnehmer
In 20 Unternehmen sind die Coachingnehmer im Schnitt unter 50 Jahre alt, in 11 sogar unter 40 Jahre (Abbildung 10). Sieben Interviewpartner konnten in ihrem Unternehmen keinen bestimmten Altersbereich ausmachen. Es lässt sich vermuten, dass Coaching in den von uns untersuchten Großunternehmen am häufigsten von Arbeits- und Führungskräften in mittlerem Alter in Anspruch genommen wird.

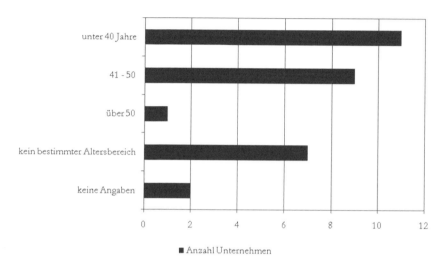

Abbildung 10: Durchschnittliches Alter der Coachingnehmer

Anzahl durchgeführter Coachings pro Jahr
Die genannte Anzahl durchgeführter Coachings pro Jahr in den jeweiligen Unternehmen reicht über die Interviews hinweg von einem bis 300 Coachings mit durchschnittlich 30 Coachings pro Jahr. Zehn der Interviewpartner machten diesbezüglich keine Angaben.

Einsatz von internen oder externen Coachs
22 von 30 Interviewten gaben an, in ihrer Firma sowohl interne wie auch externe Coachs zu beauftragen. In sechs Fällen werden Coachings ausschließlich extern durchgeführt und nur in zwei der 30 Firmen werden alle Coachings von internen Coachs abgedeckt.

Zusammenfassung

Welche Schlüsse lassen sich aus diesen Informationen über die Interviewpartner als Coaching-Experten und den Stellenwert von Coaching in den Unternehmen ziehen? Die von uns befragten Coaching-Verantwortlichen in Großunternehmen sind in großer Mehrzahl Akademiker mit Hochschulabschluss, ungefähr die Hälfte von ihnen hat Psychologie studiert. Nur ca. ein Drittel hat eine spezielle Coaching-Weiterbildung absolviert, über eine psychotherapeutische Weiterbildung verfügt keiner der Interviewpartner. Es gibt offenkundig keinen typischen, verbindlichen Ausbildungsweg, der für diese berufliche Position qualifiziert, allerdings hat doch ein großer Teil eine fundierte psychologische Ausbildung. Die Heterogenität der beruflichen Aus- und Weiterbildungen der Coaching-Verantwortlichen spiegelt sehr wahrscheinlich die Vielfältigkeit und Unreglementiertheit der Coaching-Landschaft in der Schweiz wieder, in der es keine geschützte Berufsbezeichnung oder verbindliche Qualitätsstandards gibt, und in der sich Berufsverbände in der jüngsten Zeit erst organisieren. Coaching ist in den Unternehmen in ganz unterschiedlicher Weise implementiert, die Funktionen und Aufgabenbereiche der Interviewpartner als Coaching-Verantwortliche variieren deutlich: Einige führen selber Coachings durch, andere vermitteln nur. Für einige besteht die Hauptarbeit im Coachen von Mitarbeitern, andere wiederum füllen diese Funktion fast nebenbei im Kontext vielfältiger Personalentwicklungstätigkeiten oder des gesamten HR Managements aus. In manchen Unternehmen gehört Coaching zur Tagesordnung, in anderen ist es immer noch ein extrem seltenes Ereignis.

Die Interviewpartner gaben uns einen Einblick in die Organisationsformen ihrer Unternehmen, und es zeigte sich auch hier, dass firmeninternes Coaching überwiegend eine eher neuere Angelegenheit ist, für die es noch keine verbindlichen und typischen Strukturen innerhalb großer Organisationen gibt.

Wie wiederholt in der Literatur beschrieben, gaben auch unsere Interviewpartner an, dass vor allem Führungskräfte im Einzelsetting gecoacht werden. Es handelt sich um überwiegend männliche Personen unter 50 Jahren, ein Drittel sogar unter 40 Jahren. Das Geschlechterverhältnis ist offenbar eine Folge der ungleichen Besetzung von Führungspositionen mit Männern und Frauen: Weil Frauen seltener in solche Positionen gelangen werden sie auch weniger gecoacht. Die Altersverteilung wirft die interessante Frage auf, warum so selten Mitarbeiter über 50 gecoacht werden: Traut man ihnen in diesem Alter keine Entwicklung mehr zu? Vor allem wenn man Coaching als (Persönlichkeits-)Entwicklungsinstrument versteht, liegt diese Interpretation nahe. Es könnte sein, dass es sich aus Sicht der Unternehmen nicht mehr lohnt, in „ältere" Mitarbeiter zu investieren, sondern die Ressourcen an jüngere, vermeintlich entwicklungsfähigere Mitarbeiter zu vergeben. Eine andere Interpretation, die einige Äußerungen der Interviewpartner nahe legen, besteht darin, dass die jüngeren Führungskräfte deshalb eher gecoacht werden, weil Coaching als Instrument verstanden wird, um sie auf ihre Führungsaufgaben vorzubereiten bzw.

in der ersten Zeit zu unterstützen. Oder ist Coaching als noch relativ junges Beratungsverfahren in den Augen älterer Führungskräfte, die selber noch unter anderen Bedingungen und vor dem Coaching-Boom ihren beruflichen Werdegang absolviert haben, eventuell doch noch stigmatisierter und ein Zeichen von Schwäche als für jüngere Mitarbeiter? Abschließend lässt sich diese Frage aus den Interviews heraus nicht beantworten, die verschiedenen Antworten lassen aber den Schluss zu, dass hier die verschiedenen genannten Gründe zusammenkommen.

Offenbar gibt es drei verschiedene Modelle zur Implementierung von Coaching in den Großunternehmen: Am häufigsten scheint die Lösung zu sein, sowohl interne als auch externe Coachings anzubieten. Einige favorisieren ausschließlich externe Coachings (und begründen dies vor allem mit der Unabhängigkeit der externen Coaches und der höheren Vertraulichkeit). Sehr selten ist die Lösung, ausschließlich interne Coachings anzubieten.

Unserer Studie liegen 30 halbstrukturierte Interviews zugrunde, die einen Einblick in die Coaching-Praxis und die Einstellungen gegenüber Psychotherapie und Coaching in ganz verschiedene Großunternehmen mit Standort in der Schweiz geben. Wir haben bei der Kontaktaufnahme mit möglichen Interviewpartnern zwar darauf geachtet, Unternehmen aus unterschiedlichen Branchen zu gewinnen, um so ein vielfältiges Bild der Einstellungen gegenüber Coaching und Psychotherapie zu erhalten, beabsichtigen aber keinesfalls, eine irgendwie geartete repräsentative Stichprobe abzubilden. Da in diesem Bereich, wenn überhaupt, in der Regel Studien durchgeführt werden, die auf eine Quantifizierung einzelner Aspekte ausgerichtet sind, haben wir uns für ein qualitatives Vorgehens mit ausführlichen Interviews entschieden, um die Vielfältigkeit der Meinungen zu Psychotherapie und Coaching in den Unternehmen detailliert beschreiben und interpretieren zu können.

Literatur

Backhausen, W. & Thommen, J.-P. (2006). Coaching. Durch systemisches Denken zu innovativer Personalentwicklung. 3., aktualisierte und erweiterte Auflage. Wiesbaden: Gabler.

Bohnsack, R., Marotzki, W. & Meuser, M. (Hrsg.). (2003). Hauptbegriffe Qualitativer Sozialforschung. Opladen: Leske + Budrich.

Böning, U. & Fritschle, B. (2005). Coaching fürs Business. Was Coaches, Personaler und Manager über Coaching wissen müssen. Bonn: managerSeminare Verlags GmbH.

Böning-Consult. (2004). Coaching-Studie 2004. Bestandesaufnahme und Trends (Studie). Frankfurt/Main: Böning-Consult.

Flick, U. (1995). Qualitative Forschung. Theorie, Methoden, Anwendung in Psychologie und Sozialwissenschaften. Reinbek bei Hamburg: Rowohlt.

Flick, U. (2002). Qualitative Sozialforschung. Eine Einführung. Reinbeck bei Hamburg: Rowohlt.

Frommer, J. & Rennie, D.L. (2006). Methodologie, Methodik und Qualität qualitativer Forschung. Psychotherapie, Psychosomatik, Medizinische Psychologie, 56, 210-217.

Goldschmidt, U. & Przybylski, F. (2005). Coaching – Quo vadis? Panel 2005 [Online]. Available: www.vibd.de/download/coaching.pdf

Helfferich, C. (2005). Die Qualität qualitativer Daten. Manual für die Durchführung qualitativer Interviews (2. Aufl.). Wiesbaden: VS Verlag für Sozialwissenschaften.

Herrmann, B. & Freitag, T. (2005). MindMOve Coachingmarkt-Studie 2005 (Studie). Zürich: MindMove GmbH.

Jansen, A., Mäthner, E. & Bachman, T. (2004). Erfolgreiches Coaching. Wirkfaktoren im Einzel-Coaching. Kröning: Asanger.

Jüster, M., Hildenbrand, C. & Petzold, H.G. (2005). Coaching in der Sicht von Führungskräften – Eine empirische Untersuchung. In C. Rauen (Hrsg.), Handbuch Coaching (S. 77-98). Göttingen: Hogrefe.

Lamnek, S. (1995). Qualitative Sozialforschung. Band 1 Methodologie (3. Aufl.). Weinheim: Beltz.

Lippmann, E. (Hrsg.). (2006). Coaching. Angewandte Psychologie für die Beratungspraxis. Heidelberg: Springer Medizin Verlag Heidelberg.

Looss, W. (2002). Unter vier Augen. Coaching für Manager. München: Verlag Moderne Industrie.

Mayring, P. (2002). Einführung in die Qualitative Sozialforschung (5. Aufl.). Weinheim: Beltz.

Mayring, P. (2003). Qualitative Inhaltsanalyse. Grundlagen und Techniken (8. Aufl.). Weinheim: Beltz.

Mergenthaler, E. (1992). Die Transkription von Gesprächen (3. neu überarbeitet Auflage). Ulm: Ulmer Textbank.

Neumann, U. & Schneider, M. (2005). Coaching Survey 2005. Management Summary [Online]. Available: www.holtkampj.de/download/Coaching_Survey_2005.pdf

Piotrowski, S. (2004). Bedeutung und Einsatz von Coaching in der Personalentwicklung (Forschungsbericht). Wien: PEF Privatuniversität für Management.

Rauen, C. (Hrsg.). (2005). Handbuch Coaching. Göttingen: Hogrefe.

Stahl, G. & Marlinghaus, R. (2000). Coaching von Führungskräften. Anlässe, Methoden, Erfolg. Zeitschrift für Führung und Organisation, 69, 199-207.

Steinke, I. (1999). Kriterien qualitativer Forschung: Ansätze zur Bewertung qualitativempirischer Sozialforschung. Weinheim: Juventa-Verlag.

Strübing, J. (1997). Atlas.ti-Kurs, Einführung in das Arbeiten mit dem Programm Atlas.ti für Windows95 Versionen 4.0 und 4.1. Mitteilungen aus dem Schwerpunktbereich Methodenlehre, Heft 48. Berlin: Freie Universität.

Schreyögg, A. (2003). Coaching. Eine Einführung für Praxis und Ausbildung (6. Aufl.). Frankfurt/Main: Campus Verlag.

Vogelaucr, W. (1998). Coaching-Praxis. Führungskräfte professionell begleiten, beraten und unterstützen. Wien: Manzsche Verlags- und Universitätsbuchhandlung.

von Bose, D., Martens-Schmid, K. & Schuchardt-Hain, C. (2003). Führungskräfte im Gespräch über Coaching. Eine empirische Studie. In: K. Martens-Schmid (Hrsg.), Coaching als Beratungssystem. Grundlagen, Konzepte, Methoden (S. 1-53). Heidelberg: Economica-Verlag.

Wittkowski, J. (1994). Das Interview in der Psychologie. Interviewtechnik und Codierung von Interviewmaterial. Opladen: Westdeutscher Verlag.

3 Coaching in Großunternehmen

In diesem Kapitel werden die Ergebnisse unserer Umfrage im Rahmen der drei zentralen Fragen zur Thematik des Coachings in Großunternehmen präsentiert und diskutiert. Das Kapitel 3.1 dreht sich um die Frage der Definition von Coaching. Das Kapitel 3.2 befasst sich mit den Anlässen und Problemstellungen, für die Coaching in Großunternehmen eingesetzt wird. Das Kapitel 3.3 setzt sich mit den Kompetenzen und Qualifikationen von Coachs auseinander. Im Kapitel 3.4 schließlich präsentieren wir im Rahmen eines Fazits eine wissenschaftliche Konzeptualisierung von Coaching, die sowohl praxis- als auch forschungsrelevant ist. Zu jedem Kapitel gehören ein Literaturüberblick und die Einbettung der Resultate in den aktuellen Wissensstand der Coaching-Forschung.

3.1 Handlungsleitende Konzepte von Coaching

Welche wissenschaftlichen Definitionen von Coaching sind derzeit aktuell?

„Coaching ist ein interaktiver, personenzentrierter Beratungs- und Begleitungsprozess, der primär berufliche Anliegen umfasst" (Rauen, 2005, S. 113). Dieser bündige Definitionsvorschlag stammt von einem der einflussreichsten deutschsprachigen Autoren im Bereich des Coachings. Ihm zur Seite steht eine große Zahl von Definitionen mit unterschiedlichen Schwerpunkten. Offermanns (2004) hat einen Definitionsversuch auf der Metaebene unternommen, indem sie die Definitionen anderer Autoren systematisch untersucht und synthetisiert. Das Ergebnis dieser Auswertung lautet: „Coaching ist eine freiwillige, zeitlich begrenzte, methodengeleitete, individuelle Beratung, die den oder die Beratene(n) darin unterstützt, berufliche Ziele zu erreichen. Ausgenommen ist die Behandlung psychischer Störungen" (ebd., S. 65).

Der Begriff „Coaching" leitet sich von dem englischen Wort „Coach" ab, worunter man eine Kutsche, später auch einen Kutscher verstand. Die Aufgabe des Kutschers war es, die Pferde zu betreuen, zu lenken und sicher ans Ziel zu bringen. Im übertragenen Sinne wurde der Begriff „Coaching" später für andere Bereiche wie z.B. den Sport oder die karrierebezogene Betreuung von Führungskräften angewendet (Böning, 2005; Lippmann, 2006; Offermanns, 2004). Seit Ende der 80er Jahre hat Coaching bei Unternehmen, Organisationen und Institutionen eine breite Akzeptanz gefunden. Dies führte allerdings dazu, dass sich der Begriff seit Mitte der

90er Jahre zu einem inflationären Modewort entwickelt hat, unter dem fast alles verkauft wird, was in irgendeiner Form mit Beratung oder Training zu tun hat (Böning, 2005; Offermanns, 2004). Entsprechend gibt es keine Einigung, wie der Begriff „Coaching" zu definieren ist.

Wie Stahl und Marlinghaus (2000, S. 199) schreiben, befindet sich der Begriff Coaching „trotz seines hohen Bekanntheitsgrades (…) definitorisch noch in der Findungsphase". Die Sichtung der einschlägigen Literatur zeigt, dass Coaching zahlreiche Aspekte beinhaltet, die sich einzeln beschreiben lassen. Bis heute ist es aber nicht gelungen, diese Facetten zu einem Ganzen zusammenzufügen, das das Coaching von anderen, ihm nahestehenden Verfahren befriedigend abgrenzen würde. Große Schwierigkeiten bestehen hinsichtlich Überschneidungen mit Begriffen wie „Beratung", „Organisationsberatung", „Unternehmensberatung", „Organisationsentwicklung", „Supervision", „Training", „Mentoring" und nicht zuletzt auch „Psychotherapie".

Coaching richtet sich an eine oder mehrere Zielpersonen und ist zeitlich begrenzt. Es findet auf einer gegenseitigen, vertrauensvollen und freiwilligen Beratungsbeziehung statt und zielt auf eine Förderung der Wahrnehmung, Selbstreflexion und Handlungsfähigkeit ab. Es wird häufig mit dem Schlagwort „Hilfe zur Selbsthilfe" charakterisiert, womit einerseits das Moment des Prozesshaften hervorgehoben und anderseits betont wird, dass es nicht zu den Aufgaben eines Coachs gehört, Handlungsanweisungen und inhaltliche Hilfestellungen zu vermitteln. Freilich markiert der letzte Punkt bereits den Beginn kontroverser Diskussionen wenn es darum geht, das Coaching aus der Praxis heraus zu definieren.

Viele Autoren fordern, dass ein Coach eine spezifische und anerkannte Qualifikation benötige und mit transparenten Interventionen auf der Grundlage eines ausgearbeiteten Coaching-Konzeptes vorgehen sollte. Beide Forderungen sind allerdings mehr dem Wunsch nach einer Professionalisierung des Coachings geschuldet, als dass sie in der Realität eine Entsprechung finden. Tatsächlich sind die entsprechenden Voraussetzungen – Weiterbildungsstandards, Titelschutz, wissenschaftliche Konzeptbildung und Ergebnisse von Wirksamkeits-Studien – besonders in der Schweiz noch praktisch inexistent.

Das Fehlen einer trennscharfen und allgemein anerkannten Definition von Coaching spiegelt den Umstand wieder, dass sich die berufspolitische Institutionalisierung und die wissenschaftliche Coaching-Forschung gegenwärtig noch in den Kinderschuhen befinden. Zumeist präsentieren Autoren von Lehrbüchern ihre Definitionen von Coaching auf der Basis ihrer persönlichen Erfahrung und ihres Status als Experten. Unsere Studie ist ein Baustein auf dem Weg zu einer Definition, die sowohl auf sorgfältiger Reflexion als auch dem Einbezug der Praxis des Coachings basiert: Den Definitionen in der Literatur werden die Aussagen der Coaching-Verantwortlichen gegenüber gestellt werden. So wird die definitorische Schwierigkeit mit einem direkten Bezug zur Praxis sichtbar und es können Lösungsvorschläge erarbeiten werden (s. Kapitel 3.4).

Welches sind die verschiedenen Aspekte, die das Coaching als Ganzes ausmachen? Was für Alternativen zu der bereits vorgestellten Definition von Rauen (2005, S. 113) und Offermanns (2004, S. 65) gibt es?

Als wichtigste Differenzierungsmerkmale dienen die Unterscheidung zwischen dem Einzel- und Gruppen-Setting, zwischen internem und externem Coaching sowie zwischen Business- und Life-Coaching.

Einzelcoaching gilt als das „klassische" Coaching-Setting, welches von der einfachen Anordnung Coachingnehmer-Coach geprägt ist. Daneben gibt es weitere Settings, wie beispielsweise Gruppencoaching (mehrere Personen werden gleichzeitig beraten), Teamcoaching (Teamentwicklung, Teamsupervision) oder auch Kollegiales Coaching (Intervision) bis hin zu Selbst- und Online-Coaching.

Das interne Coaching wird von Fachkräften innerhalb des Unternehmens angeboten, die zumeist Funktionen im HR-Bereich ausüben. Für das externe Coaching werden außen stehende Fachleute beigezogen, die ihren Auftrag entweder im Unternehmen selbst oder in ihren eigenen Praxen erfüllen.

Business-Coaching bezieht sich auf Anlässe und Aufgabenstellungen, die sich dezidiert im beruflichen Umfeld bewegen. Life-Coaching meint dagegen eine Unterstützung oder Begleitung, die sich auch (oder ausschließlich) auf Fragen und Anliegen des Privatlebens bezieht. Letzteres beschreibt ein Anwendungsfeld, das in unserer Studie von sekundärem Interesse ist, obschon es erwartungsgemäß bedeutsame Bezugspunkte zur Psychotherapie aufweist.

Pallasch & Petersen (2005, S. 13-14) unterscheiden zwischen „Coaching als Pauschalbegriff" und „Coaching als Fachbegriff". Sie grenzen Coaching im Sportbereich und als Sammelbegriffe unterschiedlichster Angebote konsequent ab von Coaching als professioneller Beratungsform mit verschiedenen Konzepten, Modellen und Ansätzen.

Böning & Fritschle (2005, S. 53f.) schlagen eine Klassifizierung nach drei Kriterien vor, nämlich nach 1) der Zielgruppe des Coachings, 2) der Art des Coachings und 3) dem Hauptthema des Coachings. Bei den Zielgruppen wird der Business-Bereich (Topmanager bis Mitarbeiter) vom Non-Profit-Bereich (Mitarbeiter, Politiker, Privatpersonen) unterschieden. Coaching-Arten sind Einzel-, Gruppen-, Projekt- und Vorgesetztencoaching sowie Mentoring. Unterschiedliche Hauptthemen sind etwa Veränderungsprozesse, Führungsverhalten, Selbstmanagement oder Karrierefragen.

Coaching wird häufig im Zusammenhang mit eine ganzen Reihe von andern Interventionsformen genannt, die nicht selten – wie etwa "Beratung" oder „Supervision" – synonym gebraucht werden. In der Literatur werden sie allerdings unterschiedlich, wenn auch nicht einheitlich definiert. Die wichtigsten dieser Begriffe sollen nachfolgend eingeführt und erläutert werden:

Beratung: Beratung ist ein allgemeiner Begriff, mit dem eine Gesprächssituation oder praktische Anleitung bezeichnet wird, in welcher einer Person geholfen wird, eine bestimmte Aufgabe oder ein Problem zu lösen. Beratungen können auch das offenere Ziel verfolgen, die Problemlösekompetenz einer Person zu fördern, obschon im Wort „Beratung" das Erteilen von Ratschlägen enthalten ist. Im Kontext der Arbeitswelt gibt es unzählige Formen der Beratung wie etwa die Unternehmensberatung, Laufbahnberatung, Rechts- oder Finanzberatung. Beratungen werden von Experten oder auch Peers durchgeführt.

Training: Ziele von Trainings sind meist die Verbesserung von Verhaltensweisen in bestimmten Situationen oder die Entwicklung von spezifischem Wissen. Der Trainer nimmt dabei anders als ein Coach, der ein Prozessbegleiter ist, in der Rolle eines Anleiters, Moderators oder Lernbegleiters teil. Trainings finden häufig in Gruppen statt. Der Trainer ist dabei kraft seiner methodisch-didaktischen Kompetenzen für die Zielerreichung in hohem Maße mitverantwortlich (Lippmann, 2006, S. 29f.).

Mentoring: Mentoring ist eine Art „Patenschaft" durch ein erfahrenes und zumeist hierarchisch höher gestelltes Organisationsmitglied, das eine mit der entsprechenden Organisation oder bestimmten Funktion noch wenig vertraute Person einführt. In der Regel dreht sich das Mentoring um das interne Weitergeben von Wissen, Riten und/oder Normen. Mentoren sind gewöhnlich Interessensvertreter der entsprechenden Organisation und keine professionellen Berater oder Coaches (Lippmann, 2006, S. 30f.).

Mediation: Mediation ist ein Verfahren, welches von Konfliktparteien beansprucht wird, die mit Hilfe einer dritten und unparteiischen Person zu einer einvernehmlichen Lösung kommen wollen. Das Ziel einer Mediation ist die Verhinderung eines gerichtlichen Prozesses, das heißt die Erarbeitung einer außergerichtlichen Konfliktregelung. Die Aufgabe des Mediators besteht darin, das Verfahren zu leiten, ohne selbst Entscheidungen bezüglich des Konflikts zu treffen oder überhaupt Empfehlungen abzugeben (vgl. Haft & von Schlieffen, 2009).

Moderation: Unter Moderation werden alle Techniken der Sitzungsleitung zusammengefasst. Die Ziele einer Moderation bestehen in der Steigerung der Effizienz von Sitzungen mittels Strukturierung sowie gezieltem Fördern der Kreativität der einzelnen Teilnehmer unter Beachtung des Gruppenprozesses. Das Moderieren gehört zum Alltag jeder Führungskraft (vgl. Seifert, 2007).

Supervision: Coaching und Supervision liegen besonders nahe beieinander. Letzteres wird vor allem im Non-Profit-Bereich verwendet, während ersteres in der Wirtschaft eine bessere Anschlussfähigkeit hat. Die Begriffe weisen einen großen Überschneidungsbereich auf, wobei die Supervision stärker mit einem kontrollierend-beratenden oder „Überblick verschaffenden" Akzent belegt ist (Lippmann, 2006, S. 31ff.). Im Bereich der Psychotherapie und Psychotherapieweiterbildungen ist Supervision ausgesprochen verbreitet und zu einer eigenständigen Disziplin mit Berufsverbänden, Weiterbildungen und Zertifikaten geworden. Im Bereich der Psychotherapie gehört sie nicht selten als ein regulärer und unverzichtbarer Bestandteil zur beruflichen Praxis und findet in regelmäßigen Abständen – einzeln oder in Gruppen – statt. Der Supervisor ist in diesem Kontext ein erfahrener Fachkollege, der als außen stehender Begleiter dem Therapeuten oder Betreuungsteam die systematische Reflexion der eigenen Arbeit ermöglicht (Auckenthaler, 2003).

Psychotherapie: Darüber, dass Coaching und Psychotherapie nicht dasselbe sind, ist man sich in der Literatur weitgehend einig. Dennoch setzen die Autoren die Schwerpunkte an den unterschiedlichsten Stellen. Wir geben hier die Definition eines Coaching-Experten (Lippmann, 2006, S. 33ff.) wieder, der wir uns im Allgemeinen anschließen können, die wir jedoch in unserer Studie wesentlich ausdifferenzieren werden (s. Kapitel 4 und 5): Psychotherapie ist indiziert für die Bearbeitung und Lösung persönlicher Schwierigkeiten, die das berufliche *und* private Leben der Hilfesuchenden tangieren. Sie ist häufig mit manifesten Symptomen verbunden und wird von Psychotherapeuten mit entsprechender Ausbildung (Psychologen oder Mediziner) durchgeführt. Die Kosten werden häufig teilweise oder ganz von Krankenkassen übernommen.

Der Blick in die Literatur zeigt, dass Coaching kein scharf abgrenzbares Tätigkeitsfeld ist. Seine unterschiedlichen Aspekte lassen sich wie folgt zusammenfassen: Coaching kann sowohl als Pauschal- als auch Fachbegriff verstanden werden. Neben Einzel- und Gruppencoachings gibt es eine Reihe von weiteren Settings wie Teamcoaching, Kollegiales Coaching, Selbst-Coaching oder Online-Coaching (Lippmann, 2006). Durchgeführt wird es durch interne und externe Coachs oder durch Vorgesetzte (Rauen, 2005, S. 115, Lippmann, 2006, S. 47ff.) – professionell oder semiprofessionell. Es setzt auf die intra-, interpersonalen und organisatorische Ebenen an (Wahren, 2005, S. 142-143) und findet zumeist auf einer freiwilligen Basis statt, kann aber auch verordnet sein. Dabei dient es entweder der Prävention oder verfolgt einen Potential- oder Defizitansatz (Jüster, Hildenbrand & Petzold, 2005, S. 79). Ebenso komplex wie die Ansätze, aus denen Coaching entwickelt wurde, ist die Vielfalt an Methoden, von denen besonders viele aus der Psychologie und dem psychotherapeutischen Kontext stammen (Lippmann, 2006, S. 17, 33, 329ff.).

Abschließend präsentieren wir eine Definition von Pallasch und Petersen (2005), deren Elemente besonders vielen Ansätzen und Konzeptionen von Coaching gemeinsam sind:

– Coaching ist ein personenzentrierter Beratungs- und Begleitungsprozess
– Coaching zielt auf die Entwicklung und Förderung der beruflichen (und persönlichen) Selbstgestaltungspotentiale des Klienten
– Coaching fördert die Selbstregulierungsfähigkeiten
– Coaching bezieht (auf Wunsch) biographische Anteile und privatweltliche Ereignisse mit ein, soweit sie die berufliche Arbeit direkt oder indirekt beeinflussen
– Coaching ist ein ziel- und ergebnisorientierter Prozess
– Coaching ist praxisorientiert (ebd., S. 21).

Mit der zunehmenden Beachtung, die Coaching in den letzten Jahren erfahren hat, hat sich auch die einschlägige Literatur vervielfacht. Methodisch sorgfältig durchgeführte Studien zum Coaching, insbesondere zu dessen Wirksamkeit, sind allerdings eher selten und in keiner Weise vergleichbar mit der heutigen Situation in der Psychotherapieforschung. Nachfolgend werden einige Studien – deren „wissenschaftlicher" Charakter und Wert freilich teilweise sehr beschränkt ist – präsentiert, die die Frage „Was ist Coaching?" berühren, womit vom aktuellen Stand der Forschung ein Eindruck vermittelt werden kann:

Von Bose et al. (2003) führten mit 31 Führungskräften in mittleren und großen Unternehmen aus unterschiedlichen Branchen teilstrukturierte Interviews durch, die inhaltsanalytisch ausgewertet wurden. Inhaltliche Schwerpunkte wurden dabei auf die folgenden Bereiche gelegt: Definition und Einsatzmöglichkeiten von Coaching, Erwartungen in Bezug auf die Qualität von Coaching und Befürchtungen und Bedenken, welche sich mit Coaching verbinden. Die drei wichtigsten definitorischen Schwerpunkte von Coaching aus der Sicht der befragten Führungskräfte sind: Coaching ist 1) Beratung, Begleitung und Betreuung, 2) Coaching ist eine Maßnahme zur Leistungssteigerung, 3) Coaching ist Unterstützung bei der Bewältigung von Problemen und/oder Defiziten.

Stahl & Marlinghaus (2000) geben an, in ihrer Fragebogen-Untersuchung an 46 Coaches und 21 Personalverantwortlichen aus Großunternehmen (Industrie und Dienstleistung) besonders häufig die Definition von Coaching als „individuelle Beratung von Führungskräften" erhalten zu haben. Die individuelle Ausrichtung nach Bedürfnissen ist mit 90% der Nennungen der Spitzenreiter bei der genaueren Beschreibung des Begriffs Coaching. Die am häufigsten genannten Coaching-Techniken kommen von der systemischen Therapie und Kommunikationstherapie.

Die Onlinestudie von Piotrowski (2004) an 261 HR-Manager, Personalentwickler und Geschäftsführer österreichischer Non-Profit- und Industrie-Unternehmen untersucht ebenfalls die Definition von Coaching, allerdings mit acht vorgegebenen Antwortmöglichkeiten. Die Befragten hielten Coaching vorwiegend bei beruflichen, aber auch bei privaten Inhalten angezeigt. Der Coach soll dabei ein Prozess- und nicht Fachexperte sein. Das Coaching eignet sich für psychisch Gesunde und dient der Entwicklung von Kompetenzen und der Persönlichkeit. Schließlich grenzen es die Befragten auch dezidiert ab von Seminaren mit psychologischem Inhalt.

Die telefonische Befragung mit halbstrukturierten Interviews von 50 Coaching-Verantwortlichen in Unternehmungen in der „MindMove Coachingmarkt-Studie" (Herrmann & Freitag, 2005) in Bezug auf Assoziationen der HR-Verantwortlichen zu Coaching ergab folgende, nicht abschließende Nennungen: „Unterstützung von Führungskräften", „Begleitung", „Hilfe zur Selbsthilfe", „Persönlichkeitsentwicklung" und „Zielorientierung/Lösungsorientierung". Die Fortsetzung dieser Studie (Freitag, 2009) fand 2007 und 2008 mit Online-Befragungen (54 und 53 Antworten) statt. Als bedeutsames Resultat unter anderen verzeichnet der Autor eine Veränderung dahingehend, dass Schweizer Firmen Coaching vermehrt bei „Entwicklungsthemen" und weniger als „Hilfestellung bei Problemen/Krisen" einsetzen. Knapp drei von zehn der Befragten sehen die Coaching-Kultur in ihren Unternehmen als eine „Entwicklungskultur", nur der fünfte der Befragten dagegen als eine „Defizit-Kultur".

Auch Jüster, Hildenbrand & Petzold (2005) befassen sich in ihrer Fragebogen-Untersuchung an 96 Führungskräften (aus den Branchen Finanzdienstleistung, Nahrungs-/Genussmittel, Elektro) im deutschsprachigen Raum mit den Assoziationen zum Thema Coaching. Am häufigsten nannten die Befragten die Begriffe „Training", „Führung", „Begleitung", „Motivation", „Beratung" sowie „Förderung".

In der Coaching-Studie 2004 von Böning-Consult (2004) an 70 Personalmanager aus führenden deutschen Großunternehmen und 50 renommierten Coaches wird festgestellt, dass die Gesprächspartner in den Unternehmen die Frage, was sie unter Coaching verstehen, sehr heterogen beantworten, während die befragten Coaches ein einheitlicheres Begriffsverständnis zeigen. Die zwei häufigsten Nennungen bei beiden Gruppen sind „Hilfestellung, Maßnahme mit Entwicklungs-/Entfaltungsbezug" und „Unterstützung/Begleitung". Die Personalmanager bezeichnen Coaching als Maßnahme für Führungskräfte, während für Coaches die Hilfestellung bei Problemen im Vordergrund steht.

Die präsentierten Studien zeigen eindrücklich die Heterogenität der Befundlage und viel mehr noch den bescheidenen Stand der Coaching-Forschung: Es gibt keine systematische Forschung, die sich den definitorischen Schwierigkeiten annimmt. Fragen zur Definition kommen in der Regel innerhalb von Fragebogenstudien und am Rande vor. In den meisten Praxisstudien wird die Methodik weder ausführlich noch nachvollziehbar beschrieben. Nicht selten ist die wissenschaftliche Qualität ohnehin zweifelhaft, weil die Forschungstätigkeit offensichtlich nicht auf eine Veröffentlichung in einem wissenschaftlichen Publikationsorgan abzielt und wesentlich der Profilierung und dem Marketing dient.

Zusammenfassend kann gesagt werden, dass unter dem Label „Coaching" offensichtlich eine ausgesprochen heterogene Gruppe von Settings und Techniken zum Einsatz kommen, die auch eine Vielzahl von unterschiedlichen Zielsetzungen angehen – woraus entsprechend unterschiedliche Definitionen von Coaching resultieren. Dabei sind vier (Interessen-)Gruppen von Befragten auszumachen, deren unterschiedliche Perspektiven auch unterschiedliche Antworten zeitigen: Coachingnehmer, Unternehmer/Manager, Coaching-Verantwortliche und die Coaches selbst. Während Coachingnehmer an einer Selbstwert schützenden Definition interessiert sind („Entwicklung", „Begleitung"), identifizieren sich Unternehmer/Manager und Coaching-Verantwortliche stärker mit den Interessen ihrer Organisation und betonen eher den Aspekt der Leistungssteigerung. Coaches schließlich sind besonders daran interessiert, das Gewicht ihrer Arbeit und die Bedeutung ihrer Kompetenz zu akzentuieren („Problembewältigung", „individuelle Beratung").

Es wird deutlich, dass eine systematische Erforschung dessen, was Coaching ist, auf mehreren Ebenen stattfinden sollte. Neben wissenschaftlich fundierten Befragungen unterschiedlicher Vertreter der an Coaching-Prozessen beteiligten Parteien und auch Untersuchungen von Coaching-Prozessen, bedarf es auch einer intensiven konzeptuellen, theoretischen und integrativen Arbeit. Praxisstudien in Form von Befragungen sowie konzeptuelle Entwürfe existieren bereits, auch wenn sie zurzeit noch weitgehend unverbunden, kaum systematisiert und wissenschaftlich wenig entwickelt und differenziert sind. Praxisforschung im Rahmen einer systematischen Beschreibung und Erforschung von tatsächlichen Coaching-Prozessen stehen bislang noch ganz aus.

Fragestellung und Methode der vorliegenden Teil-Untersuchung (vgl. Meier, 2008)

Alle Coaching-Verantwortlichen wurden in den Interviews explizit darüber befragt, was aus ihrer Sicht Coaching sei. In der vorliegenden Teilstudie wird herausgearbeitet, wie diese Frage beantwortet wurde. Was für Konzepte von Coaching haben die präsentieren Interviewpartner? Wie ist das Meinungsspektrum innerhalb der Experten-Gruppe strukturiert? Welche Bezüge zur einschlägigen Literatur lassen sich herstellen? Zur Untersuchung dieser Fragen an unserem Datenmaterial verfolgten wir die folgenden Forschungsfragen:

1. Welches sind die individuellen Coaching-Konzepte unserer Interviewpartner?
2. Welcher Konsens und welche Widersprüche sind innerhalb dieses Spektrums von Definitionen beobachtbar?
3. Welche Konsequenzen für eine wissenschaftlich fundierte Definition von Coaching lassen sich aus der Befundlage ableiten?

Zur Beantwortung der Fragestellung 1 und 2 wurden – in Anlehnung an das allgemeine, im Kapitel 2 dargestellte Ablaufmodell – die folgenden inhaltsanalytischen Arbeitsschritte durchgeführt (Meier, 2008, S. 28ff.):

a. Bestimmung der Analyseeinheiten: Auswählen und Eingrenzen der Textstellen
b. Paraphrasierung, Generalisierung und erste Reduktion: Bildung von Unterkategorien
c. Rücküberprüfung am Ausgangsmaterial und Zusammenstellung eines Unterkategoriensystems
d. Zweite Reduktion: Bestimmung von Oberkategorien
e. Zusammenstellung eines Oberkategoriensystems und Rücküberprüfung am Ausgangsmaterial

Diese Arbeitsschritte werden nachfolgend kurz erläutert:

a.   Bestimmung der Analyseeinheiten: Auswählen und Eingrenzen der Textstellen
Die Transkripte wurden durchgelesen und die relevanten Textstellen markiert. Es
wurden diejenigen Textstellen gekennzeichnet, die für die Beantwortung der spezifischen Fragestellung „Was ist Coaching?" von Bedeutung waren. Das heißt, es waren diejenigen Textstellen relevant, die dazu beitragen, das Konzept von Coaching
der interviewten Person abzubilden.

b.   Paraphrasierung, Generalisierung und 1. Reduktion: Bildung der Unterkategorien
Die beiden Analyseschritte der Paraphrasierung und der Generalisierung wurden
zusammen vorgenommen und direkt in die erste Reduktion des Materials mit der
Erstellung der Unterkategorien überführt. Dabei wurde die zuvor ausgewählten
Textpassagen in einem möglichst prägnanten Begriff oder einer kurzen Umschreibung zusammengefasst. Aussagen, welche erklärten, was Coaching nicht sei, wurden
ebenfalls miteinbezogen und speziell gekennzeichnet. Auch spezifische Abgrenzungen (etwa zu Mentoring oder Supervision) wurden eigens gekennzeichnet.

c.   Rücküberprüfung am Ausgangsmaterial und Zusammenstellung eines Unter-
     kategoriensystems
Im nächsten Schritt wurden alle ausgewählten Textstellen noch einmal textnah in
einer freien Formulierung zusammengefasst und im Rahmen einer Rücküberprüfung mit den Unterkategorien in Verbindung gebracht. Für die einzelnen Unterkategorien wurden Ankerbeispiele bestimmt. Mehrere Personen des Forschungsteams
arbeiteten probehalber mit dem Unterkategoriensystem, wobei Ungenauigkeiten
und Widersprüche korrigiert werden konnten.

d.   Zweite Reduktion: Bestimmung von Oberkategorien
In diesem Arbeitsschritt wurden die Unterkategorien Oberkategorien zusammengefasst. Die Bezeichnungen derselben sollten kurz und prägnant sein.

e.   Zusammenstellung eines Oberkategoriensystems und Rücküberprüfung am
     Ausgangsmaterial
Die Unterkategorien wurden inhaltlich gruppiert. Die Rücküberprüfung der Oberkategorien erfolgte wiederum im Rahmen eines Austauschs im Forschungsteam und
unter Zuhilfenahme der Paraphrasierungen und der Unterkategorien.

Welches sind die individuellen Coaching-Konzepte unserer Interviewpartner?

Auf die explizite Frage „Was ist Coaching?", haben alle Interviewpartner eine Antwort gegeben und ihre individuellen Coaching-Konzepte skizziert. In den Interviews
wurde teilweise nachgefragt, ob die Experten noch weitere definitorische Aspekte

nennen könnten, und erst wenn die Interviewer den Eindruck hatten, dem Experten fällt nichts Weiteres dazu ein, gingen sie zur nächsten Frage über. Es zeigte sich, dass die Coaching-Verantwortlichen auf die direkte Frage nach der Definition in der Regel keine erschöpfenden Antworten lieferten, sondern meist bestimmte Aspekte hervorhoben, die nur bedingt ihr gesamtes Konzept umfassten: Lediglich je eine Aussage machten nur zwei Experten; bei zehn Interviewpartnern fanden sich zwischen zwei und drei relevante Passagen an unterschiedlichen Stellen; achtzehn äußerten sich an vier und mehr Stellen zu dieser Frage. Die Mehrheit der Experten – beinahe zwei Drittel – schließlich äußerten sich mit Aussagen, die inhaltlich zwischen vier und sieben verschiedenen Unterkategorien zugeteilt werden konnten.

Die Beantwortung der ersten Forschungsfrage zeichnet erwartungsgemäß ein Bild von großer Vielfalt und Vielschichtigkeit. Die qualitative Inhaltsanalyse der 30 Interviews ergab eine Gesamtanzahl von 347 relevanten Passagen, die in 41 Unterkategorien und 5 Oberkategorien zusammengefasst werden konnten.[8] Die nachfolgend präsentierten individuellen Konzepte der Coaching-Verantwortlichen sind das Ergebnis einer Bündelung aller im jeweiligen Interview aufgefundenen relevanten Informationen. In Klammern beigefügt werden die Anzahl berücksichtigter Textstellen sowie die Anzahl der erfassten Unterkategorien. Die Angabe 3/8 bedeutet somit, dass die Definition mit Informationen aus drei Textpassagen erstellt wurde und dass die Inhalte in acht Unterkategorien erfasst werden konnten. Zu beachten ist, dass die Erfassung der inhaltlichen Aspekte in den Unterkategorien wesentlich differenzierter ist als die verdichtet formulierten Definitionen.

Interview 01 (3/8): Coaching ist ein maßgeschneidertes Führungsinstrument. Es soll fit machen, unterstützen und ist klar begrenzt in Bezug auf den Zeit- und Handlungsspielraum. Es hat das Ziel, gute Arbeitsleistungen zu erbringen.

Interview 02 (4/6): Coaching ist zielorientiert, erfordert eine klare Fragestellung und benötigt Selbstreflexion. Coaching kann in einem fließenden Übergang zwischen Beratung und Psychotherapie angesiedelt werden.

Interview 03 (10/17): Coaching ist von der Idee her kurzfristig angelegt und findet auf freiwilliger Basis statt. Das Ziel ist, Selbstermächtigung zu erreichen. Der Auftrag wird mit zirkulären Fragen bearbeitet.

Interview 04 (8/12): Coaching ist auf den Beruf bezogen und zeitlich begrenzt. Es kann Themen vom Umgang mit eigenen Ressourcen über Arbeitstechnik bis hin zu Selbstmanagement beinhalten.

---

8   Auf die einzelnen Kategorien wird weiter unten im Rahmen der Beantwortung der zweiten Forschungsfrage eingegangen.

Interview 05 (14/15): Coaching ist zeitlich begrenzt, hat eine klare Zielsetzung, die Rollen sind geklärt, und es hat qualitativen Standards zu genügen. Eigentlich hat Coaching nichts mit Beratung zu tun, aber manchmal kann damit ein Prozess beschleunigt werden.

Interview 06 (6/14): Coaching ist eine Hilfe zur Selbsthilfe und hat oft mit Leistungsoptimierung zu tun. Es werden vorgängig verbindliche Rahmenbedingungen ausgehandelt. Man kann durch Coaching verschiedene Lösungswege entdecken oder aber es ist ein Ausloten von Konsequenzen und Entwicklungsmöglichkeiten.

Interview 07 (8/19): Coaching ist lösungsorientiert, im *Hier und Jetzt* und verlangt eine genaue Fragestellung mit Zielklärung. Coaching beginnt mit Vertrauen und ist eine Methode, eine Haltung oder ein Management-Stil. Es unterscheidet sich von Mentoring und Beratung. Coaching hilft einer Person, ihr Potential zu erkennen, die Performanz zu steigern und Verantwortung zu übernehmen.

Interview 08 (6/9): Coaching ist eine vorübergehende Hilfestellung, die beruflich-personelle Probleme fokussiert. Die Zielsetzung soll auch im Sinne der Unternehmung sein. Coaching ist eine anspruchsvolle Form mit Menschen zusammen zu arbeiten.

Interview 09 (9/12): Coaching ist eher eine Art Begleitung und Unterstützung, wenn das Leiden zu groß ist. Es ist darauf ausgerichtet, nach vorne zu schauen. Durch den Frageprozess werden die Leute ermächtigt, selber Lösungen zu finden.

Interview 10 (8/17): Coaching ist lösungsorientiert; eine kurze Intervention mit zielorientiertem Vorgehen. Es kann aber auch einfach eine Begleitung sein, z.B. um Leistungen zu optimieren. Im Zentrum stehen Vertrauen und Freiwilligkeit. Coaching soll Personen befähigen, selber Herausforderungen zu meistern.

Interview 11 (5/16): „Coaching ist eine strukturierte Anleitung zur Selbsthilfe, die eine zeitliche Begrenzung hat, lösungsorientiert ist, Vergangenheitsfaktoren nur ganz am Rand beachtet, die mehrheitlich indirektiv ist, in dem Sinne, dass der Coachee eigentlich unter Anleitung selber auf die Lösungen für seine Probleme kommen soll" (wortwörtliches Zitat).

Interview 12 (13/18): Coaching ist eine Hilfe zur Selbsthilfe, die durch das Stellen von Fragen erarbeitet wird. Coaching unterscheidet sich von Beratung. Man arbeitet gezielt auf das vereinbarte, eher berufliche Ziel hin.

Interview 13 (11/17): Coaching ist eine individuelle Entwicklungs-Maßnahme im beruflichen Kontext, die Motivation voraussetzt. Der Prozess ist auf ein Thema fokussiert, ziel-, lösungsorientiert und zeitlich begrenzt. In Abgrenzung zur Psychotherapie arbeitet Coaching auf der Verhaltensebene im Hier und Jetzt.

Interview 14 (4/8): Coaching bedeutet, auf neue Gedanken zu kommen. Dies nicht nur kognitiv, sondern auch affektiv und körperlich. Es bezieht sich auf berufsbezogene Aspekte und bietet die Möglichkeit, etwas verlangsamt aus einer anderen Sicht wahrzunehmen und Sicherheit zu gewinnen.

Interview 15 (10/12): Coaching findet im Hier und Jetzt statt, und es wird zukunftsorientiert nach vorne geschaut. Mit Fragen soll die Person von alleine Lösungen finden können und ihre Ressourcen entdecken.

Interview 16 (13/22): Coaching ist ein Begleiten in einem begrenzten Zeitraum, eine Unterstützung zum Erlernen oder Entwickeln eigener Selbst- und Handlungskompetenzen. Der Einbezug des Arbeits-Umfeldes ist manchmal gegeben.

Interview 17 (10/17): Coaching ist zeitlich begrenzt, bezogen auf den Beruf (und berufliche, situationsbezogene Problemstellungen) und fokussiert die Befähigung, Tätigkeiten besser durchführen zu können. In Abgrenzung zu Mentoring, welches eher dem Networking dient, fördert Coaching individuelles Wachstum.

Interview 18 (9/11): Coaching ist zeitlich beschränkt, beschäftigt sich mit beruflichen Fragestellungen und beinhaltet einen lösungsorientierten Ansatz. Es werden keine Grundthematiken der Persönlichkeit angegangen, keine privaten Fragestellungen behandelt, und es wird keine tiefgreifende Verhaltensänderung angestrebt.

Interview 19 (11/13): Coaching ist eine individuelle und freiwillige Förderungsmaßnahme, zeitlich befristet, zielgerichtet und als systematische Unterstützung zu verstehen.

Interview 20 (4/12): Coaching ist eine nicht-direktive Lern- und Entwicklungsmethodik, die bezogen ist auf das berufliche Umfeld. Coaching ist nicht Defizitbehebung, sondern bietet neue Ansatzpunkte, Lösungen und Überlegungen.

Interview 21 (5/10): Coaching bedeutet, gemeinsam einen Weg zu finden, um aus einem Problem herauszukommen. Es ist eine Betreuung, die Grenzen hat und meist nicht auf einer tiefen Ebene erfolgt.

Interview 22 (12/17): Coaching ist der neutrale Begleitprozess einer Person, die sich in einer schwierigen Situation befindet. Es dient primär der Wiederherstellung des Funktionierens, beziehungsweise der Integration in den Arbeitsalltag.

Interview 23 (7/14): Coaching ist Hilfe zur Selbsthilfe für arbeitsplatzbezogene Situationen, angeboten durch eine qualifizierte, neutrale Person. Vieles läuft unter dem Begriff Coaching: „Supervision", „Bestplacement" und auch „Mediation" als ein zwischenmenschliches Coaching. Es geht nicht darum „in Problemen zu wühlen" oder Schwächen zu suchen, sondern herauszufinden, wo die großen Talente und Fähigkeiten liegen und wo eine Person am besten platziert ist, um ihr Entwicklungspotential auszuschöpfen. Für eine Weiterentwicklung im Rahmen eines Coachings muss man bereit sein, die eigene „Komfort-Zone" zu verlassen.

Interview 24 (16/18): In einem Coaching reflektiert man eine Fragestellung aus dem beruflichen Alltag. Meist kristallisiert sich der Kern erst mit der Zeit heraus. Es ist eine Mitarbeiterentwicklung oder ein Begleiten in komplexen Fragestellungen: zukunftsgerichtet, lösungsfokussiert, ohne Ursachenexploration. Als eine Investition des Unternehmens ist es abzugrenzen von Laufbahnberatung.

Interview 25 (16/18): Coaching ist eine rollen- und aufgabenbezogene Beratung und eine Hilfe zur Selbsthilfe. Es fördert die Selbstverantwortung und verlangt Eigeninitiative. Zu den Sitzungen gehören auch vom Coachingnehmer selbst gestellte „Hausaufgaben", die er bis zum nächsten Treffen erledigt.

Interview 26 (4/13): Coaching ist eine zeitlich begrenzte Förderung und Begleitung. Es hilft, eine momentan schwierige, berufliche Situation zu bewältigen, beispielsweise mit organisatorischen Maßnahmen, durch Rollenklärung oder Entwicklungs-Maßnahmen. Es hat nichts Pathologisches.

Interview 27 (4/13): Coaching ist ein gezieltes, temporäres Angebot an Beratung, von Fachberatung bis Verhaltens-Feedback. Ein rein lösungsorientiertes Vorgehen kann punktuell erfolgreich sein, und in gewissen Situationen Sinn machen.

Interview 28 (22/29): Coaching ist ein freiwilliger, zeitlich begrenzter Begleitprozess, z.B. eine Personalentwicklungs-Maßnahme im Rahmen der Funktion im Unternehmen. Es ist eine Hilfe zur Selbsthilfe, soll die Leistung verbessern, die Unternehmung vorwärts bringen und – falls nötig – Konflikte beseitigen, indem die Person befähigt wird, selber Lösungen zu generieren. Es ist abzugrenzen von Mentoring und Therapie.

Interview 29 (4/11): Coaching ist Hilfe zur Selbsthilfe. Indem man Fragen stellt, begleitet man die Person in einer neutralen Art und Weise, so dass sie die Antworten selber finden kann. Coaching ist auch fokussiert und auf den Beruf bezogen. Für die Erarbeitung der Themen bleibt wenig Zeit, und innerhalb der Coachings erfolgt der Wechsel vom Problem zur Lösungssituation schnell. Die Abgrenzung zur Psychotherapie ist schwierig.

Interview 30 (8/13): Coaching ist Hilfe zur Selbsthilfe, zeitlich begrenzt und ein spezifisches Thema betreffend. Es kann eingesetzt werden für Standortbestimmungen, Projektbegleitungen oder wenn einen Sparringpartner nötig ist. Für Coaching braucht es keine Theorien, sondern normalen Menschenverstand. Es ist abzugrenzen von Mediation und Supervision.

Unter den befragten Experten gibt es offensichtlich kein einheitliches Bild dessen, was Coaching ist. Dennoch entsteht bei der Durchsicht der Definitionen eher selten der Verdacht, es könnte von grundlegend unterschiedlichen Dingen die Rede sein. Beispiele hierfür wären allenfalls die Expertenmeinungen in den Interviews 1, 14 und 21. Die Definitionen belegen, dass die Experten zwar mehr oder weniger vom selben Phänomen sprechen, aber ihre jeweils eigenen Schwerpunkte setzen und sich in Bezug auf die Detaillierung und das Abstraktionsniveau stark voneinander unterscheiden. Diese Situation dokumentiert die generelle – auch bereits in der Literaturübersicht vorgefundene – Schwierigkeit, bündig und widerspruchsfrei zu formulieren, was Coaching ist. Zu beachten ist freilich, dass die Interviewpartner nicht nach einer „wissenschaftlichen" oder Lehrbuch-Definition befragt wurden. Es ist eine Stärke unserer Untersuchung, dass die Antworten nicht nur ohne jegliche vorgegebene Kategorien erfolgten, sondern unmittelbar von der praktischen Anwendung her formuliert wurden. Damit spiegeln die Definitionen sehr direkt das weite und uneinheitliche Anwendungsfeld von Coaching in den von uns berücksichtigten Schweizer Großunternehmen. Die Heterogenität der Auffassungen gründet freilich auch in den unterschiedlichen Aus- und Weiterbildungshintergründen der Coaching-Verantwortlichen sowie ihren unterschiedlichen Aufgabenbereichen (s. Kapitel 2): Coaching bezieht sich auf äußerst heterogene Interventionsformen, je nach Perspektive, aus der es gesehen wird. Die nachfolgende Analyse der einzelnen Merkmale von Coaching zeigt allerdings, dass sich auch bedeutsame Haupt- und Nebenlinien herausarbeiten lassen.

Welchen Konsens und welche Widersprüche sind innerhalb des ganzen Spektrums von Definitionen beobachtbar?

Unsere zweite Forschungsfrage nach dem Konsens und den Widersprüchen innerhalb dieses Spektrums von unterschiedlichen Definitionen und ihre Bezogenheit auf die Coaching-Literatur lassen sich mit der detaillierten Analyse der Unter- und Oberkategorien beantworten. Wie bereits erwähnt, fanden sich in den 30 Interviews insgesamt 341 einschlägige Textstellen, die in 41 Merkmale (Unterkategorien) erfasst wurden. Diese 41 Merkmale wiederum konnten in den 5 Oberkategorien „Rahmenbedingungen", „spezifische Ziele/Ausrichtung", „Probleme & Lösungen", „Entwicklung & Förderung" sowie „Beratung als Oberbegriff" gruppiert werden (s. Abbildung 11).

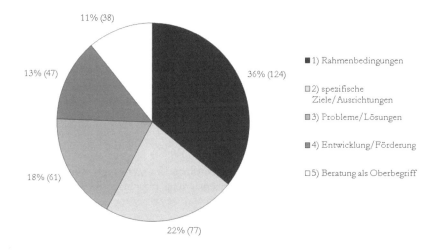

Abbildung 11: Oberkategorien mit absoluten und relativen Häufigkeiten

Inhaltlich lassen sich die Oberkategorien wie folgt beschreiben:

1. *Rahmenbedingungen:* 15 Unterkategorien (mit 124 Nennungen) fassen Bedingungen zusammen, die vorhanden sein müssen, damit Coaching überhaupt stattfinden kann. Dazu gehören zum Beispiel die zeitliche Begrenzung, der Einsatz von Fragetechniken oder die Voraussetzung einer Vertrauensbeziehung.

2. *spezifische Ziele/Ausrichtung:* 9 Unterkategorien (mit 77 Nennungen) beziehen sich darauf, dass Coaching generell an Zielen orientiert ist, die für Coachingnehmer und ihre Vorgesetzten von direktem Nutzen sind.

3. *Probleme & Lösungen:* 6 Unterkategorien (mit 61 Nennungen) drehen sich um
    die spezifische Absicht, in einem Coaching-Prozess Lösungen zu entwickeln
    (statt Probleme zu analysieren), die der Coachingnehmer selbst findet.
4. *Entwicklung & Förderung:* 7 Unterkategorien (mit 47 Nennungen) fokussieren
    unterschiedliche Aspekte von Förderung durch ein Coaching.
5. *Beratung als Oberbegriff:* Die letzte Oberkategorie mit 4 Unterkategorien (mit 38
    Nennungen) greift die vielfältigen Berührungspunkte zum Konzept „Bera-
    tung", verstanden als ein Oberbegriff, auf.

Die vollständige Liste der 41 Unterkategorien innerhalb der 5 Oberkategorien findet
sich in der Tabelle 1. Eine inhaltliche Detaillierung der Unterkategorien mit Erläuterungen und Ankerbeispielen findet sich im Anhang C.

   Die befragten Experten haben Coaching auch explizit von anderen oder ver-
gleichbaren Interventionsformen unterschieden. Aufgrund unseres Forschungsthe-
mas am wenigsten überraschend dabei ist, dass 28 von den 30 Personen Coaching
dezidiert von Psychotherapie und der „Bearbeitung tiefer liegender Probleme"
abgegrenzt haben (s. Kapitel 4). Es kamen jedoch noch weitere Begriffe zur Sprache, die als nicht zum Coaching gehörend bezeichnet wurden:

–   Mentoring (8 Nennungen),
–   Beratung/Laufbahnberatung (3),
–   Supervision (3) sowie
–   Mediation/Konfliktmoderation (3).

Dieser Abgrenzungen gegenüber stehen allerdings *Unterformen oder alternative Bezeichnungen,* die die Heterogenität der Experten-Urteile nochmals abbilden. Coaching
kann demnach auch

–   Beratung (6 Nennungen),
–   „Verkaufscoaching" (3),
–   „Führungscoaching" (2),
–   Mentoring (1),
–   Mediation (1),
–   Case Management (1) oder
–   eine „schnelle Problemlösestrategie" (1) sein.

Tabelle 1: Liste der Ober- und Unterkategorien (Anzahl Nennungen)

1. Rahmenbedingungen
   – zeitliche Begrenzung (22)
   – auf Aufgaben, Arbeit, Beruf bezogen (20)
   – beinhaltet einen Frageprozess, Fragetechniken und andere Methoden (16)
   – bedingt Vertrauen, Vertraulichkeit und Neutralität (14)
   – beinhaltet Freiwilligkeit (8)
   – enthält eine Evaluation (6)
   – findet in spezifischen Rollen statt (6)
   – enthält die Bearbeitung eines spezifischen Themas (6)
   – Gegenwartsbezogenheit (6)
   – ist maßgeschneidert, individuell (5)
   – bedarf einer spezifischen Motivation (5)
   – ist eine Zusammenarbeit zwischen zwei gesunden Menschen (4)
   – beinhaltet einen Feedbackprozess (2)
   – beinhaltet Aufgaben und Aufträge (2)
   – Situationsbezogenheit (2)

2. spezifische Ziele/Ausrichtung
   – generelle Zielorientierung (25)
   – keine Durchleuchtung der Psyche oder Suche nach Entwicklungsmustern (12)
   – Effektivität und Wirksamkeit verbessern oder wiederherstellen (8)
   – Zukunftsorientierung (7)
   – Reflektieren von Auswirkungen (auf das Verhalten) (7)
   – nicht als letzte Chance (6)
   – Nutzen für Coachingnehmer und/oder Vorgesetzte (6)
   – Setzung realistischer Ziele (5)
   – Lernen, Konsequenzen abzuschätzen (1)

3. Probleme & Lösungen
   – Hilfe zur Selbsthilfe; Befähigung des Coachingnehmers, selbst Lösungen zu finden (26)
   – Lösungsorientierung (17)
   – Fokus auf der Problemlösung (6)
   – Probleme und Konflikte lösen (6)
   – Lösen schwieriger Situationen (4)
   – Hilfe in einer Krise (2)

4. Entwicklung & Förderung
   – im Dienst persönlicher Entwicklung und Veränderung (11)
   – (Personal-)Entwicklungsmaßnahme (9)
   – Fördern/Förderung der Selbstverantwortung (8)
   – Wachstum fördern (7)
   – Potential entwickeln (5)
   – Leistung optimieren (4)
   – nicht (nur) defizitär (3)

5. Beratung als Oberbegriff
   – ist ein Begleiten und Unterstützen (15)
   – Beratung (9)
   – nicht direktiv (8)
   – nicht Tipps geben (6)

Die Auswertung der Unterkategorien hinsichtlich der *Übereinstimmungen* unter den von uns befragten Experten ergab eine Liste von 9 Attributen, welche von mindestens einem Drittel aufgeführt wurden:

- Hilfe zur Selbsthilfe; Befähigung des Coachingnehmers, selbst Lösungen zu finden (26)
- generelle Zielorientierung (25)
- zeitliche Begrenzung (22)
- auf Aufgaben, Arbeit, Beruf bezogen (20)
- Lösungsorientierung (17)
- beinhaltet einen Frageprozess, Fragetechniken und andere Methoden (16)
- ist ein Begleiten und Unterstützen (15)
- bedingt Vertrauen, Vertraulichkeit und Neutralität (14)
- keine Durchleuchtung der Psyche oder Suche nach Entwicklungsmustern (12)
- im Dienst persönlicher Entwicklung und Veränderung (11)

Keines dieser Kriterien bildet eine nennenswerte Dissonanz zu den weiter oben aus der Literatur diskutierten Definitionen. Überhaupt lassen sich weitgehend von allen Unterkategorien direkte Bezüge zur Coaching-Literatur herstellen (vgl. Meier, 2008). Dies bedeutet, dass die Coaching-Verantwortlichen kaum Merkmale von Coaching genannt haben, die den Rahmen dessen sprengen, was in der Literatur nicht bereits benannt oder angedacht wurde. Dennoch sind einige interessante *Einzelheiten* und auch *Widersprüche* innerhalb bestimmter Unterkategorien als auch im Vergleich bestimmter Unterkategorien erkennbar, die nachfolgend diskutiert werden. Die marginalen Unterkategorien (mit weniger als 5 Nennungen) sind:

- ist eine Zusammenarbeit zwischen zwei gesunden Menschen (4),
- Lösen schwieriger Situationen (4),
- Leistung optimieren (4),
- nicht (nur) defizitär (3),
- beinhaltet einen Feedbackprozess (2),
- beinhaltet Aufgaben und Aufträge (2),
- Situationsbezogenheit (2),
- Hilfe in einer Krise (2) sowie
- Lernen, Konsequenzen abzuschätzen (1).

Einigermaßen überraschend erscheint uns die Seltenheit der Bezeichnung von Coaching als eine Maßnahme zur Leistungsoptimierung. Dieses Kriterium ist nicht nur gut geeignet, dem Coaching Konnotationen wie „Krise", „Defizit" oder „Schwäche" zu nehmen, sondern bezeichnet wohl auch einen bedeutsamen Zweck, zu dem es in Unternehmen tatsächlich eingesetzt wird. Die meisten dieser eher selten genannten Aspekte beziehen sich auf Varianten oder spezifische Ausprägungen, die zum Coaching gehören können, es aber nicht unbedingt müssen: der Feedbackprozess, das Stellen von Aufgaben, der Lernprozess in Bezug auf das Abschätzen von Konsequenzen des eigenen Handelns.

Uneinheitliche Auffassungen zwischen den Coaching-Experten finden sich beispielsweise im Kriterium der „Bezogenheit auf die Arbeit oder den Beruf". Hier wird deutlich, dass die Trennung zwischen Beruf und Privat unterschiedlich gehandhabt wird (s. auch das folgende Kapitel 3.2 zu den Coaching-Anlässen) und keine ausschließliche Berufsbezogenheit erwartet werden kann. Rauen betont, dass Coaching primär berufliche Anliegen umfasst (2005, S. 112f.), wobei jedoch private und berufliche Themen oft nicht zu trennen sind und sich auch gegenseitig beeinflussen (ebd., S. 125). Lippmann (2006, S. 19, 25) verweist auf das Spannungsfeld Person-Rolle(n)-Organisation. Er stellt den Schwerpunkt von Coaching in den beruflichen Kontext und empfiehlt jedoch „auch die Bearbeitung von Themen im privaten Umfeld, soweit sie die Rollenübernahme in der Organisation maßgeblich tangieren" (ebd., S. 27). In unseren Interviews werden auch im Zusammenhang mit dem Kriterium der „Gegenwartsbezogenheit" und der „Frage, ob auch biografisch-geschichtliche Aspekte ins Coaching gehören", unterschiedliche Aussagen gemacht. Einige Coaching-Experten räumen ein, dass sie durchaus auch innerhalb von Coaching-Prozessen Fragen nach einschlägigen Erfahrungen aus der Kindheit stellen, wobei ihnen bewusst ist, dass sie damit sehr nahe an der Grenze zur Psychotherapie arbeiten.

Freilich wird auch die Thematik des „Nutzens", ob es mehr dem Coachingnehmer oder dem Unternehmen zugute kommen soll, kontrovers erörtert. Eine eindeutige Zuordnung ist nicht möglich, wodurch sich das Coaching auszeichnet als eine Interventionstechnik, die beiden Seiten gleichzeitig zu dienen hat, was natürlich kaum ohne spezifische Spannungen, Widersprüche und Risiken zu realisieren sein dürfte.

Auch in Bezug auf das Kriterium der „Freiwilligkeit" zeigen sich unterschiedliche Auffassungen. Obschon sich die Experten grundsätzlich einig sind, dass Coachingnehmer auf einer freiwilligen Basis zum Coach gehen sollten, wird deutlich, dass sich einige der Experten bewusst sind, dass diese Voraussetzung in der Realität oft nicht gegeben ist und dass es Abstufungen in dieser Freiwilligkeit gibt, die im Typus des „verordneten Coachings" endet (vgl. auch Rauen & Steinhübel, 2005, S. 294; Lippmann, 2006, S. 36f.).

In Bezug auf die Fragen, ob Coaching dasselbe wie „Beratung" ist und ob ein Coach direktiv vorgehen und auch Tipps geben soll (Oberkategorie „5. Beratung als Oberbegriff"), ergibt sich ein besonders vielseitiges und schillerndes Bild. Deutlich wird zuallererst, dass zwischen den Begriffen „Beraten", „Coachen", „Unterstützen" und „Begleiten" keine zuverlässige Unterscheidung getroffen wird. Der größte Konsens scheint darin zu bestehen, dass Coaching als eine spezifische Form von Beratung verstanden werden kann. Dabei dreht sich die Diskussion immer wieder um die Frage des direktiven oder nicht-direktiven Vorgehens. Auch diese Unterscheidung eignet sich offensichtlich nicht, das Coaching zuverlässig zu bestimmen, auch wenn einige Interviewpartner betonen, dass das nicht-beratende und nicht-direktive Vorgehen ein wichtiger Bestandteil des Coachings darstellt. Andere Experten handhaben ihre Technik unter dem Label „Coaching" allerdings flexibel und gehen durchaus auch „sehr direktiv" vor oder sind auch bereit, „Tipps und Tricks abzugeben, Ratschläge zu verteilen". Diese Vorgehensweisen werden mit dem Argument der Effizienz begründet und scheinen jedenfalls gemäß den Erfahrungen dieser Experten den Erfolg des Coachings eher zu befördern als zu beeinträchtigen. Die unterschiedlichen Auffassungen und Praktiken weisen darauf hin, dass sich diese Kriterien schlecht als Bausteine einer praxisorientierten, wissenschaftlichen Definition von Coaching eignen. Dementsprechend werden diese Punkte auch in der Literatur vielschichtig und uneindeutig behandelt.

Besonders interessant ist schließlich das am häufigsten genannte Kriterium der „Hilfe zur Selbsthilfe" oder der „Befähigung des Coachingnehmers, selbst Lösungen zu finden". Die Hilfe zur Selbsthilfe wird von 10 Coaching-Verantwortlichen wörtlich genannt, ohne allerdings genauer erläutert zu werden. Ein Interviewpartner vermutet sogar selbst, dass es sich hier um ein Schlagwort handeln könnte, dessen Inhalt offen und vielleicht sogar fraglich bleibt. Weitere 16 Experten umschreiben dasselbe Kriterium mit Formulierungen wie „Die Antworten liegen beim Klienten", „Ermächtigen Lösungen zu finden, die sie eigentlich mit sich tragen" oder auch: „Dass ich nicht das Gefühl habe, ich habe die Lösung, sondern mein Gegenüber und dass ich es ihm zutraue und dass ich weiss, dass ich ihn begleiten kann, diese Ressource freizulegen, also die Sicherheit zu geben und die Stärke, dass er die Lösung eigentlich weiss. Sie nur noch nicht spürt, noch nicht gesehen hat, noch nicht sichtbar ist."

Innerhalb dieses Kriteriums gibt es bei den Coaching-Experten eine beeindruckende inhaltliche Einigkeit die allerdings auch zu einer gewissen Formelhaftigkeit tendiert. In der Coaching-Literatur bezeichnet Rauen (2005, S. 112) „Hilfe zur Selbsthilfe" als ein Grundziel des Coachings während es Lippmann (2006, S. 98) mit einem leicht kritischen, aber nicht weiter ausgeführten Unterton als „bisher unbefragtes methodisches Grundprinzip" bezeichnet, das mit einer „nichtdirektive(n) bzw. klientenzentrierten Gesprächsführung" realisiert werden soll. Gemäß Rauen sollte der Coach darum bemüht sein, die „Selbstregulationsfähigkeiten und Feedbackmechanismen des Klienten" soweit zu verbessern, „dass der Coach überflüssig wird" (Rauen, 2005, S. 287; vgl. auch S. 117). Loss & Rauen (2005, S. 157) glauben, dass diese Anforderung durch „Beratung auf der Prozessebene und (…) Schaffung von lernfördernden Bedingungen" erfüllt werden kann. In unserer Studie haben sich zwei Interviewpartner zu diesem Punkt etwas detaillierter, wenn auch nicht unbedingt präziser, geäußert: Coaching habe auch das „Ziel des Erlernens von Selbst- von Handlungskompetenz, von Problemlösungsfähigkeiten". Und zum Coaching gehört, dass „Selbstwahrnehmung, Selbstvertrauen, Bewusstsein, Persönlichkeit, Reflektionen, Wahrnehmung, eigenes Verhalten und dessen Wirkungen anders bewusst werden".

Zusammenfassung

Die Ergebnisse der in diesem Kapitel dargelegten Teilstudie zur Frage der Definition von Coaching lassen sich unter dem Gesichtspunkt eines maximalen Konsens zwischen den Coaching-Verantwortlichen wie folgt beschreiben: Coaching ist Begleit- oder Unterstützungs-Angebot, das die Coachingnehmer befähigen soll, selbst Lösungen zu finden. Es ist grundsätzlich auf die Arbeit und den Beruf bezogen, zeitlich begrenzt und beinhaltet eine explizite Zielorientierung, die auf die Lösung von bestimmten Aufgaben oder Konflikten ausgerichtet ist. Im Dienst der persönlichen Entwicklung oder Veränderung des Coachingnehmers stehend, basiert Coaching auf einem Vertrauensverhältnis zwischen den beteiligten Personen. Der Coach sollte sich gegenüber den Interessen Dritter neutral verhalten. Seine Rolle besteht wesentlich darin, Fragen zu stellen, ohne dabei das Innenleben des Coachingnehmers ins Zentrum zu stellen.

Der Vergleich der Definitionen der Coaching-Verantwortlichen untereinander zeigt eine bedeutende Vielfalt von Schwerpunktsetzungen und Abstraktionsebenen. Auch Mediation, Mentoring oder Case-Management werden unter Umständen dazu gezählt. In Bezug auf die Charakterisierung von Coaching als Mittel der Leistungssteigerung sind die Coaching-Experten eher zurückhaltend. Insgesamt zeigt sich, dass Coaching ein offenes Konzept ist, das nicht abschließend beschrieben oder eingegrenzt werden kann. Seine Vieldeutigkeit spiegelt sich auch in der Vielzahl unterschiedlicher Definitionen in der Coaching-Literatur. Bemerkenswert ist, dass die von den in unserer Studie befragten Coaching-Verantwortlichen genannten Merkmale von Coaching allesamt auch in der Literatur aufgefunden werden können.

Wünschbar für die Coaching-Forschung wäre eine größere Anzahl von wissenschaftlich hochwertigen praxisbezogenen Studien, die eine empirisch fundierte Systematisierung der unterschiedlichen, zum Coaching gehörenden Aspekte zulässt. Darauf aufbauend kann eine Konzeptualisierung verfolgt werden, die Coaching als eine im Kern einzigartige Interventionsmethode erfasst und an den Rändern gleichzeitig die nötige Offenheit bewahrt (s. Kapitel 3.4).

3.2 Zur Funktion von Coaching in Großunternehmen

Einleitung

Die Anlässe, die zu einem Coaching führen können, sind vielfältig. Sie werden meistens im beruflichen Kontext gesehen, auch wenn bei genauerem Nachfragen die Ursachen eines Problems manchmal ebenso im privaten Bereich zu finden sind oder mindestens damit zusammenhängen. Nach Schmid (2005, S. 202) ist der Hauptfokus des Coachings der Mensch im Beruf und in der Organisation. Heutzutage entwickelt jeder Mensch seine professionelle Identität in der Berufswelt in verschiedenen Organisationen, da die langfristige Mitarbeit in ein und demselben Unternehmen nicht mehr die Regel ist. Die professionelle Identität existiert also unabhängig von einem bestimmten Unternehmen. Deshalb teilt ihr Schmid eine eigene Bedeutung zu neben der Rolle, die ein Mensch als Träger einer Funktion in der Organisation hat, in der er zu einem bestimmten Zeitpunkt arbeitet (ebd., S. 203). Beim Coaching geht es also auch um den Menschen in seiner Profession und als Funktionsträger innerhalb einer Organisation.

In diesem Kapitel geben die Autoren zunächst einen Überblick über bisherige Studien zu Coaching-Anlässen im deutschsprachigen Raum. Anschließend wird der Frage nachgegangen, welches die wichtigsten Coaching-Anlässe in den von uns befragten Großunternehmen sind und damit welche Funktion das Coaching aus Sicht der Interviewpartner erfüllt. Wir unterscheiden dabei zwischen persönlichen Coaching-Anlässen, die die Persönlichkeit des Coachingnehmers oder soziale Konflikte betreffen und geschäftlichen Coaching-Anlässen, die sich auf die Arbeit selbst oder das Unternehmen beziehen. Zudem werden Anlässe aufgezeigt, bei denen die befragten Coaching-Verantwortlichen nicht klar abgrenzen können, ob eher ein Coaching oder eine Psychotherapie angezeigt wäre.

Coaching-Anlässe: ein Literaturüberblick

Mit dem Begriff „Coaching-Anlässe" werden die Gründe bezeichnet, aus denen ein Coachingnehmer einen Coach aufsucht, also die Frage- oder Problemstellungen, mit denen er sich an den Coach wendet. Auch in der einschlägigen Coaching-Literatur wird dafür in den meisten Fällen der Begriff „Coaching-Anlass" gebraucht.

Bei der Eingrenzung von Anlässen, die Gegenstand eines Coachings sein können oder dürfen, bestehen große Unterschiede. Ältere Definitionen schließen oft nur berufliche Fragestellungen ein im Gegensatz zu neueren Auffassungen, die auch private Probleme miteinbeziehen. Trotzdem herrscht dahingehend Einigkeit, dass berufliche Anliegen grundsätzlich überwiegen (Greif, 2005, S. 12). Dabei ist jedoch zu bedenken, dass der Übergang zwischen dem beruflichen und dem privaten Kontext oft fließend ist und berufliche Probleme nicht selten ihren Ursprung im Privatbereich des Coachingnehmers finden bzw. umgekehrt. Somit spielen im Coaching-Prozess sicherlich in den meisten Fällen beide Seiten eine Rolle. Es ist die Aufgabe des Coachs zusammen mit seinem Klienten zu eruieren, wo die tatsächlichen Ursachen des Problems liegen und zu entscheiden, ob ein Coaching die richtige Intervention ist.

Anlässe für Business-Coaching
Die Anlässe für ein Business-Coaching sind vielfältig. Oft geht es um Themen wie Entwicklungs- oder Veränderungswünsche, die Vorbereitung auf neue Aufgaben oder Funktionen, Mitarbeiterführung, strukturelle Veränderungen im Unternehmen, Verbesserung von Kompetenzen, Leistungsprobleme, Überforderung, Stress und Konflikte.

Schreyögg (2003) teilt Coaching-Anlässe in individuelle und kollektive Krisen und Verbesserungen ein. Die folgende Tabelle zeigt eine Übersicht über diese Kategorien.

Individuell			Kollektiv	
Krisen		**Verbesserungen**	**Krisen**	**Verbesserungen**
Akut	*schleichend*		Ökonomische Krisen	Etablierung von Qualitätszirkeln
Krisen aufgrund persönlicher Faktoren	Berufliche Deforma- tion	Flexibilisierung des Coping	Krisen durch Umstrukturie- rungen	Entwicklung neuer Angebots- strukturen
Individuelle berufli- che Krisen aufgrund situativer Faktoren	Job-Stress	Erweiterung von Management- kompetenzen	Organisations- kulturelle Krisen	Implementierung neuer Führungs- konzepte
Akute Krisen im Beruf aufgrund kombinierter Faktoren	Burnout	Karriereberatung	Krisen bei der Fusion von zwei Systemen	
	Mobbing	Rollenberatung	Krisen durch politische Verände- rungen	

Tabelle 2: Kategorisierung von Coaching-Anlässen nach Schreyögg (2003)

Gemäß Schreyögg (2003, S. 76) ist eine Krise der häufigste Anlass für ein Coaching. Eine Krise kann bei einer einzelnen Person auftreten und die berufliche Leistungs-fähigkeit mindern oder sogar mehr oder weniger gravierende psychische Probleme hervorrufen. Kollektive Krisen in einer Organisation können aufgrund von ökonomischen Engpässen, Veränderungen der Organisationsstruktur oder politischen Bedingungen entstehen.

Herzer & Hanke (2004, S. 126) unterscheiden drei Ansätze zur Einteilung von Coaching-Anlässen: den Defizitansatz, den Präventionsansatz und den Potentialan-satz. Beim Defizitansatz geht es um Defizite, also um aktuell bestehende Mängel oder Probleme, die beseitigt werden sollen. Diese können sich einerseits auf die Person beziehen, z.B. mangelnde Führungskompetenzen oder Kommunikationsfä-higkeit. Andererseits kann die Arbeitsplatzsituation oder der Inhalt der Arbeit zu Problemen führen, beispielsweise Stress aufgrund eines zu hohen Arbeitspensums, Arbeitsplatzwechsel oder -verlust. Das Problem kann auch zwischenmenschlicher Natur sein, z.B. Konflikte mit dem Vorgesetzten oder unter Arbeitskollegen.

Beim Präventionsansatz geht es um die Vermeidung von zukünftigen Problemen. Hierbei sind die Themen gemeint, die beim Defizitansatz bereits bestehen. Der Präventionsansatz zielt jedoch darauf, mit einem Coaching frühzeitig einzugreifen, um mögliche Probleme zu verhindern.

Der Potentialansatz bezieht sich auf die Förderung von vorhandenen Potentialen. Dieser Ansatz kann zum Zug kommen, wenn Coaching im Rahmen von Talent Development stattfindet. Ein bereits gut qualifizierter Mitarbeiter soll beispielsweise eine Führungsfunktion oder neue Aufgaben übernehmen und mit Hilfe eines Coachings optimal darauf vorbereitet werden.

Lippmann (2006, S. 20ff.) teilt Coaching-Anlässe in die drei Kategorien Person, Rolle und Organisation ein. Im beruflichen Kontext ist die Rolle an der Nahtstelle zwischen der Person und der Organisation. Rollenspezifische Anlässe für ein Coaching können beispielsweise Rollenkonflikte sein, etwa widersprüchliche Erwartungen an verschiedene Rollen einer Person, beispielsweise als Abteilungsleiter im Dienste der Organisation Überstunden leisten und gleichzeitig als Vater Zeit mit den Kindern verbringen. Auch Fragen der Rollendefinition zählen dazu: Welche Rollen hat eine Person in der Organisation und welche Erwartungen werden an sie gestellt in den einzelnen Rollen?

Auf der persönlichen Ebene betreffen die Fragestellungen das Individuum, unabhängig von den Rollen und der Organisation. Solche Fragestellungen könnten also auch auftreten, wenn die Person in einem anderen Unternehmen angestellt wäre. Mögliche Coaching-Anlässe sind beispielsweise Abbau und Prävention von Stress und Burnout, Unterstützung bei der Vorbereitung auf neue Aufgaben oder die Verbesserung bestimmter Fertigkeiten sowie der Weiterentwicklung bestehender Potentiale.

Coaching-Anlässe im Kontext einer ganzen Organisation betreffen insbesondere den Umgang mit organisationsspezifischen Veränderungen, zum Beispiel die Änderung der Unternehmensstrategie oder strukturelle Veränderungen wie Reorganisationen, Personalabbau, Fusionen, Outsourcing, veränderte Prozesse etc.

In der Literatur wird Coaching von vielen Autoren ausdrücklich als Beratung für Führungskräfte definiert (Böning, 2005; Schreyögg, 2003). In der Praxis können oft auch Mitarbeitende ohne Führungsfunktion Coaching in Anspruch nehmen, aber in den meisten Fällen sind Führungskräfte die offizielle Zielgruppe. Sie befinden sich fast immer in einer *Sandwichposition*, da sie zwischen ihren Mitarbeitenden und dem nächst höheren Vorgesetzten stehen und auf beiden Seiten die Interessen und Ziele der jeweiligen Partei vertreten sollten. Rollenkonflikte sind hier vorprogrammiert. Die Führungskräfte fühlen sich für das Wohlergehen ihrer Mitarbeitenden verantwortlich und müssen andererseits immer wieder von oben auferlegte gegebenenfalls auch unpopuläre Entscheidungen treffen. Sie sollten einerseits nahe an ihren Mitarbeitenden sein, um deren Befinden aufnehmen zu können, auf der anderen Seite sollten sie die nötige rollenbedingte Distanz wahren. Oft sind dann

Konflikte der Anlass für ein Coaching, seien es zwischenmenschliche oder auch innerpsychische, wenn die Führungskraft mit ihren verschiedenen Rollen nicht mehr zu Recht kommt.

Wissenschaftliche Studien zu Coaching-Anlässen

Ein Vergleich vorliegender Studien – die eine höchst unterschiedliche wissenschaftliche Qualität vorweisen – aus dem deutschsprachigen Raum[9] zeigt, dass die Anlässe für ein Coaching sehr vielfältig und heterogen sind. Der Vergleich dieser Studien ist aufgrund der angewendeten Methodenvielfalt nur bedingt möglich. Bei einigen Untersuchungen mussten die befragten Unternehmen aus vorgegebenen Antwortmöglichkeiten auswählen, bei anderen konnten sie ihre häufigsten Coaching-Anlässe frei aufzählen. Die Möglichkeit der freien Aufzählung führt natürlich zu einer breiteren Ergebnispalette als eine vorgegebene Auswahl. Außerdem wurden die Angaben teilweise quantitativ und teilweise qualitativ ausgewertet. Trotz der beschränkten Vergleichbarkeit werden die Ergebnisse der Studien nachfolgend zusammengefasst.

Die Verbesserung von Führungskompetenzen (Sozial-, Kommunikationskompetenz), worunter auch eine angestrebte Verhaltensänderung oder ein Führungstraining verstanden werden kann, gehört zu den am häufigsten genannten Anlässen für ein Coaching. Auch die Übernahme von neuen (Führungs-)aufgaben oder allgemein veränderte berufliche Anforderungen zählen zu den am meisten angegebenen Coaching-Anlässen. Gleich darauf folgt das Thema (soziale) Konflikte.

Unterschiedlich häufig genannte Anlässe sind beispielsweise die Veränderung der Organisation oder der Unternehmensstruktur, Karriereplanung, Stress und Reflexion.

In denjenigen Untersuchungen, in denen fachliche Beratung als Anlass für ein Coaching überhaupt genannt wird, ist diese meist an letzter Stelle auf der Liste. Dies gilt auch für persönliche Probleme. Bis zu einem gewissen Grad trifft es sicherlich zu, dass der *offizielle Anlass* eines Coachings zwar ein geschäftlicher ist, während der Sitzungen jedoch oft persönliche Probleme besprochen werden. Nahe liegend ist auch, dass persönliche Probleme häufig in irgendeiner Form mit geschäftlichen zusammenhängen oder sogar deren Ursache sind. Hierbei gilt es zu bedenken, dass in einigen der Studien nicht ganz klar wird, ob mit persönlichen Problemen nur Schwierigkeiten im Privatleben gemeint sind oder beispielsweise auch Persönlichkeitsdefizite, die sich jedoch auch im Arbeitsalltag äußern können.

Coaching-Anlässe, die nur in einzelnen Studien vorkommen, sind zum Beispiel Motivationssteigerung, Teamentwicklung, Erhalt von Feedback, Performance-Optimierung bzw. Verbesserung der Arbeitsqualität und Neuorientierung. Performance-Optimierung/Verbesserung der Arbeitsqualität kann jedoch im weiteren

---

9   Böning, 2005; Böning-Consult, 2004; Goldschmidt & Przybylski , 2005; Herrmann & Freitag,
    2005; Jüster, Hildebrand & Petzold, 2005; Neumann & Schneider, 2005; Piotrowski, 2004; Stahl &
    Marlinghaus, 2000; Vogelauer 1998; von Bose, Martens-Schmid & Schuchardt-Hain, 2003

Sinne auch zum Wunsch nach Verbesserung der Führungskompetenz gezählt werden beziehungsweise als deren erwünschte mögliche Folge gelten.

Eine Rangliste der häufigsten Coaching-Anlässe aus der Literatur zu erstellen, ist schwierig: Einerseits hängen die unterschiedlichen Probleme, die in Coachings bearbeitet werden, oft zusammen. Zum anderen verstehen die Autoren der Studien unter bestimmten Begriffen nicht dasselbe.

In der vorliegenden Literatur wird teilweise auch auf die Frage der Abgrenzung von Coaching und Psychotherapie in Bezug auf die Anlässe eingegangen. Die drei Coaching-Experten, die in der Voruntersuchung der Studie von Piotrowski (2004) befragt wurden, sind der Ansicht, Coaching sei bei psychischen Krankheiten nicht indiziert. Ihnen zu Folge wurden zumindest zum Zeitpunkt der Untersuchung im Jahr 2004 in den Unternehmen immer noch negative Auswirkungen auf die Karriere befürchtet, wenn jemand eine (psychologische) Beratung in Anspruch nahm. In der Untersuchung der Böning-Consult (2004) sind die Autoren der Meinung, dass in vielen Unternehmen wahrscheinlich die bewusste oder unbewusste Spielregel existiert, dass Probleme nicht mit Führungskräften assoziiert werden sollten. Dies könnte man auch dahin gehend interpretieren, dass persönliche Probleme, die meist das Thema einer Psychotherapie sind, ein Zeichen der Schwäche sind und im Beruf und im Coaching, das den Coachingnehmer vordergründig in beruflichen Angelegenheiten unterstützen sollte, nichts zu suchen haben.

Die befragten Führungskräfte in einer Studie von Bose et al. (2003, S. 39) haben zwar selbst eine positive Einstellung zu Coaching, befürchten aber, Außenstehende könnten die Inanspruchnahme von Coaching als Schwäche sehen oder sie haben Angst, der Coach könne „Psychospielchen" spielen. Was damit gemeint ist, wird zwar nicht erläutert, aber die Aussage deutet auf eine stigmatisierte Sichtweise von Psychotherapie hin. Einige Personen geben gar zu bedenken, dass ein Coaching die Situation eines Coachingnehmers auch verschlechtern könnte, falls „ähnlich wie in einer Psychotherapie" Dinge ans Licht kommen, von denen man lieber nichts gewusst hätte (ebd., S. 34ff.). Interessant ist, dass scheinbar typische Coaching-Themen wie Konfliktlösung, Persönlichkeitsentwicklung und Verbesserung der Kommunikations-/Sozialkompetenz oft auch Thema einer Psychotherapie sind und die Distanzierung der Befragten zur Psychotherapie hier als unaufgelöster Widerspruch erscheint.

Anlässe für Business-Coaching in Schweizer Großunternehmen

Einleitung
Obwohl die bestehenden Studien oft zwischen beruflichen und persönlichen oder privaten Anliegen unterscheiden, wurde für diese Untersuchung die Einteilung *geschäftlich* vs. *persönlich* gewählt, da berufliche Probleme auch persönlicher Natur sein

können (etwa mangelnde Sozialkompetenz eines Vorgesetzten). Außerdem können sich persönliche Probleme sowohl im Berufs- als auch im Privatleben auswirken. Auch wenn geschäftliche und persönliche Probleme oft eng verzahnt sind, haben wir aufgrund der Interviewaussagen eine Einteilung der Coaching-Anlässe in diese beiden Bereiche vorgenommen. Unter geschäftlichen Anlässen werden Problemstellungen verstanden, die mit dem Unternehmen und seiner Struktur (wie Reorganisationen) sowie mit der Arbeitsstelle oder dem Arbeitsinhalt zusammenhängen (etwa Arbeitsüberlastung). Persönliche Coaching-Anlässe beziehen sich auf die Persönlichkeit des Klienten, interpersonelle Aspekte (wie Konflikte) und Probleme aus dem Privatleben. Die Fragestellung für die geschäftlichen Coaching-Anlässe ist mit einem A gekennzeichnet, diejenige für die persönlichen Coaching-Anlässe mit einem B. Daneben wird auch der Frage nachgegangen, bei welchen Anlässen die Zuordnung entweder zu Coaching oder zu Psychotherapie aus Sicht der Coaching-Verantwortlichen schwierig oder unklar ist (Fragestellung C).

Fragestellungen
Daraus ergeben sich für die Analyse der Coaching-Anlässe, folgende Fragestellungen, die an die Interviews gerichtet wurde:

A   Welches sind aus Sicht der Coaching-Verantwortlichen geschäftliche Anlässe, die zu einem Coaching führen?
B   Welches sind aus Sicht der Coaching-Verantwortlichen persönliche Anlässe, die zu einem Coaching führen?
C   Welches sind aus Sicht der Coaching-Verantwortlichen Anlässe, bei denen unklar oder schwierig abzugrenzen ist, ob ein Coaching oder eine Psychotherapie angezeigt ist?

Methodik
Wie in Kapitel 2 beschrieben, basiert das Vorgehen der gesamten Studie zur Auswertung der Interviews auf der inhaltsanalytischen Methode nach Mayring (2003). In der vorliegenden Teilstudie wurden folgende Analyse-Schritte durchgeführt:

1.   Bestimmung der Analyseeinheiten: Auswählen und Eingrenzen der Textstellen
2.   Erste Reduktion: Codierung der Unterkategorien
3.   Zusammenstellung der neuen Aussagen als Unterkategoriensystem und Rücküberprüfung am Ausgangsmaterial
4.   Zweite Reduktion: Codierung der Oberkategorien und Rücküberprüfung

1. Bestimmung der Analyseeinheiten: Auswählen und Eingrenzen der Textstellen
Die Analyseeinheiten wurden bestimmt, indem das Transkript eines Interviews durchgesehen wurde und alle für die Fragestellungen relevanten Textstellen markiert

wurden, also diejenigen, in denen der Interviewpartner Coaching-Anlässe oder Anlässe, bei denen ihm die eindeutige Zuordnung zu Coaching oder Psychotherapie schwer fiel, nannte. In diesem Schritt wurde noch nicht unterschieden zwischen geschäftlichen und persönlichen Coaching-Anlässen oder Anlässen, bei denen nicht klar ist, ob ein Coaching oder eher eine Psychotherapie angezeigt wäre. Diese Unterscheidung wurde erst im nächsten Schritt vorgenommen. Stellen, in denen der Interviewpartner einen Coaching-Anlass explizit nennt, sind einfach zu erkennen. Schwieriger zu bestimmen sind die Aussagen, in denen ein Coaching-Anlass implizit genannt wird. Dies bedeutet, dass der Coaching-Verantwortliche nicht ganz klar sagt, ob es sich um einen Coaching-Anlass handelt. Aufgrund des Kontexts kann aus der Aussage jedoch ein Anlass für ein Coaching abgeleitet werden. Im Weiteren wurden Stellen ausgewählt, in denen die Gesprächspartner Problemstellungen oder Situationen nennen, in denen ihrer Ansicht nach explizit kein Coaching angezeigt ist.

2. Erste Reduktion: Codierung der Unterkategorien
Die Unterkategorien, in Atlas.ti Codes genannt, wurden erstellt, indem die Textstellen in nur einem Begriff oder in wenigen Worten zusammengefasst wurden. Durch dieses Vorgehen wurde eine erste Reduktion des ursprünglichen Materials vorgenommen. Es wurde darauf geachtet, dass die Unterkategorien möglichst textnah sind, damit die ursprünglichen Aussagen nicht verfälscht werden. Jede Unterkategorie beinhaltet möglichst kurz und prägnant den Coaching-Anlass, von dem in der Textstelle (im Folgenden auch Quotation) die Rede ist. Es kann zwischen drei Codierungsmöglichkeiten unterschieden werden:

a.   Wenn in einer Quotation ein Coaching-Anlass mit einem expliziten Begriff klar genannt wird (z.B. „Führungsprobleme"), wurde dieser Begriff auch als Unterkategorie verwendet.

b.   Für Quotations, in denen der Anlass mit anderen Worten umschrieben wird, konnte ein einzelner Begriff als Unterkategorie verwendet werden, wenn dieser die Aussage klar und verständlich erfasst.

c.   Für Quotations, die den Anlass mit anderen Worten beschreiben, für die jedoch ein einzelner Begriff nicht aussagekräftig genug ist, besteht die Unterkategorie aus einer möglichst textnahen Zusammenfassung. Diese sollte nur so lang sein, dass sie den Anlass verständlich erfasst.

3. Zusammenstellung der neuen Aussagen als Unterkategoriensystem und Rücküberprüfung am Ausgangsmaterial
Im Rahmen der Rücküberprüfung wurde als Erstes anhand dieser Unterkategorienliste die Zuordnung der Unterkategorie zu den Fragestellungen A, B und C überprüft. Weitere Veränderungen der Zuordnung der Unterkategorien zu den Fragestellungen wurden jedoch auch im nächsten Schritt noch unternommen, in dem die

einzelnen Unterkategorien nochmals bezüglich korrekter Kategorisierung und sinnvoller Namensgebung kontrolliert wurden.

4. Zweite Reduktion: Codierung der Oberkategorien und Rücküberprüfung
Nach der abgeschlossenen Rücküberprüfung der Unterkategorien erfolgte eine zweite Reduktion des Materials: Ähnliche Kategorien wurden zusammengefasst und einer Oberkategorie (im Auswertungsprogramm Atlas.ti „Family", vgl. Kapitel 2) zugeordnet. Es wurden in einem ersten Versuch mögliche sinnvolle Oberkategorien definiert. Als Nächstes wurden diese mit möglichen Kategorien, die aus dem theoretischen Teil und aus dem Forschungsüberblick der vorliegenden Arbeit stammen, ergänzt. Die Definition der Oberkategorien erfolgte also teilweise theoriegeleitet. Schließlich wurden die dieses so benannt, dass die Bezeichnung möglichst kurz, aber prägnant die in ihnen enthaltenen Unterkategorien erfasst. Die Rücküberprüfung der Oberkategorien fand statt, indem jeweils erläutert wurde, was darunter verstanden wird und weshalb die zugehörigen Unterkategorien der betreffenden Kategorie zugeordnet wurden.

Ergebnisse
Für die Auswertung wurden die von den Interviewpartnern genannten Coaching-Anlässe codiert und in Unterkategorien („Codes") eingeteilt. Die daraus entstandenen 117 Unterkategorien wurden anschließend 21 nach Themen definierten Oberkategorien („Families") zugeordnet. Viele Coaching-Anlässe wurden in den 30 Interviews mehrmals genannt. Die Analyse ergab insgesamt 666 Codierungen.

Auswertung auf der Ebene der Unterkategorien
Die folgende Grafik veranschaulicht die Verteilung der Unterkategorien in Bezug auf die Fragestellungen. Aus der Abbildung geht deutlich hervor, dass die persönlichen Coaching-Anlässe grundsätzlich überwiegen. Die Unterkategorien sind mit den Buchstaben der Fragestellungen gekennzeichnet:

A-Kategorie = geschäftliche Coaching-Anlässe
B-Kategorie = persönliche Coaching-Anlässe
AB-Kategorie = Coaching-Anlässe, die sowohl persönlicher als auch geschäftlicher Natur sein können
C-Kategorie = Anlässe, bei denen die Coaching-Verantwortlichen nicht klar abgrenzen, ob ihrer Meinung nach eher ein Coaching oder eine Psychotherapie angezeigt wäre

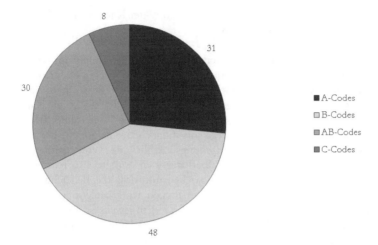

Abbildung 12: Absolute Anzahl der generierten Unterkategorien über alle 30
Interviews

Folgendes Diagramm illustriert die Häufigkeit der am meisten genannten Unterkategorien unabhängig von den Fragestellungen.

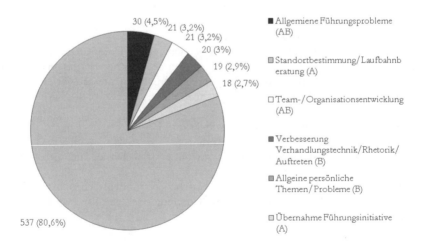

Abbildung 13: Absolute und relative Häufigkeit der am meisten genannten
Coaching-Anlässe unabhängig von den Fragestellungen

Am häufigsten genannt wurde der AB-Anlass *Allgemeine Führungsprobleme* (30 Nennungen in 20 Interviews), gefolgt vom A-Anlass *Standortbestimmung/Laufbahnberatung* (21 Nennungen in 12 Interviews) und vom AB-Anlass *Team-/Organisationsentwicklung* (21 Nennungen in 14 Interviews). An dritter Stelle liegt der B-Anlass *Verbesserung Verhandlungstechnik/Rhetorik/Auftreten* mit 20 Nennungen in 10 Interviews, dicht gefolgt vom B-Anlass *Allgemeine persönliche Themen/Probleme* (19 Nennungen in 12 Interviews) und vom A-Anlass *Übernahme Führungsfunktion* (18 Nennungen in 13 Interviews). Die Abbildung 13 zeigt, dass die häufigsten Unterkategorien im Vergleich zur großen Menge der restlichen 111 Unterkategorien, die insgesamt 537 Mal vergeben wurden, zusammen ca. 20% ausmachen. Ein Fünftel der 666 Codierungen besteht also aus sechs Unterkategorien.

In der Grafik der Anlässe, bei denen nicht klar ist, ob sie eher ein Fall für ein Coaching oder für eine Psychotherapie wären, ergeben die drei häufigsten Kategorien zusammen ca. 78% aller Codierungen:

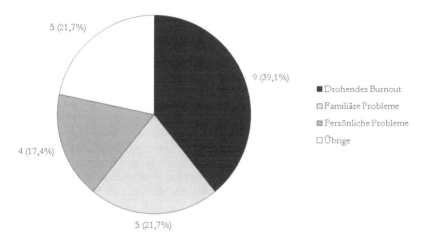

Abbildung 14:   Absolute und relative Häufigkeit der am meisten genannten
                  Anlässe im Grenzbereich von Coaching und Psychotherapie

Auswertung auf der Ebene der Oberkategorien
Die Analyse hat ergeben, dass Themen aus der Oberkategorie *Verbesserung persönlicher Kompetenzen* (110 Codierungen = 16.5%) die weitaus häufigsten Coaching-Anlässe sind, gefolgt von *Soziale Konflikte* (69 Codierungen = 10.4%) und *Job-Stress* (54 Codierungen = 8.1%). An vierter Stelle stehen *Allgemeine Führungsthemen* (41

Codierungen = 6.2%). Die folgenden 17 Oberkategorien beinhalten mit einem relativ kontinuierlichen Abfall 33 (5%) bis neun Codierungen (1.4%).

Diskussion

Die Analyse hat gezeigt, dass die beiden Forschungsfragen A und B (A: Welches sind aus Sicht des Coaching-Verantwortlichen geschäftliche Anlässe, die zu einem Coaching führen? B: Welches sind aus Sicht des Coaching-Verantwortlichen persönliche Anlässe, die zu einem Coaching führen?) kaum voneinander getrennt betrachtet werden können, da eine eindeutige Zuordnung eines Coaching-Anlasses entweder in die Gruppe der geschäftlichen oder der persönlichen Anlässe oft nicht möglich ist.

Die Auswertung hat jedoch ergeben, dass gemäß der Erfahrung der befragten Coaching-Verantwortlichen die Coaching-Anlässe häufiger persönlicher als geschäftlicher Natur sind. Bei dieser Unterscheidung ist hinsichtlich der Ergebnisse wichtig, noch einmal darauf hinzuweisen, dass die persönlichen Anlässe in den meisten Fällen das berufliche Umfeld betreffen. Mit der für diese Studie geltenden Unterscheidung können berufliche Anlässe sowohl geschäftliche als auch persönliche Probleme beinhalten und überwiegen damit die privaten Anlässe bei Weitem.

In Anbetracht der Tatsache, dass Business-Coaching grundsätzlich als Maßnahme für berufliche Anliegen gesehen wird, ist der Anteil an Anlässen, bei denen es um private Probleme geht, mit 5% trotzdem nicht zu vernachlässigen. Aus den 30 Interviews geht hervor, dass die Coaching-Anlässe in den meisten Fällen – mindestens vordergründig – beruflicher Natur sind. Jedoch sind sich die befragten Coaching-Verantwortlichen dahingehend einig, dass berufliche Probleme oft auch mit privaten Problemen zusammenhängen und die beiden Bereiche in solchen Fällen kaum getrennt voneinander betrachtet werden können. Natürlich wird Business-Coaching in Unternehmen normalerweise ausschließlich als Beratung bei beruflichen Fragestellungen gesehen. Jedoch vertreten auch Coaching-Experten die Ansicht, dass das private Umfeld nicht außer Acht gelassen werden kann. Rauen (2005, S. 112) schreibt beispielsweise in einer Definition: „Unter dem Begriff Coaching kann eine Kombination aus individueller, unterstützender Problembewältigung und persönlicher Beratung auf Prozessebene für unterschiedliche berufliche und private Anliegen verstanden werden."

In den befragten Unternehmen wurde unabhängig von der Funktionsstufe des Coachingnehmers die Verbesserung persönlicher Kompetenzen als Coaching-Anlass am häufigsten genannt. Da Fähigkeiten wie Sozial- und Kommunikationskompetenz im Umgang mit anderen Menschen, Kompetenzen des Selbst- und Zeitmanagements und der Arbeitsmethodik sowie die Fähigkeit, vor Menschen wirksam aufzutreten, in der heutigen Berufswelt eine zunehmend wichtige Rolle spielen, erstaunt es nicht, dass solche Themen häufig Anlass für ein Coaching sind. Die an zweiter Stelle folgenden sozialen Konflikte verdeutlichen, dass eine funktionierende Zusammenarbeit nicht nur für das Wohlbefinden der Mitarbeitenden bedeutsam ist, sondern auch für den Unternehmenserfolg. Themen rund um Job-Stress werden am dritthäufigsten in einem Coaching bearbeitet, was die Tatsache widerspiegelt, dass Stress im Arbeitsleben ein zunehmend häufiges Phänomen ist.

Auf der Ebene der Unterkategorien wurden Führungsprobleme am häufigsten genannt, hingegen zeigte sich bei der Auswertung der Oberkategorien die Verbesserung persönlicher Kompetenzen als häufigster Coaching-Anlass. Hierbei spielt das Abstraktionsniveau der Unterkategorien eine wichtige Rolle. Die Unterkategorie *Führungsprobleme* ist auf einem relativ hohen Abstraktionsniveau angesiedelt, da die Coaching-Verantwortlichen sich nicht detailliert äußerten, um was für Probleme es sich genau handelt. Diese Unterkategorie könnte theoretisch also auch spezifischere Kategorien wie etwa *Konflikte zwischen Vorgesetztem und Mitarbeiter* oder *Mangelnde Sozialkompetenz* beinhalten. Würde man die Coaching-Verantwortlichen dahingehend befragen, könnte es sein, dass sie einen spezifischen Anlass wie *Mangelnde Sozialkompetenz* häufiger nennen würden. Da diese Unterkategorie zu den persönlichen Kompetenzen gehört, würde sich diese Oberkategorie in diesem Fall noch stärker von den anderen abheben. Natürlich könnte eine nachträgliche Befragung und Präzisierung auch eine Veränderung einer anderen Oberkategorie zur Folge haben.

Anlässe bei denen es den Coaching-Verantwortlichen schwer fällt zu entscheiden, ob eher ein Coaching oder eine Psychotherapie angezeigt wäre (Fragestellung C), wurden mit 3.5% selten genannt. Daraus geht hervor, dass sich die Indikationsfrage *Coaching oder Psychotherapie?* für die befragten Coaching-Verantwortlichen selten stellt und nur wenige Themen betrifft. Am ehesten spielt es offenbar beim Thema Burnout eine Rolle. Dies zeigt die Tatsache, dass einige Coaching-Verantwortliche Burnout auch als Anlass für ein Coaching erwähnten. Dabei ist jedoch zu bedenken, dass Burnout sich zu einem Modebegriff gewandelt hat und sicherlich in vielen Fällen von einem Burnout die Rede ist, ohne dass die Diagnose von professioneller Seite abgeklärt wurde (vgl. auch Kapitel 5). Aus diesem Grund wäre es möglich, dass Coaching-Verantwortliche sich in Bezug auf Burnout eher für kompetent halten als beispielsweise bei einer schweren Depression. Im Weiteren gab es auch beim Thema Sucht keine klare Abgrenzung: Alkoholismus als spezifisches Problem wurde von einem Coaching-Verantwortlichen nicht klar einer Interventionsform zugeordnet. Zwei Interviewpartner nannten hingegen Sucht als möglichen Anlass für ein Coaching. Auch familiäre Probleme wurden sowohl als mögliche Coaching-Anlässe genannt, als auch als Themen, bei denen einige Coaching-Verantwortliche keine klare Grenze zwischen Coaching und Psychotherapie zogen. Mit den familiären Problemen verwandt sind auch die einmal genannten Eheprobleme, für welche sich der Interviewpartner nicht ausschließlich auf eine Interventionsform berief sowie die im Gegensatz dazu als Coaching-Anlässe genannten Themen Scheidung/Trennung oder private Beziehungsprobleme. Im Zusammenhang mit der Abgrenzung Coaching – Psychotherapie ist außerdem interessant, dass einige Coaching-Verantwortliche die Abgrenzungsproblematik auch bei persönlichen Problemen sehen. Hier könnte jedoch die jeweilige Definition ausschlaggebend sein. Denkbar wäre, dass die betreffenden Interviewpartner auf Probleme aus dem privaten Umfeld der Coachingnehmer Bezug nahmen, dafür aber den Begriff „persönlich" anstatt „privat" verwendeten. Diese Annahme ist jedoch spekulativ und geht nicht aus den Interviews hervor. Mit großer Wahrscheinlichkeit würden diese Interviewpartner beispielsweise beim Thema mangelnde Sozialkompetenz, das in dieser Arbeit zu den persönlichen Coaching-Anlässen gezählt wird, kaum Abgrenzungsprobleme sehen, sondern zustimmen, dass dies ein Fall für ein Coaching wäre.

Einbettung der Ergebnisse in die Forschungslandschaft

Aus den bisherigen Studien geht hervor, dass die Anlässe für ein Coaching (zumindest vordergründig) in erster Linie beruflicher und nicht persönlicher oder privater Natur sind. Die eigene Untersuchung ergab, dass häufiger persönliche Probleme Anlass für ein Coaching sind. Aufgrund der bereits erörterten unterschiedlichen Begriffsdefinitionen können diese beiden Ergebnisse hinsichtlich der Dimensionen geschäftlich/beruflich bzw. persönlich/privat nicht miteinander verglichen werden.

Auf der Ebene der Coaching-Themen ist ein Vergleich eher möglich. Bei den meisten der untersuchten Studien war die Verbesserung von Führungskompetenzen der häufigste Coaching-Anlass. In einigen Untersuchungen werden in diesem Zusammenhang die Verbesserung von Sozial- oder Kommunikationskompetenz als Beispiele angeführt. Oft wird jedoch nicht erläutert, was unter Führungskompetenzen verstanden wird. Wenn man davon ausgeht, dass damit analog zur vorliegenden Studie persönliche Kompetenzen gemeint sind, ist die Ähnlichkeit mit der eigenen Untersuchung hinsichtlich der Ergebnisse augenfällig.

Zu weiteren häufig genannten Coaching-Anlässen zählen in den bisherigen Studien die Übernahme von neuen (Führungs-)aufgaben oder veränderte berufliche Anforderungen. In der eigenen Studie ist die Unterkategorie „Übernahme Führungsfunktion", die zur Oberkategorie „Führungsunterstützung in Bezug auf den Vorgesetzten" gehört, ebenfalls ein häufiger Coaching-Anlass. Die allgemeine Bezeichnung „veränderte berufliche Anforderungen" ist hingegen schwer vergleichbar mit den Anlässen der vorliegenden Studie, da nicht klar ist, um was für spezifische Themen es sich handelt.

Konflikte werden in den bisherigen Studien ebenfalls sehr häufig genannt. In der eigenen Untersuchung liegen sie auf Platz zwei der Rangliste. Diese Übereinstimmung ist nicht verwunderlich, spielen doch Konflikte immer eine Rolle, wo Menschen zusammenarbeiten.

Weitere mögliche, jedoch unterschiedlich häufig genannte Coaching-Anlässe aus früheren Studien sind beispielsweise die Veränderung der Organisation oder der Unternehmensstruktur (in einer Studie auf Rang eins in anderen eher selten oder gar nicht genannt), Stress, Karriere und Leistung. All diese Themen kamen auch in unseren Interviews zur Sprache. Job-Stress liegt sogar an dritter Stelle. Auch organisationale Veränderungen wurden von etlichen Coaching-Verantwortlichen als möglicher Anlass erwähnt.

Zusätzliche Coaching-Anlässe, die in den anderen Studien ebenfalls genannt wurden (wenn auch nur vereinzelt), in der eigenen jedoch nicht explizit, sind beispielsweise Motivation und die Verbesserung der Arbeitsqualität. Explizit danach befragt, würden jedoch wohl die meisten Coaching-Verantwortlichen bestätigen, dass solche Problemstellungen auch in ihren Coachings eine Rolle spielen. Zudem hängt das Thema Arbeitsqualität mit diversen Anlässen der eigenen Studie zusammen wie beispielsweise mit der Verbesserung persönlicher oder fachlicher Kompetenzen, die auch zu einer höheren Arbeitsqualität führen bzw. mit einer ebenfalls in diesem Kontext anzusiedelnden Leistungsverbesserung. Motivationsprobleme können ebenso mit einer mangelnden Leistung einhergehen wie mit einem Wunsch nach Veränderung.

Eine fachliche Beratung als Anlass für ein Coaching wurde in der vorliegenden Untersuchung nur wenig genannt und war auch in den anderen Studien kaum ein Thema. Die Vermittlung von fachlichem Wissen ist offenbar selten Gegenstand eines Coachings, was hinsichtlich der Kompetenzen des Coachs bedeuten würde, zu hinterfragen, welche Rolle Fachkenntnisse über den Arbeitsbereich des Coachingnehmers spielen.

Persönliche Probleme kommen in den bisherigen Untersuchungen ebenfalls selten vor. Wie zuvor in Bezug auf die eigenen Interviews erörtert, geht auch aus einigen der bisherigen Studien nicht hervor, ob sich die persönlichen Probleme nur auf das Privatleben einer Person beziehen oder ob sie beispielsweise auch Persönlichkeitsdefizite betreffen können, die sich allenfalls auch im beruflichen Umfeld zeigen würden. Der Vergleich mit der eigenen Untersuchung ist deshalb schwierig, da in dieser, wie bereits erläutert, mit dem Begriff „persönliche Coaching-Anlässe" Problemstellungen gemeint sind, die mit der Persönlichkeit und dem Verhalten einer Person zusammenhängen. Diese können sich natürlich sowohl im Privat- wie auch im Arbeitsleben äußern. Probleme, die ausschließlich den privaten Bereich betreffen (z.B. Beziehungsprobleme), wurden als Untergruppe den persönlichen Coaching-Anlässen zugeordnet. Die Ergebnisse der vorliegenden Studie zeigen auf jeden Fall, dass private Probleme nicht selten sogar explizit als Anlass für ein Coaching genannt wurden. An dieser Stelle soll zudem nochmals darauf hingewiesen werden, dass die meisten der befragten Gesprächspartner der Meinung waren, dass sich das private und das berufliche Umfeld gegenseitig beeinflussen und in vielen Coaching-Gesprächen auch über private Probleme gesprochen wird, selbst wenn der ursprüngliche Anlass für das Coaching ein beruflicher war.

Obwohl auf die Abgrenzungsproblematik zwischen Coaching und Psychotherapie nur in wenigen Studien des Forschungsüberblicks kurz eingegangen wurde, wird die Grenze allgemein bei psychischen Problemen mit Krankheitswert gezogen. Dies geht auch aus den Aussagen der Coaching-Verantwortlichen hervor, die im Rahmen der vorliegenden Untersuchung befragt wurden. In den eigenen Interviews nannten jedoch einige der Coaching-Verantwortlichen solche Probleme auch als Anlässe, bei denen es ihnen schwer fällt, zu entscheiden, ob in diesen Fällen eher eine Psychotherapie oder ein Coaching angezeigt wäre (z.B. Alkoholismus oder Burnout). In einigen Fällen wurden Sucht und Burnout sogar klar als Coaching-Anlass erwähnt, wobei auch hier die Frage nach der Begriffsdefinition wieder gestellt werden sollte: Ob ein Coachingnehmer tatsächlich an einem Burnout-Syndrom leidet oder ob er *einfach* überarbeitet oder unmotiviert ist, ist für die meisten Coaching-Verantwortlichen wohl schwierig zu diagnostizieren. Auf jeden Fall scheint es in dieser Hinsicht eine Grauzone zu geben, zumal bei nicht spezifizierten persönlichen oder privaten Problemen, die sowohl in den bisherigen als auch in der eigenen Studie als Coaching-Anlässe vorkommen, nicht ausgeschlossen werden kann, dass es sich dabei in einigen Fällen auch um psychische Störungen im engeren Sinne handeln könnte.

Unter Vernachlässigung der kritischen methodischen Aspekte eines solchen Vergleichs (s.o.) kann zusammenfassend gesagt werden, dass die vorliegende Studie zwar zu einem sehr ähnlichen Ergebnis gekommen ist wie bisherige Untersuchungen. Dank der Auswertung der eigenen Studie mit der Methode der qualitativen Inhaltsanalyse konnte aber im Vergleich mit den bisherigen Untersuchungen eine viel breitere Palette an möglichen Coaching-Anlässen in den befragten Unternehmen aufgezeigt werden.

Oben wurden einige theoretische Überlegungen von anderen Autoren skizziert, die ebenfalls versucht haben, mögliche Coaching-Anlässe in sinnvolle Kategorien einzuteilen. Um einen Vergleich anzustellen, werden im Folgenden, wo möglich, die Coaching-Anlässe der eigenen Studie auf der Ebene der Oberkategorien diesen theoretischen Kategorien zugeordnet.

Schreyögg (2003; vgl. oben) nimmt beispielsweise eine Kategorisierung nach individuellen und kollektiven Krisen und Verbesserungen vor. Eine Einteilung der Anlässe aus der eigenen Studie in Krisen- und Verbesserungsanlässe ist bis zu einem gewissen Maß möglich. Es kann jedoch kaum zwischen individuellen und kollektiven Anlässen unterschieden werden, da die Anlässe zum Teil zu unspezifisch sind oder auch beide Bereiche betreffen können. So wären beispielsweise organisationale Veränderungen einerseits als typisch kollektive Krise zu bezeichnen, weil sie eine ganze Organisation oder mindestens größere Gruppen von Personen betreffen. Andererseits kann eine Reorganisation auch eine individuelle Krise auslösen, wenn es zum Beispiel um den Arbeitsplatzverlust einer Person geht. Die anderen kollektiven Krisen, die gemäß Schreyögg Anlässe für ein Coaching sein können (z.B. ökonomische Krisen) wurden als solche in unseren Interviews nicht explizit erwähnt. Allgemeine Führungsprobleme, die von den befragten Coaching-Verantwortlichen häufig genannt wurden, sind zu unspezifisch, als dass sie genau zugeordnet werden könnten, sie gehörigen jedoch sicher zu den Krisen. Eine Grobeinteilung der Anlässe der eigenen Studie in Krisen und Verbesserung ergibt folgendes Resultat:

Krisen:
- Reflexion des eigenen Verhaltens
- Soziale Konflikte
- Allgemeine interpersonelle Themen
- Private Probleme
- Job-Stress
- Allgemeine Führungsthemen
- Führungsunterstützung in Bezug auf Mitarbeitende
- Führungsunterstützung in Bezug auf den Vorgesetzten
- Übrige geschäftliche Anlässe
- Übrige persönliche Anlässe
- Übrige unspezifische Anlässe
- Anlässe für Coaching oder Psychotherapie
- Organisationale Veränderungen

Verbesserungen:
- Verbesserung persönlicher Kompetenzen
- Leistungsverbesserung
- Allgemeine (Weiter-)Entwicklung
- Berufliche (Weiter-)Entwicklung aufgrund innerer Motivation
- Berufliche (Weiter-)Entwicklung aufgrund äußerer Motivation
- Verbesserung der Führungskompetenz
- Aus-/Weiterbildung fachlicher Kompetenz

Der Anlass *Gruppencoaching* kann beiden Gruppen zugeordnet werden, da nicht spezifiziert ist, um was für konkrete Anlässe es sich handelt.

Schreyögg (ebd.) macht geltend, dass Krisen häufiger Anlässe für ein Coaching sind als Verbesserungen. Diese Aussage kann durch die Ergebnisse der eigenen Studie bestätigt werden.

Die Kategorisierung von Coaching-Anlässen nach dem Defizit-, Präventions- und Potentialansatz von Herzer & Hanke (2004, vgl. oben) lässt sich mit Schreyöggs Theorie vergleichen. In Bezug auf die eigene Studie wären die meisten *Krisen-Anlässe* defizitorientiert. Die Reflexion des eigenen Verhaltens hat aber auch eine präventive Wirkung, indem es beispielsweise dazu beitragen kann, zukünftige Konflikte zu vermeiden. Im Grunde genommen kann natürlich jedes wirksame Coaching zur Prävention von zukünftigen Problemen beitragen. Unter Vernachlässigung dieses Aspekts gehört die Verbesserung von Kompetenzen oder von Leistung gemäß dem defizitorientierten Ansatz auch in erster Linie zur Gruppe der *Defizit-Anlässe*. Im Gegensatz dazu müssten die entwicklungsspezifischen Themen aufgeteilt werden: Coaching-Anlässe wie Talent Development oder eine Laufbahnberatung vertreten den potentialorientierten Ansatz. Wenn es hingegen um ein Outplacement geht oder wenn ein Vorgesetzter verlangt, dass sein Mitarbeiter an sich arbeitet, sind diese Anlässe eher auf der Defizitseite anzusiedeln.

Die Anlässe der eigenen Studie lassen sich gemäß Lippmanns Kategorisierung (2006, vgl. oben) auch in personen-, rollen- und organisationsspezifische Coaching-Anlässe aufteilen. Soziale Konflikte und allgemeine interpersonelle Themen können zu den rollenspezifischen Anlässen gezählt werden. Organisationale Veränderungen betreffen selbstredend primär die Organisation, auch wenn ihre Folgen natürlich auch die einzelnen Personen und ihre Rollen beeinflussen. Die meisten anderen eigenen Themen entsprechen tendenziell Lippmanns personenspezifischen Anlässen (z.B. Verbesserung persönlicher Kompetenzen, Reflexion des eigenen Verhaltens, private Probleme, Job-Stress, Entwicklung etc.). Dies bestätigt den Befund der vorliegenden Studie: Die Coaching-Anlässe in den befragten Unternehmen sind am häufigsten persönlicher Natur. Die Anlässe *Allgemeine Führungsthemen* und *Gruppencoaching* können jedoch nicht klar einer der drei Kategorien nach Lippmann zugeordnet werden, da sie nicht spezifiziert sind. Aus demselben Grund können auch einige Anlässe der Oberkategorie *Übrige geschäftliche Anlässe* und *Übrige unspezifische Anlässe* nicht in dieses System eingeteilt werden, wie zum Beispiel *Aufgaben* oder *Schwierige Situationen*.

Die von anderen Autoren beschriebenen Probleme von Führungskräften wurden auch von den Coaching-Verantwortlichen der eigenen Untersuchung genannt. In Anbetracht der Tatsache, dass alle diese Coaching-Anlässe auch Führungskräfte betreffen können, zumal in vielen der befragten Unternehmen ausschließlich oder in erster Linie Personen mit einer Führungsfunktion die Zielgruppe für Coaching sind, sind die erwähnten Probleme in allen Oberkategorien zu finden. Beispiele dafür sind Konflikte, Work-Life Balance, drohendes Burnout und natürlich die Gruppe der führungsspezifischen Oberkategorien.

In Bezug auf die Abgrenzung von Coaching und Psychotherapie bestätigt die eigene Untersuchung die Aussage von mehreren Autoren (z.B. Greif, 2005; Migge, 2005; Lippmann, 2006), dass Coaching nicht angezeigt sei für psychische Störungen mit Krankheitswert. In diesem Zusammenhang schreibt Rauen (2003), dass die Behandlung von Alkohol- und Medikamentenabhängigkeit nicht ins Aufgabengebiet eines Coachs gehört. In der vorliegenden Studie wurde Sucht jedoch einerseits als Coaching-Anlass genannt, andererseits auch als Anlass, bei dem Coaching-Verantwortlichen die Abgrenzung von Coaching und Psychotherapie schwer fiel. Dies trifft aber nur auf eine Minderheit der 30 Interviewpartner zu. Außerdem kann, wie im vorhergehenden Kapitel diskutiert, die Frage, wie die betreffenden Coaching-Verantwortlichen eine Abhängigkeitserkrankung definieren würden, nicht beantwortet werden. Auch beim Thema Burnout herrscht keine Einigkeit. Das Burnout-Syndrom gehört zwar gemäß der Internationalen statistischen Klassifikation der Krankheiten und verwandter Gesundheitsprobleme der Weltgesundheitsorganisation WHO (ICD-10) nicht ins Kapitel der psychischen Störungen (Kapitel V (F)), wird aber als Problem „verbunden mit Schwierigkeiten bei der Lebensbewältigung" (Dilling, Mombour & Schmidt, 2005, S. 343) in der Liste der Krankheiten und Bedingungen aus anderen Kapiteln des ICD-10 aufgeführt, „die häufig in einem Zusammenhang mit den Störungen des Kapitels V (F) gefunden werden" (ebd., S. 325). Schreyögg (2003) erwähnt Burnout jedoch als typischen Coaching-Anlass, ebenso wie dies einige der für die vorliegende Studie befragten Coaching-Verantwortlichen taten. Die Abgrenzungsproblematik zeigt sich also auch an dieser Stelle.

Gesamthaft betrachtet lässt sich sagen, dass der Vergleich der Ergebnisse der eigenen Studie mit der Theorie ebenfalls zu einer weitgehenden Übereinstimmung führt, wie dies bereits beim Vergleich mit bisherigen Studien der Fall war.

Zusammenfassung

Die vorliegende Untersuchung hat gezeigt, dass die Anlässe, die in den 30 befragten Unternehmen zu einem Coaching führen können, vielfältig sind. Die Kategorisierung dieser Vielzahl von Anlässen hat ergeben, dass die Verbesserung persönlicher Kompetenzen (z.B. Sozialkompetenz, Kommunikationsfähigkeit, Rhetorik) der häufigste Coaching-Anlass ist, gefolgt von sozialen Konflikten und Job-Stress. Auch führungsspezifische Themen werden häufig in einem Coaching besprochen. In diesem Zusammenhang muss jedoch die Definitionsproblematik beachtet werden. Da in den meisten Unternehmen in erster Linie Führungskräfte gecoacht werden, könnte argumentiert werden, dass deshalb auch die meisten Coaching-Anlässe führungsspezifisch sind, so beispielsweise auch die Verbesserung der Sozialkompetenz einer Führungskraft. Die Grenze wurde aus diesem Grund bei Coaching-Anlässen gezogen, bei denen es explizit um Themen geht, die die Führungskraft in ihrer Rolle als Vorgesetzter betreffen und von den befragten Coaching-Verantwortlichen auch in diesem Sinne deklariert wurden. Die Verbesserung der Sozialkompetenz ist somit nicht führungsspezifisch.

Ein weiteres Problem bei der Ergebnisinterpretation stellen die vielen nicht spezifizierten Coaching-Anlässe dar, die von den Interviewpartnern genannt wurden. Wenn diese im Rahmen einer nochmaligen Befragung genauer erläutert und somit besser kategorisiert werden könnten, würde dies die bisherigen Resultate wohl erheblich beeinflussen. Trotzdem darf aufgrund der klaren Spitzenposition gesagt werden, dass die Verbesserung persönlicher Kompetenzen ein sehr häufiger Coaching-Anlass ist. Im Weiteren wurde unter Berücksichtigung der für die vorliegende Arbeit geltenden Definitionen festgestellt, dass die Anlässe für ein Coaching häufiger persönlicher als geschäftlicher Natur sind, also häufiger die Persönlichkeit des Coachingnehmers oder allfällige soziale Konflikte betreffen, als die Arbeit selbst oder das Unternehmen. Außerdem lässt sich sagen, dass, obwohl sich die Coaching-Themen vordergründig primär um Probleme im beruflichen Umfeld drehen, spätestens während der Gespräche oft auch private Probleme zur Sprache kommen.

Die Abgrenzungsproblematik Coaching – Psychotherapie spielt bei bestimmten Themen (insbesondere bei Burnout) eine Rolle. Für die meisten der befragten Coaching-Verantwortlichen scheint jedoch grundsätzlich klar zu sein, in welchen Fällen ein Coaching angezeigt ist und wann eher eine Psychotherapie.

Der Vergleich der Ergebnisse der eigenen Studie mit denjenigen der bisherigen Untersuchungen ist aufgrund der methodischen Heterogenität zwar schwierig, trotzdem lässt sich feststellen, dass die Resultate weitgehend ähnlich sind. Dies trifft auch auf den Vergleich der eigenen Studie mit der Theorie zu. In Bezug auf die Abgrenzung von Coaching und Psychotherapie herrscht unter allen zitierten Autoren und den befragten Interviewpartnern Einigkeit darüber, dass psychische Störungen mit Krankheitswert grundsätzlich nicht in einem Coaching, sondern in einer Psychotherapie behandelt werden sollten. Gleichzeitig existiert offenbar eine Grauzone, die sich, wie bereits erwähnt, beispielsweise bei Burnout oder süchtigem Verhalten zeigt.

3.3 Das Anforderungsprofil eines Coach

Welche wissenschaftlichen Studien gibt es, die sich mit den Kompetenzen und Qualifikationen eines Coachs befassen?

Der Prozess des Coachings ist untrennbar mit der Person des Coachs verbunden. Er benötigt die Fähigkeit, einen Raum zu schaffen, in dem sich auf der Basis des Anliegens und der Themen des Klienten ein Veränderungs-Prozess entwickeln kann. Er muss in der Lage sein, den Klienten und/oder seinen Auftraggeber davon zu überzeugen, dass er die dazu geeignete Person ist. Welche Fähigkeiten, Kompetenzen sowie Aus- und Weiterbildungen muss ein Coach besitzen, damit er auf die Anliegen der Klienten optimal eingehen kann? Wir wollten erfahren, welches die zentralen Eigenschaften oder Merkmale eines kompetenten Coachs aus Sicht der befragten Coaching-Verantwortlichen sind.

Empirische und methodisch hochwertige Studien zu diesem Thema gibt es nur wenige. Häufig dagegen sind Darstellungen von Expertenmeinungen, in denen namhafte Coachs eine Reihe von Eigenschaften aufzählen, welche ein kompetenter

Coach besitzen sollte. Entsprechend der Schwierigkeit, Coaching verbindlich zu definieren und von anderen Beratungstechniken abzugrenzen, ist es nicht erstaunlich, dass auch bezüglich der Eigenschaften, die einen kompetenten Coach ausmachen, die Meinungen auseinander gehen. Weitgehend unbestritten und durch verschiedene Studien belegt (vgl. Tag, 2000; Kimmle, 2004; Künzli, 2005) ist, dass die Kompetenz eines Coachs einen großen Einfluss auf die Qualität des Coachings ausübt. Was aber ist ein kompetenter Coach?

Die in der Literatur am häufigsten genannten Merkmale eines kompetenten Coachs sind eine wertschätzende, ethisch geprägte, interessierte aber emotional distanzierte und neutrale Haltung, soziale Kompetenzen und Methodenkompetenz (vgl. u.a. Vogelauer, 1998; Hess & Roth, 2001; Looss, 2002; Schreyögg, 2003; von Bose, Martens-Schmid & Schuchardt-Hain, 2003; Böning, 2005; Dehner, 2005; Herrmann & Freitag, 2005; Leder, 2005; Looss & Rauen, 2005; Rauen und Steinhübel, 2005; Wolff, 2005; Lippmann, 2006). Ein Coach sollte über eine adäquate Aus- und Weiterbildung, über ausreichend Lebens-, Berufs- und Selbsterfahrung und über fundiertes Fachwissen aus den Bereichen der Betriebswirtschaft, Organisationslehre und der Humanwissenschaften, insbesondere der Psychologie verfügen.

Im Folgenden stellen wir fünf neuere empirische Studien zu dieser Thematik vor:

1. Vogelauer (1998, S. 133ff.): Coaching-Praxis. Führungskräfte professionell begleiten, beraten und unterstützen

In dieser Studie wurden gut 50 deutsche, österreichische und Schweizer Führungskräfte und Personal-Entwickler zum Thema Coaching befragt. Die Hälfte der Befragten war im Dienstleistungsbereich tätig, 40% in der Industrie und die restlichen 10% in der öffentlichen Verwaltung und in der Weiterbildungsbranche. Die Erhebung erfolgte mittels einer schriftlichen Befragung. Die Ergebnisse wurden quantitativ ausgewertet. Für die Untersuchung der Merkmale und Kompetenzen, die ein Coach besitzen sollte, wurde den Befragten eine Gegensatzpaar-Liste vorgelegt, die anhand einer Vorbefragung entwickelt worden war. Auf dieser Liste konnte auf jeder Seite zwischen „sehr stark" und „eher" unterschieden werden, pro Zeile war allerdings nur eine Angabe möglich (Vogelauer, 1998, S. 140ff.):

– Fachkompetenz/Vertrautheit mit dem Kontext *versus* breites Spektrum an Kenntnissen
– menschliche Wärme, aufgehoben sein *versus* nüchtern, sachliche Ausstrahlung
– kommunikative Kompetenz *versus* Sachkompetenz
– Ziel- und leistungsorientiert *versus* offene Entwicklung und Freiraum
– Handlungs- und Entscheidungsverantwortung liegen beim Gecoachten *versus* Entscheidung durch Coach
– professionelle Distanz *versus* volles Mitmischen des Coach beim Thema

–   Einfühlungsvermögen *versus* Kühle, Distanziertheit
–   Verschwiegenheit *versus* Information an Dritte/Auftraggeber
–   eigene Erfahrungen als Gecoachter *versus* keine eigene Erfahrung

Als Resultat aus dieser Beurteilung legt Vogelauer (ebd., S. 144f.) die zehn wichtigsten Anforderungen an einen Coach vor (Tabelle 3).

Tabelle 3:   Rangreihe der Coach-Anforderungen (Quelle: Vogelauer, 1998, S. 144)

	Anforderung	%	*gewichtete Nennungen*
1	Einfühlungsvermögen	97	133:4
2	kommunikative Kompetenz	94	124:7
3	Eigenverantwortung (Verantwortung liegt beim Gecoachten)	92	137:10
4	Verschwiegenheit	90	143:11
5	professionelle Distanz	88	111:15
6	menschliche Wärme	88	98:13
7	eigene Erfahrungen	76	103:29
8	breites Spektrum an Kenntnissen	60	75:46
9	Ziel- und Leistungsorientierung	57	64:43
10	offene Entwicklung und Freiraum	43	43:64

In der Meinung der befragten Führungskräfte und Personal-Entwickler rangieren Einfühlungsvermögen und kommunikative Kompetenz an oberster Stelle. Wichtig sind auch Verschwiegenheit, professionelle Distanz und menschliche Wärme. Die Ergebnisse dieser Studie verdeutlichen vor allem die Bedeutungen von Kompetenzen, die für die Gestaltung der Beziehung notwendig sind.

2.   Böning (2005): Coaching. Der Siegeszug eines Personalentwicklungs-Instruments. Eine 10-Jahres-Bilanz

Böning bezieht sich auf die Studie von Böning und Fritschle (2005), in der im Frühjahr 2004 70 Personal-Manager von Unternehmen in Deutschland sowie 50 Coachs befragt wurden. Die Erhebung erfolgte in Form von fragebogenbasierten telefonischen Interviews mit gestützten (geschlossenen) und ungestützten (offenen) Fragen. Sowohl die Personal-Manager als auch die Coachs wurden zu den Anforderungen an einen externen Coach befragt (Böning, 2005, S. 48ff.). Die Abbildungen 15 und 16 zeigen die Antworten erstens der Personal-Manager und zweitens der Coachs:

Welches sind die 5 wichtigsten Anforderungen, die bei der Auswahl an einen externen Coach gestellt werden? Basis: 70 Personal-Manager

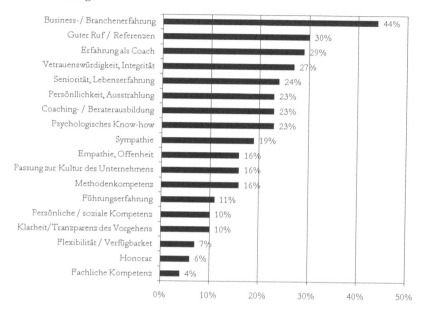

Abbildung 15: Die Anforderungen von Personal-Managern an den externen Coach (Böning, 2005, S. 48)

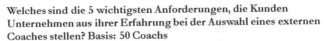

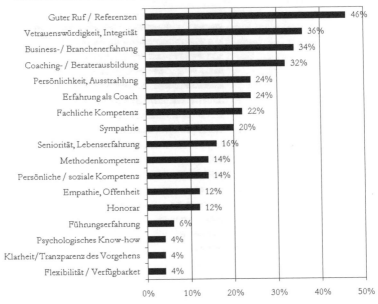

Abbildung 16: Die erwarteten Anforderungen von Coachs (Böning, 2005, S. 49)

Böning (2005, S. 49ff.) erklärt die Abweichungen zwischen den Ergebnissen der Personal-Manager und denjenigen der Coachs mit den unterschiedlichen Sichtweisen der beiden Berufsgruppen: Während zum Beispiel bei den Personal-Managern „Business-/Branchenerfahrung" an erster Stelle steht und diese somit die Nähe zu ihrem Unternehmen betonen, dominiert bei den Coachs der Aspekt „guter Ruf, Referenzen", denn Coachs erhalten die meisten Aufträge aufgrund von Empfehlungen. Ebenfalls nachvollziehbar ist, dass „Passung zur Kultur des Unternehmens" nur bei den Personal-Managern vorkommt, wollen doch die Unternehmen nicht nur die Interessen des Coachingnehmers, sondern auch diejenigen des Unternehmens gewahrt wissen. Hingegen neigen die Coachs eher dazu, die individuelle Beziehung zum Coachingnehmer zu betonen (ebd., S. 50).

Insgesamt fällt auf, wie ähnlich die Ergebnisse sind, insbesondere, wenn man bedenkt, dass diese Befragung ungestützt erfolgte. Vier der fünf am häufigsten genannten Anforderungen an Coachs stimmen bei beiden Berufsgruppen überein: Business- und Branchenerfahrungen, ein guter Ruf und Referenzen, Erfahrung als Coach sowie Integrität und Vertrauenswürdigkeit (ebd., S. 48ff.).

3. Herrmann & Freitag (2005): MindMove Coachingmarkt-Studie 2005

Herrmann und Freitag befragten bezüglich der Anforderungen an Coachs Personal-Manager von 48 lokalen und internationalen Unternehmen in der Schweiz aus verschiedenen Branchen. Dabei wurden die Befragten in telefonischen Interviews gebeten, Anforderungen an den Coach aufzuführen (ungestützte Befragung). Die Abbildung 17 zeigt die Anzahl Nennungen bei den jeweiligen Themen:

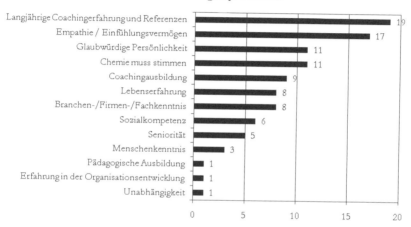

Anzahl Nennungen pro Thema

Abbildung 17: Anforderungen an den Coach aus der Sicht von Personal-Managern (Herrmann & Freitag, 2005, S. 16)

Die Autoren betonen wie Böning (2005) den hohen Stellenwert, der der Erfahrung und den Referenzen des Coachs beigemessen wird. Zudem sind auch hier Eigenschaften wichtig, die förderlich sind für die konstruktive Gestaltung der Beziehung.

4. Hess & Roth (2001): Professionelles Coaching. Eine Expertenbefragung zur Qualitätseinschätzung und -entwicklung

Die Autoren befragten zwischen Dezember 1998 und März 1999 zwölf Coachs. Die Datenerhebung fand in Form von halbstrukturierten Interviews statt, die transkribiert und anhand der qualitativen Inhaltsanalyse nach Mayring ausgewertet wurden. Neben anderen Themenbereichen wurden die Qualifikationsanforderungen an den externen Coach untersucht (ebd., S. 132ff.). Nachfolgend werden die wichtigsten Ergebnisse zu dieser Forschungsfrage dargestellt. Die Zahlen in Klammern beziehen sich auf die Häufigkeit der Nennungen der einzelnen Merkmale durch die befragten Personen:

Fachliche Qualifikationsanforderungen (44)
Coaching-Erfahrung/Spezialisierungen (12)
Feldkompetenz; Kenntnisse aus dem beruflichen Kontext der Coachingnehmer
(10)
(Betriebs-)wirtschaftliche Kenntnisse (9)
Psychologische Kenntnisse (8)
Drei- bis siebenjährige Erfahrung in führender Position (4)

Eigenschaften, persönliche Erfahrungen (36)
Lebenserfahrung/Alter (6)
Erfahrung in der Arbeit mit Menschen (3)
Interessierte Haltung (3)
Mut und Risikobereitschaft (3)
Ressourcenorientierung (3)
Zuverlässigkeit (3)
Offene Haltung (3)

Methodische Qualifikationsanforderungen (34)
Methoden-Kompetenz (8)
Psychologisch-diagnostische Kompetenzen (7)
Kommunikative Kompetenz (7)
Selbstreflexionsfähigkeit (7)
Analytisches und vernetztes Denken (4)

Beziehungsgestaltungskompetenz (Soziale Kompetenz) (23)
Empathische Haltung (8)
Autonomie; Distanzierungsfähigkeit gegenüber Coachingnehmer (6)
Wertschätzung (5)
Zurückhaltung (4)

Mögliche Ausbildungswege (6)
Studium – Zusatzausbildung – Feldkompetenz (6)

Supervision (9)
Supervision und Intervision (9)

Fortbildung (5)
Permanente Fortbildung (5)

Den Befragten sind neben der spezifischen Berufs-Erfahrung im Bereich des Coachings Kenntnisse in Betriebswirtschaft und Psychologie besonders wichtig. Erst

danach nennen sie Eigenschaften wie Empathie oder Selbstreflexionsfähigkeit und kommunikative Kompetenz. Gegenüber der vorgängig referierten Studie gibt es hier also eine kleine Akzentverschiebung, die sich von der Beziehungs-Gestaltungs-Fähigkeit des Coachs weg bewegt.

5. Von Bose, Martens-Schmid & Schuchardt-Hain (2003): Führungskräfte im Gespräch über Coaching. Eine empirische Studie

Auch die Studie von von Bose et al. bedient sich einer qualitativen Methodik. Die Interviews mit 31 Führungskräften – mehrheitlich aus dem Top-Management von Großunternehmen und mittelständischen Unternehmen – wurden transkribiert und inhaltsanalytisch ausgewertet.

In Bezug auf die zentralen Eigenschaften eines Coachs geht hervor, dass ein Coach eine respektvolle und wohlwollend zurückhaltende Haltung haben muss, welche zudem dazu führt, dass sich der Coachingnehmer akzeptiert, ernst genommen und gleichberechtigt fühlt. Weiter sollte der Coach die Balance zwischen Distanz und emotionaler Beteiligung, zwischen „Respekt für die Autonomie des Klienten und vorantreibender Initiative" halten (ebd., S. 21). Ein Coach soll zudem eine „Persönlichkeit" sein. Sie wurde von den Interviewpartnern umschrieben mit „Erfahrung, Autorität, bestimmte Haltungen und moralischen Werten wie z.B. Integrität, Menschlichkeit, Loyalität, Unvoreingenommenheit und Unabhängigkeit" (ebd., S. 24). Ein weiterer wichtiger Aspekt ist der Coach als ein „Experte für Beziehungsgestaltung und Gesprächsführung", was Fähigkeiten des Zuhörens, Einfühlens und Verstehens beinhaltet. Auch hier soll er die Balance zwischen „Kontakt sicherndem und konfrontativem Interaktionsverhalten" halten können (ebd., S. 25). Schließlich soll er über Fachwissen, therapeutisch-diagnostische Kompetenz und ganz generell über die Fähigkeit „über den eigenen Tellerrand zu schauen" und „quer zu denken" verfügen (ebd., S. 26). Bezüglich der Branchenkenntnis waren die Meinungen geteilt: Die Mehrheit der Interviewpartner befanden sie durchaus für wünschenswert, einige Befragten hielten sie jedoch explizit für unwichtig oder lehnten sie sogar ab (ebd., S. 26f.).

Auch aus dieser Studie wird deutlich, dass der Coach vor allem die Fähigkeit haben muss, die Arbeitsbeziehung zwischen sich und dem Coachingnehmer so zu gestalten, dass das Coaching wirksam werden kann. Insbesondere den zwischenmenschlichen Kompetenzen scheint deswegen eine wichtige Rolle zuzukommen.

Keine dieser Studien untersucht ausschließlich die Frage nach den Kompetenzen eines Coachs. Sie unterscheiden sich sowohl in der methodischen Vorgehensweise als auch in der Art der Stichprobe. Während Vogelauer (1998), Böning (2005) und Herrmann und Freitag (2005) ihre per Fragebogen erhobenen Daten mehrheitlich quantitativ auswerteten, führten Hess und Roth (2001) und von Bose et al. (2003) persönliche Interviews durch, welche hauptsächlich qualitativ ausgewertet wurden. Die jeweiligen Stichproben wurden aus drei verschiedenen Berufsgruppen rekrutiert, welche einzeln oder in Kombination untersucht wurden: Erstens die Coachs, zweitens die Führungskräfte und drittens die Personal-Manager, -Entwickler und -Chefs. Bei der letzten Gruppe wird allerdings die Funktion der Befragten in Bezug auf den Coaching-Prozess nicht genauer beschrieben.

Die Stichprobe von Vogelauer (1998) ist gemischt und besteht aus Führungskräften und Personal-Entwicklern, Böning (2005) untersucht separat eine Stichprobe von Personal-Entwicklern und eine von Coachs. Herrmann und Freitag (2005) befragen in Bezug auf die relevante Fragestellung nur Personal-Entwickler, während Hess & Roth (2001) ausschließlich Coachs und von Bose et al. (2003) ausschließlich Führungskräfte untersuchen.

Auch wenn diese fünf Studien aufgrund der unterschiedlichen methodischen Vorgehensweise und Stichproben nur bedingt vergleichbar sind, lassen sich zusammenfassend die folgenden generellen Tendenzen ableiten: Sämtliche Untersuchungen nennen Eigenschaften aus den Bereichen der sozialen Kompetenz, der Erfahrung und des Wissens. Zusätzlich beschreiben sie alle mindestens ein Merkmal, welches auf eine ethische Grundhaltung eines Coachs hinweist, wie Vertrauenswürdigkeit, Integrität, Zuverlässigkeit und Unabhängigkeit. Drei Studien (Hess & Roth, 2001; Böning, 2005; Herrmann & Freitag, 2005) nennen zudem eine Aus- oder Weiterbildung im Coaching- oder Beratungsbereich und zwei Studien (Hess & Roth, 2001; Böning, 2005) erwähnen Methodenkompetenz.

Fragestellung und Methode der vorliegenden Teil-Untersuchung[10]
Welche Eigenschaften besitzt ein kompetenter Coach aus der Sicht der Coaching-Verantwortlichen? Um dies zu untersuchen, verfolgten wir die folgenden zwei Forschungsfragen:

–   Welches sind die Merkmale eines kompetenten Coachs aus Sicht der befragten Coaching-Verantwortlichen?
–   Entsprechen die genannten Merkmale denjenigen in der Literatur oder gibt es Unterschiede?

Das methodische Vorgehen umfasste – in Anlehnung an das allgemeine, im Kapitel 2 dargestellte Ablaufmodell – die folgenden Arbeitsschritte (Frisch, 2008, S. 56ff.):

a.   Definition der Analyseeinheiten
b.   Auswählen und Eingrenzen der Textstellen
c.   Reduktion I: Kodierung der Unterkategorien
d.   Zusammenstellung der Aussagen als Unterkategoriensystem und Rücküberprüfung

---

10   Vgl. Frisch (2008).

e. Reduktion II: Kodierung der Oberkategorien
f. Zusammenstellung der Aussagen als Oberkategoriensystem und Rücküberprüfung
g. Reduktion III: Kodierung der Hauptkategorien
h. Zusammenstellung der Aussagen als Hauptkategoriensystem und Rücküberprüfung
i. Häufigkeitsauszählung der Kategorien

Diese Arbeitsschritte werden nachfolgend kurz erläutert:

a) Definition der Analyseeinheiten
Die Kodiereinheit (minimaler auszuwertender Textteil) ist ein einzelnes Wort. Als Kontexteinheit (maximaler auszuwertender Textteil) wurde eine zusammenhängende Textstelle, welche sich um ein bestimmtes inhaltliches Thema dreht, gewählt. Als Auswertungseinheit gelten die einzelnen Interviews, welche in der Reihenfolge ihrer Transkription ausgewertet wurden.

b) Auswählen und Eingrenzen der Textstellen
Ausgewählt wurden alle Textstellen, die für die spezifische Fragestellung explizit von Bedeutung sind. Die Textstelle soll in Bezug auf die Fragestellung ohne Zuhilfenahme weiterer Kontexts verständlich sein. Die Textstelle soll nicht nur den jeweils relevanten Kernbegriff der Aussage enthalten, sondern auch alle Erläuterungen und Erklärungen, die dazu gemacht wurden.

c) Reduktion I: Kodierung der Unterkategorien
Dieser Schritt beinhaltet die Bildung von Unterkategorien. Eine Unterkategorie ist ein Begriff oder eine kurze Formulierung, welche die Anforderung an den Coach ausdrückt, die in der jeweiligen Textstelle zum Ausdruck kommt. Beinhalten verschiedene Textstellen dieselbe Anforderung an den Coach, so wurden sie mit derselben Unterkategorie versehen. Eine Unterkategorie muss die Anforderung an den Coach, welche in der entsprechenden Textstelle zum Ausdruck kommt, prägnant erfassen. Wenn die Unterkategorie nicht in ausreichendem Maße selbsterklärend war und die Textstelle weitere Erläuterungen enthielt, wurde als eigenständiger Zwischenschritt eine Paraphrasierung/Generalisierung vorgenommen.

d) Zusammenstellung der Aussagen als Unterkategoriensystem und Rücküberprüfung
Nach der Kodierung aller Interviews wurde eine Liste aller Unterkategorien erstellt. Dieses Unterkategoriensystem wurde nun einer ersten Rücküberprüfung unterzogen: Jede Unterkategorie mitsamt den Paraphrasen/Generalisierungen wurde anhand der Originaltexte auf Stringenz überprüft. Die Rücküberprüfung führte zu

Modifikationen im Unterkategoriensystem: Je zwei Unterkategorien waren sich thematisch so ähnlich, dass sie zusammengelegt wurden.

e)   Reduktion II: Kodierung der Oberkategorien
In diesem Schritt wurden thematisch verwandte Unterkategorien zu Oberkategorien gebündelt.

f)   Zusammenstellung der Aussagen als Oberkategoriensystem und Rücküberprüfung
Nachdem eine Liste aller Oberkategorien erstellt worden war (Oberkategoriensystem), fand eine zweite Rücküberprüfung statt. Überprüft wurde, wie sinnvoll die vorliegende Einteilung in die Oberkategorien inhaltlich ist. Diese Rücküberprüfung ergab folgende Modifikationen: Zwei Oberkategorien wurden zu einer verschmolzen und drei Unterkategorien wurden von ihrer ursprünglichen Oberkategorie in eine andere verschoben.

g)   Reduktion III: Kodierung der Hauptkategorien
Als letzter Reduktionsschritt wurden thematisch verwandte Oberkategorien zu Hauptkategorien gebündelt.

h)   Zusammenstellung der Aussagen als Hauptkategoriensystem und Rücküberprüfung
Die Rücküberprüfung der Hauptkategorien ergab keine Änderungen.

i)   Häufigkeitsauszählung der Kategorien
In diesem Arbeitsschritt wurden die Nennungshäufigkeiten der Unterkategorien (d.h. der einzelnen Merkmale eines kompetenten Coachs) und darauf aufbauend jene der Ober- beziehungsweise Hauptkategorien ermittelt. Pro Interviewpartner wurde nur jeweils eine Nennung pro Unterkategorie berücksichtigt, um Verzerrungen in der Häufigkeitsauszählung zu vermeiden.

Welche Kompetenzen und Qualifikationen erwarten die Coaching-Verantwortlichen von einem Coach?

Die qualitative Inhaltsanalyse der 30 Interviews ergab eine Gesamtanzahl von 103 Unterkategorien, welche in 20 Oberkategorien aufgeteilt wurden. Die 20 Oberkategorien konnten ihrerseits zu fünf Hauptkategorien gruppiert werden: *Haltung, Kompetenzen, Aus- und Weiterbildung, Erfahrung* und *Wissen*. Die Abbildung 18 zeigt die relative und absolute Häufigkeit ihrer Nennung. Wie bereits erläutert, wurde pro Interviewpartner jeweils nur eine Nennung pro Unterkategorie berücksichtigt.

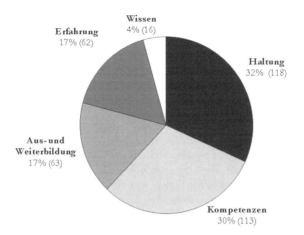

Abbildung 18: Merkmalsgebiete mit relativen und absoluten
Nennungshäufigkeiten

Ein Drittel aller genannten Merkmale bezieht sich auf die *Haltung (32%)* des Coachs,
welche somit das größte Merkmalsgebiet darstellt. Hier geht es um die grundsätzlichen Einstellungen des Coachs bezüglich der Gestaltung des Coaching-Prozesses,
der Beziehung zum Coachingnehmer, seiner eigenen Rolle als Coach sowie seiner
Werte und Handlungsleitlinien.

Fast gleich häufig genannt werden *Kompetenzen (30%)*, welche ein Coach besitzen sollte, wie zum Beispiel Methoden-, Selbst- und Sozialkompetenzen. Etwas
weniger häufig genannt werden *Aus- und Weiterbildung* (17%) sowie *Erfahrung* (17%),
welche alle Arten von Berufs- und sonstiger Lebenserfahrung umfasst. Das Merkmalsgebiet *Wissen* (4%) schließlich beinhaltet Merkmale wie psychologisches oder
ökonomisches Fachwissen.

Nachfolgend werden die zentralen Ergebnisse detailliert dargestellt. Die genannten Merkmale sind im Lauftext kursiv geschrieben, die Zahlen in Klammern
bezeichnen die dazugehörigen absoluten Nennungshäufigkeiten. Zur Veranschauli-
chung werden zudem einzelne Zitate von Interviewpartnern wiedergegeben. Die
Zitate sind vom Schweizerdeutschen ins Hochdeutsche übertragen und können der
Verständlichkeit halber gekürzt oder leicht umformuliert sein.

Haltung
Die Haltung des Coachs stellt mit 118 Nennungen (32%) das umfangreichste
Merkmalsgebiet dar. Es wird in folgende Themengebiete aufgeteilt: *Der Coach als
Prozessbegleiter* (21), *Prozessgestaltung* (23), *Abgrenzung zur Psychotherapie* (19), *Beziehung*
(28), *Ethik* (16) und *Neutralität* (11).

Der Coach als Prozessbegleiter (21)
18 Interviewpartner gehen auf die Haltung des Coachs in Bezug auf seine eigene
Rolle im Coaching-Prozess ein, damit ist dies eines der am häufigsten diskutierten
Merkmale eines Coachs überhaupt. Die Meinungen sind geteilt: Die überwiegende
Mehrheit (16) ist der Ansicht, dass ein Coach *kein Berater, sondern ein Prozessbegleiter*
sei. Lediglich zwei Interviewpartner finden, ein Coach müsse auch *beraten*. Unter
„Berater" wird dabei ein Experte verstanden, der dem Klienten fertige Lösungen
für dessen Problemstellungen liefert. Ein Coaching dürfe – so die Meinung der
Mehrheit – gerade nicht diesem Vorgehen einer klassischen Unternehmensberatung
entsprechen, sondern müsse den Coachingnehmer ermächtigen und dabei begleiten,
mit Hilfe seiner eigenen Ressourcen angemessene Lösungen zu finden:

> Ein Coach muss die Haltung haben, dass der Coachingnehmer fähig ist, sein Problem
> selber zu lösen, der Coach ist sozusagen ein Prozessbegleiter, der ihn unterstützt und
> anregt, auf die Lösung zu kommen. Das geht in Richtung Hilfe zur Selbsthilfe.

> Ein Coach ist jemand, der ressourcenorientiert arbeitet (…) jeder Mensch bringt Erfah-
> rungen mit und einen großen Wissensschatz und kann viele Dinge ganz gut meistern,
> (…) der Coach ist eine Art Katalysator (…).

Dies habe den Vorteil, dass die *Selbstverantwortung des Coachingnehmers gefördert* (3)
werde. Als Coach sei es aber gar nicht so einfach, diese Haltung in die Tat umzusetzen, hätten doch die meisten Klienten nichts lieber als einfache, schnelle Lösungen.
Bei den Coachs sei die Verführung groß, diesem Bedürfnis zu entsprechen:

> Das ist eine Gratwanderung für mich als Coach, also nicht in diese Falle hineinzutap-
> pen, nämlich zu denken, das ist am einfachsten, wenn ich jetzt einfach schnell sage, wie
> es geht. Und das schmeichelt ja auch dem Ego sehr, wenn man immer mit coolen Tipps
> kommen kann.

> Es gibt diesen Typus Mensch, der kommt und sagt: Lieber Coach, ich weiss, du bist
> ganz nah am lieben Gott, und du weisst die Lösung meines Problems, sag mir mal, wie
> es geht. (…) Das ist aber nicht nachhaltig.

Prozessgestaltung (23)
Der oben beschriebene ressourcenorientierte Ansatz dürfe aber auf keinen Fall eine
Laissez-faire-Haltung zur Folge haben: So müsse ein Coach durchaus den *Prozess*

vorantreiben (3) und *zielorientiert sein* (8), also mit dem Klienten Ziele definieren, festlegen und diese fokussiert verfolgen, wobei nicht-relevante Themen aus Effizienzgründen weggelassen werden sollen. Hilfreich dabei, wenn nicht sogar notwendig sei es, zu Beginn des Coachings den *Auftrag genau zu klären* (4), welcher der Coachingnehmer an den Coach vergibt, wobei die Problemstellung umrissen und adäquate Ziele für den Coaching-Prozess festgelegt werden können.

> Ich denke, der wesentliche Punkt ist wirklich, sich selber als Coach zurücknehmen zu können und gleichzeitig, eine Zielorientierung zu haben. Also dem Coachingnehmer nicht die eigenen (die des Coachs) Werte, Bilder und Zielvorstellungen mitzugeben, aber zu schauen, dass der Coachingnehmer beim Thema bleibt.

Abgrenzung zur Psychotherapie (19)

Coaching ist keine Psychotherapie, darin sind sich die Befragten größtenteils einig (s. auch Kapitel 4). So sei es im Coaching äußerst wichtig, die *Grenzen zu Psychotherapie zu wahren* (16) und weder zu einer *therapeutischen Vorgehensweise* (2) überzugehen, noch *klinische Diagnosen* (1) zu stellen, insbesondere dann nicht, wenn der Coach über keine fundierte Psychotherapie-Weiterbildung verfügt.

> Wir sind keine Therapeuten. Wir machen Coachings. Wir sind zwar alles Psychologen und haben von daher ein Hintergrundwissen, aber es geht nicht, dass wir unser Feld verlassen. Das ist einfach zu heiß, und es bringt auch für alle Beteiligten nichts.

> Es ist wichtig, dass die Coachs, die bei uns arbeiten, bewusst diese Trennung machen und ihre Grenzen sehen (...). Auch bei den Coachs, die eine psychoanalytische Ausbildung haben, finde ich es wichtig, dass sie nicht plötzlich beginnen, Coaching und Psychotherapie zu vermischen.

Beziehung (28)

Hohe Übereinstimmung zwischen den Befragten besteht darin, dass die Beziehung zwischen Coach und Coachingnehmer von großer Wichtigkeit für den Prozess ist. Doch aus welcher Haltung heraus sollte ein Coach im Rahmen seiner Möglichkeiten diese Beziehung gestalten? Sehr wichtig für einen Coach sei eine anderen Menschen und insbesondere dem Coachingnehmer gegenüber grundsätzlich *zugewandte und wertschätzende Haltung* (7), sowie ein *ausgeprägtes Interesse* (8). Ein Coach sei jedoch *kein Freundschaftsersatz* (4). Freundschaftliche Beziehungen im Rahmen des Coachings seien unbedingt zu vermeiden, und der Coach müsse auf jeden Fall eine *adäquate emotionale Distanz* (4) zum Coachingnehmer wahren.

> Ich muss als Coach den Klienten letztlich gerne haben. (...) Ich müsste mit ihm ein Bier trinken gehen können (...) und ich müsste mich mit ihm über Gott und die Welt unterhalten können, das ist so mein Kriterium, (...) ich muss sagen können: Der Mensch ist ok für mich, wir können gut miteinander diskutieren auf einer sachlichen, direkten Ebene, aber fertig. That's it. Nicht mehr und nicht weniger. (...) Er darf kein Freund werden.

Ethik (16) und Neutralität (11)

Eine ethische Grundhaltung sei von großer Wichtigkeit für einen Coach: So müsse ein Coach unbedingt *authentisch* (4), *integer* (4) und *verschwiegen* (5) sein. Er sollte gegen den Willen des Coachingnehmers keine Informationen über den Coaching-Prozess an Aussenstehende weitergeben und dürfe sich nicht von Drittparteien (z.b. Vorgesetzten) instrumentalisieren lassen. Nur unter dieser Voraussetzung sei eine vertrauensvolle Beziehung möglich.

> Die Vertraulichkeit ist sakrosankt. Wenn Anfragen kommen von viel Ranghöheren in der Organisation, dann dürfen wir uns nicht einlullen und missbrauchen lassen für irgendwelche Aufgaben innerhalb des Unternehmens (...).

Zwei Interviewpartner bringen allerdings die Meinung zum Ausdruck, dass ein Coach sich mit den *Firmenzielen zu identifizieren* habe und diese entsprechend in den Coaching-Prozess einfließen lassen solle. Coaching müsse nicht nur für den Coachingnehmer, sondern auch für die Firma, welche das Coaching schließlich bezahle, einen Mehrwert generieren.

Neben einer von Ethik geprägten Grundhaltung müsse ein Coach auch über eine gewisse Neutralität verfügen: So sollte er dem Coachingnehmer mit einer *neutralen und vorurteilslosen Haltung* (8) begegnen, ihm nicht seine eigenen Wertvorstellungen aufzwingen, sondern eine gewisse *Toleranz und Offenheit* (3) mitbringen und Unbekanntem oder Andersartigem gegenüber aufgeschlossen sein.

Kompetenzen

Fast so häufig wie die Haltung des Coachs werden die Kompetenzen erwähnt, welche mit 113 Nennungen (30%) das zweitgrößte Merkmalsgebiet darstellen. Die folgenden Arten von Kompetenzen wurden genannt: *Sozialkompetenz* (47), *Methodenkompetenz* (43), *Selbstkompetenz* (8) und *Sonstige Kompetenzen* (9).

Sozialkompetenz (53)

Ein Coach müsse über besondere Fähigkeiten im Umgang mit anderen Menschen verfügen, darüber herrscht hohe Einigkeit bei den Befragten. *Empathie/Einfühlungsvermögen* (15) ist eines der am häufigsten genannten Merkmale überhaupt.

Weiter müsse ein Coach *gut zuhören können* (11) und nicht nur die offensichtlichen Informationen erfassen, sondern auch *zwischen den Zeilen hören können* (3), also auch verborgene, implizite Informationen aufspüren und entschlüsseln können.

> Hohe Empathie finde ich wichtig, und dass der Coach aktiv zuhören kann (...), das heisst, dass er eben auch das zwischen den Zeilen mitbekommt, was eine Person wirklich sagen möchte (...).

Wichtig sei auch, dass der Coach fähig sei, eine adäquate, d.h. für den Coaching-Prozess hilfreiche, Beziehung zum Coachingnehmer aufzubauen (4). Er sollte das Vertrauen des Coachingnehmers gewinnen (5) und diesen von seiner Qualität überzeugen können, also ein positives Echo beim Coachingnehmer hervorrufen (3).

> Ein Coach muss jemand sein, (...) der als vertrauenswürdig akzeptiert wird. (...) Fragen sie mich nicht, wie der das genau schafft, aber diese Vertrauensbasis muss sicher da sein, damit ich als Coachingnehmer das Gefühl habe: Dieser Person gegenüber kann ich mich öffnen, hier deponiere ich meine Probleme wirklich auch.

Methodenkompetenz (43)
Neben sozialer Kompetenz ist den Interviewpartnern auch die Methodenkompetenz besonders wichtig. So müsse er über bestimmte *Methoden/Techniken* (12) verfügen. Oft genannt werden *Fragetechniken* (10) und *Techniken der Gesprächsführung* (5). Weitere angesprochene Methoden sind *Spiegeln* (3) und das *Reflektieren des Verhaltens des Coachingnehmers mit ihm zusammen* (3). Zwei Personen finden, ein Coach müsse dem Coachingnehmer *unbewusste Muster bewusst machen* und ein Gesprächspartner spricht sich ausdrücklich gegen *„esoterische" Methoden* und *projektive Testverfahren* aus. Zudem sei es von Vorteil, wenn der Coach *bei der Auswahl und Anwendung der Methoden eine gewisse Flexibilität* (2) besitze, d.h. in der Lage sei, die Methode an die jeweilige Situation anzupassen.

Selbstkompetenz (8)
Ein Coach müsse nicht nur Kompetenzen im Umgang mit anderen Menschen haben, sondern auch in Bezug auf sich selbst. Insbesondere die *Selbstreflexionsfähigkeit* (5) sei von Bedeutung. So sollte der Coach seine Rolle, seine Haltung und sein Verhalten als Coach genau reflektieren und die eigenen Grenzen kennen.

> Ich denke, als Coach muss man sich selber sehr gut kennen. Ich finde, immer wenn man mit anderen Leuten arbeitet, muss man eine hohe Selbstreflexionsfähigkeit haben, denn das Verhalten als Coach wird immer auch durch die eigenen Geschichten beeinflusst, deshalb muss man diese Geschichten gut kennen.

Sonstige Kompetenzen (9)
Drei Gesprächspartner erwähnen den *gesunden Menschenverstand* (3). Je einmal genannt werden *Fantasie, Geduld, Geerdetheit* und *Praxisbezogenheit*.

Aus- und Weiterbildung
Auch die Art der Aus- und Weiterbildung, welche ein Coach besitzen sollte, wird häufig angesprochen (63, 17%). Dabei kommen folgende Bereiche zur Sprache: *Coaching* (22), *Psychotherapie* (20), *Psychologie* (9) und *Sonstige* (9). Zudem werden vereinzelt *Zertifikate* (3) gewünscht.

Coaching (22)
Coaching-Weiterbildungen sind die am häufigsten diskutierte Weiterbildungsart für
einen Coach. Die überwiegende Mehrheit (14) findet, eine *Coaching-Weiterbildung* sei
ein Muss für einen Coach. Vier Interviewpartner weisen zudem explizit darauf hin,
dass dies eine fundierte Ausbildung – also *mehr als ein Crashkurs* – sein müsse.

> Heute nennen sich ja Hinz und Kunz Coach, das finde ich ein bisschen gefährlich. Also
> jeder, der eine KV-Lehre gemacht hat und das Gefühl hat, die Leute reden so gerne mit
> mir, der macht eine Coaching-Ausbildung, drei Mal zwei Tage, und dann bin ich Coach.
> Also da stellen sich mir die Nackenhaare auf, das finde ich grobfahrlässig (...).

Eine Minderheit ist allerdings der Meinung, dass eine *Coaching-Weiterbildung keine
zwingende Voraussetzung* (4) für einen Coach sei, und dass es auch sehr gute Coachs
gibt, die ihr Können aus Erfahrung generiert haben.

Psychotherapie (20)
Ein aufgrund der Forschungsthematik naturgemäß häufiger Diskussionspunkt ist,
ob ein Coach eine *Psychotherapie-Weiterbildung* besitzen solle. Nur eine Person bejaht
diese Frage. Die meisten Gesprächspartner sind der Meinung, dass eine *Psychotherapie-Weiterbildung keine Voraussetzung* (18) sei. Sie könne zwar bei gewissen Problemstellungen nützen, es bestehe allerdings auch die Gefahr einer Verwischung der
Grenze zwischen Psychotherapie und Coaching. Eine Person spricht sich explizit
gegen eine Psychotherapie-Weiterbildung aus.

Psychologie (9)
Fünf Personen finden, ein *Psychologie-Studium sei keine zwingende Voraussetzung*, auch
wenn es Vorteile biete. Drei Personen geben jedoch an, ein Coach müsse eine *Psychologische Ausbildung* (z.B. ein Psychologiestudium) haben und ein Gesprächspartner
erwartet zumindest eine *psychologische Weiterbildung* bei einem Coach.

Sonstige (9)
Fünf Gesprächspartner fordern ganz generell eine *Weiterbildung*, zwei wünschen sich
gute *Referenzen* bei einem Coach und je eine Person fordert *eine gute Grundausbildung*
und *Intervision*.

Zertifikate (3)
Zertifikate können die Beurteilung eines Coachs erleichtern, und so werden je einmal ein *Coaching-Zertifikat*, eine *Anerkennung des BSO* (Schweizer Berufsverband für
Supervision, Organisationsberatung und Coaching) als Coach und ganz generell
berufliche Titel, wie z.B. ein Doktortitel, gewünscht.

Erfahrung

Praktisch gleich häufig wie die Aus- und Weiterbildung wird auch die Erfahrung (62, 17%) angesprochen. Fünf Personen finden, ein Coach müsse ganz generell *erfahren* sein, spezifische Erfahrungen werden in den folgenden Gebieten erwartet: *Berufserfahrung* (22), *Branchenerfahrung* (21), *Lebenserfahrung* (10) und *Selbsterfahrung* (4).

Berufserfahrung (22)

Berufserfahrung für einen Coach sei unerlässlich, darin herrscht eine hohe Übereinstimmung zwischen den Befragten. Dabei werden drei Arten von Berufserfahrung besonders häufig hervorgehoben: *Berufserfahrung in Unternehmen* (8), *Berufserfahrung als Coach* (4) und *Führungserfahrung* (4).

> Ein guter Coach sollte eine gewisse Businesserfahrung haben. Er sollte nicht direkt ab Universität zu coachen anfangen, denn die geschäftliche Realität hat ihre Tücken und Eigenheiten, die jemand, der noch nie dringesteckt hat, womöglich nicht so gut kennt.

> Wenn ein Manager zu mir kommt, der Probleme mit seinen Mitarbeitern hat, und ich selber noch nie Mitarbeiter geführt habe, dann ist es schwieriger, ein Vertrauensverhältnis aufzubauen.

Zwei Interviewpartner sind allerdings der Meinung, dass *Führungserfahrung nicht zwingend* nötig sei für einen Coach, auch wenn sie hilfreich sein könne.

Branchenerfahrung (21)

Ob ein Coach Erfahrung in der Branche des Coachingnehmers mitbringen müsse, ist ein viel diskutiertes Thema: Der größte Teil der Befragten findet *Branchenerfahrung* für einen Coach unter Umständen hilfreich, aber *nicht zwingend notwendig* (9), fehlende Kenntnisse könne man leicht erfragen. Auch sei es möglich, Erfahrungswissen aus anderen Branchen auf die gegenwärtige zu übertragen. Fast ebenso viele halten *Branchenerfahrung* (7) bei einem Coach allerdings für ein wichtiges Merkmal. Fünf Personen sprechen der *Branchenerfahrung sowohl Vorteile als auch Nachteile* zu: Einerseits könne das Erfahrungswissen dem Coach von Nutzen sein, andererseits könne es zu Vorurteilen verleiten und somit seiner neutralen und offenen Haltung abträglich sein.

Lebenserfahrung (10)

Nicht nur berufliche Erfahrung wünschen sich die befragten Personen bei einem Coach, sondern auch ganz allgemein eine breite *Lebenserfahrung* (6). Ein Coach sollte folglich vorzugsweise *nicht mehr ganz jung sein* (4) und über eine gewisse Reife verfügen. Dies helfe ihm auch dabei, von den in der Regel selbst nicht mehr ganz jungen Coachingnehmern akzeptiert zu werden.

Selbsterfahrung (4)

Ein Coach sollte nicht nur in der Rolle des professionellen Helfers Erfahrungen gesammelt haben, sondern auch in der Rolle des Empfängers: So sei es von Vorteil, wenn eine Form von *Selbsterfahrung* (2) stattgefunden habe. Zwei Interviewpartner finden, dies sollte spezifisch eine *Selbsterfahrung als Coachingnehmer* gewesen sein.

Wissen

Eher selten angesprochen wird das Wissen, über welches ein Coach verfügen sollte. Nur 16 Nennungen (4%) fallen in diesen Merkmalsbereich. Am häufigsten werden *Kenntnisse über Organisationen und Unternehmen* (6) gefordert. Hier geht es einerseits um ökonomisches Fachwissen und andererseits um Kenntnisse über soziale und strukturelle Phänomene innerhalb von Organisationen, wie z. B. Hierarchien und Netzwerke. Vier der befragten Personen bringen zudem zum Ausdruck, ein Coach müsse über *psychologisches Fachwissen* verfügen. Zwei weitere Interviewpartner erwähnen *Grundlagenkenntnisse über Coaching*. Hingegen sei es *nicht nötig*, dass ein Coach über *Fachwissen aus dem Berufsfeld des Coachingnehmers* (3) verfüge.

Das Anforderungsprofil an einen kompetenten Coach aus der Perspektive der befragten Coaching-Verantwortlichen lässt sich wie folgt zusammenfassen:

In Bezug auf die *Haltung* (32%) wünscht sich die Mehrheit der Befragten, dass der Coach kein typischer (Unternehmens-)Berater, sondern ein Prozessbegleiter ist, der die Ressourcen und Selbstverantwortung des Coachingnehmers gezielt fördert, so dass dieser seine eigenen Lösungen entwickeln kann. Er soll zielorientiert arbeiten und den Prozess entsprechend vorantreiben. Sehr wichtig ist, dass der Coach die Grenzen zur Psychotherapie zu wahren versteht und den Prozess entsprechend steuert. Weiter soll er eine beziehungsfördernde Haltung einnehmen können: interessiert und zugewandt bei gleichzeitiger adäquater emotionaler Distanz. Integrität, Verschwiegenheit und Neutralität schließlich runden das Bild einer vorteilhaften Haltung eines Coachs ab.

Fast ebenso wichtig wie die adäquate Haltung scheinen bestimmte *Kompetenzen* (30%) zu sein: vor allem Sozialkompetenzen (insbesondere Empathie und die Fähigkeit des Zuhörens), Selbstreflexionsfähigkeit und Methodenkompetenzen (Fragetechniken und Techniken der Gesprächsführung).

Im Bereich *Aus- und Weiterbildung* (17%) sprechen sich die meisten Befragten für eine Coaching-Weiterbildung aus, seltener auch für eine psychologische Aus- oder Weiterbildung. Hingegen halten nur ganz wenige eine psychotherapeutische Weiterbildung für eine wichtige Voraussetzung.

Praktisch gleich häufig wie die Aus- und Weiterbildung wird die *Erfahrung* (17%) eines Coachs genannt. Sowohl Berufs- als auch Lebenserfahrung sind wichtig. In Bezug auf die Branchenerfahrung sind die Meinungen geteilt: Während sie von knapp einem Viertel der Befragten als unabdingbar bezeichnet wird, findet ein anderes Viertel sie nicht zwingend erforderlich. Einige Interviewpartner sprechen ihr sowohl Vor- als auch Nachteile zu. Eine eher untergeordnete Rolle spielt die Selbsterfahrung.

Schließlich muss ein Coach auch *Wissen* (4%) mitbringen, insbesondere über Organisationen und Unternehmen. Seltener wird auch ein psychologisches Fachwissen als wichtig erachtet.

In welchem Verhältnis stehen unsere Untersuchungs-Ergebnisse zum Anforderungsprofil an den Coach zu den Ergebnissen anderer empirischer Untersuchungen?

Zur Beantwortung der Frage, inwieweit das von unseren Interviewpartnern gezeichnete Anforderungsprofil mit anderen Forschungsergebnissen korrespondiert, werden die Verbindungen und Abweichungen zu den bereits präsentierten fünf empirischen Studien (Vogelauer, 1998; Hess & Roth, 2001; von Bose, Martens-Schmid & Schuchardt-Hain, 2003; Böning, 2005; Herrmann & Freitag, 2005) herausgearbeitet. Nur vereinzelt wird noch auf weitere Literatur Bezug genommen.

Insgesamt lässt sich sagen, dass die fünf ermittelten Merkmalsgebiete und ihre Untergruppen die Ergebnisse anderer Untersuchungen weitgehend stützen. Sämtliche Studien nennen Merkmale aus dem Bereich der Haltung, der Sozialkompetenzen, der Erfahrung und des Wissens. Aus- und Weiterbildung des Coachs werden von drei Studien genannt (Hess & Roth, 2001; Böning, 2005; Herrmann & Freitag, 2005), Methodenkompetenzen von zwei (Hess & Roth, 2001; Böning, 2005). Nachfolgend wird auf die verschiedenen Bereiche einzeln eingegangen:

Haltung
Dass ein Coach ein Prozessbegleiter sei, der den Klienten dabei begleiten soll, mithilfe seiner eigenen Ressourcen Lösungen zu finden, und nicht ein Berater, der dem Klienten vorgefertigte Lösungen präsentiert, kommt in dieser Deutlichkeit in keiner der anderen Studie zum Ausdruck. Allerdings lassen sich Hinweise darauf finden: Bei Vogelauer (1998) steht die Eigenverantwortung des Coachingnehmers an dritter Stelle der „Top Ten" der Coach-Anforderungen. Hess & Roth (2001) nennen die Merkmale „Ressourcenorientierung" und „Zurückhaltung": Coaching sei keine Bühne für den Coach, er benötige die Fähigkeit, sich hinter andere zurückzustellen und sich selber als weniger wichtig als die Ermutigung des anderen zu betrachten (ebd., S. 135). Dass ein Coach trotz des ressourcenorientierten Ansatzes über eine gewisse Zielorientierung verfügen und den Prozess vorantreiben muss, mag sich in der Beurteilung der Items „Ziel- und Leistungsorientierung" und „offene Entwicklung und Freiraum" widerspiegeln, welche in der Studie von Vogelauer (1998) als beinahe gleich wichtig beurteilt wurden.

Die Abgrenzung zur Psychotherapie und die Verantwortung des Coachs, im Prozessgeschehen die Grenzen zur Psychotherapie zu wahren, wurden in keiner anderen Studie erwähnt. In der übrigen Coaching-Literatur sind allerdings vereinzelt solche Forderungen zu finden. So schreibt z.B. Lippmann (2006, S. 33): „Meiner Meinung nach ist niemandem geholfen, unter dem Deckmantel des Coachings Psychotherapie zu treiben, nur weil die Gefahr der Stigmatisierung dadurch kleiner ist." Rauen (2003, S. 289) betont, dass therapeutische Maßnahmen auf keinen Fall in das Aufgabengebiet des Coach gehören.

Dass eine beziehungsfördernde, wertschätzende und interessierte Haltung, welche jedoch dem Coachingnehmer mit der nötigen emotionalen Distanz begegnet, wichtig ist, entspricht auch den Ergebnissen anderer Studien: Vogelauer (1998, S. 144) nennt die Merkmale „menschliche Wärme" und „professionelle Distanz", Böning (2005) die Anforderung „Sympathie" (S. 48) und Hess und Roth (2001) sprechen von einer „interessierten Haltung" (S. 133), von „Wertschätzung", „Autonomie" und „Distanzierungsfähigkeit" (S. 135).

Auch die Forderung nach einer ethischen und neutralen Haltung wird in anderen Studien als wichtig erkannt: Ein Coach sollte verschwiegen (Vogelauer 1998), vertrauenswürdig und integer (Böning, 2005; von Bose et al., 2003), zuverlässig (Hess & Roth, 2001) und unvoreingenommen sein (von Bose et al., 2003).

Interessanterweise haben unsere Gesprächs-Partner vereinzelt gefordert, der Coach habe sich mit den Firmenzielen zu identifizieren. Dieser Umstand kommt in der Coaching-Forschung kaum zur Sprache. Einzig das Item „Passung zur Kultur des Unternehmens", welches in der Studie von Böning (2005) von 16% aller Befragten genannt wurde, könnte einen ähnlichen Aspekt zum Ausdruck bringen.

Kompetenzen
Auch dass ein Coach über Merkmale aus dem Bereich Sozialkompetenz verfügen sollte, wird in sämtlichen der genannten Studien thematisiert: Allem voran wird die Empathie/das Einfühlungsvermögen als zentrales Merkmal genannt (Vogelauer, 1998; Hess & Roth, 2001; von Bose et al., 2003; Böning, 2005; Herrmann & Freitag, 2005), aber auch, dass der Coach gut zuhören können muss, wird durch die Forderung nach kommunikativer Kompetenz (Vogelauer, 1998; Hess & Roth, 2001) aufgegriffen. Weiter besteht Einigkeit darüber, dass der Coach über beziehungsfördernde Kompetenzen verfügen muss: Hess und Roth (2001, S. 131) sprechen von einer „Beziehungsgestaltungskompetenz". Auch von Bose et al. (2003, S. 24) haben gefunden, dass der Coach ein „Experte für Beziehungsgestaltung" sein soll. Von anderen Autoren herausgearbeitet werden Methodenkompetenz (Hess & Roth, 2001; Böning, 2005) und Selbstreflexionsfähigkeit (Hess & Roth, 2001).

Aus- und Weiterbildung
Eine Coaching-Weiterbildung wird in zwei anderen Studien genannt (Böning, 2005; Herrmann & Freitag, 2005). Hingegen werden in keiner der Studien Angaben dazu gemacht, ob ein Coach über eine Psychotherapieweiterbildung verfügen sollte oder

nicht. Auch über die Bedeutung einer Aus- oder Weiterbildung im Bereich der Psychologie finden sich kaum Informationen in anderen Studien. Hess & Roth (2001, S. 136) sprechen jedoch bei der Aus- und Weiterbildung von einer notwendigen „fachlichen Doppelqualifikation", welche die Bereiche Humanwissenschaften (z.B. Psychologie) und Wirtschaftswissenschaften abdecken sollte. Auch wenn ein universitäres Psychologiestudium in den Augen der Experten keine zwingende Voraussetzung zu sein scheint, ist ihnen doch eine der Psychologie zumindest nahe stehende Aus- oder Weiterbildung wichtig.

Erfahrung
Die in unserer Studie ermittelten Merkmale aus dem Bereich der Erfahrung lassen sich gut in Verbindung mit den Ergebnissen anderer Studien bringen. Berufserfahrung wird als sehr wichtig angesehen, besonders die Berufserfahrung als Coach (Hess & Roth, 2001; Böning, 2005; Herrmann & Freitag, 2005), aber auch die generelle Berufserfahrung in Unternehmen (Businesserfahrung; Böning, 2005) und die Führungserfahrung (Hess & Roth, 2001; Böning, 2005). Ebenfalls genannt werden die Lebenserfahrung (Hess & Roth, 2001; Herrmann & Freitag, 2005) und die Selbsterfahrung als Coachingnehmer (Vogelauer, 1998).
Bezüglich der Branchenerfahrung sind die Meinungen in der vorliegenden Studie geteilt. Auch von Bose et al. (2003) ermitteln unterschiedliche Meinungen, während bei Böning (2005) und Hess & Roth (2001) die Branchenerfahrung und -kenntnisse einen höheren Stellenwert haben.

Wissen
Wissen war ein in der vorliegenden Studie eher selten angesprochenes Merkmalsgebiet. In sämtlichen der genannten Studien kommt es vor: Vogelauer (1998, S. 144) spricht von einem „breiten Spektrum an Kenntnissen", Böning (2005, S. 49) von „fachlicher Kompetenz", Herrmann & Freitag (2005, S. 16) von „Fachkenntnis" und von Bose et al. (2003, S. 26) von „Fachwissen".
Die in der vorliegenden Studie am häufigsten genannten Wissensbereiche „Kenntnisse über Organisationen und Unternehmen" und „psychologisches Fachwissen" finden Entsprechungen in den Studien von Hess und Roth (2001, S. 133: „Betriebswirtschaftliche Kenntnisse" und „psychologische Kenntnisse") und Böning (2005, S. 48: „psychologisches Know-how").

Diskussion der Ergebnisse
Aus der Sicht der befragten Coaching-Verantwortlichen sind nicht nur Erfahrung, Wissen, Methodenkompetenz sowie eine fundierte Aus- und Weiterbildung wichtig, sondern ebenso eine ethische, beziehungsfördernde, ressourcen- und zielorientierte Haltung. Es fällt auf, dass die überwiegende Mehrheit der Coaching-Verantwortlichen Merkmale aus mindestens vier verschiedenen Merkmalsgebieten genannt hat, was darauf hinweist, dass ein eindimensionales Merkmalsprofil für einen kom-

petenten Coach nicht ausreicht: Gefragt ist eine Vielfalt an Eigenschaften und Kompetenzen. Dieser Befund deckt sich im Allgemeinen mit den Ergebnissen anderer Studien (Vogelauer, 1998; Hess & Roth, 2001; von Bose et al., 2003; Böning, 2005; Herrmann & Freitag, 2005).

In Bezug auf die Forderung nach einer ethischen Haltung, nach Integrität und Verschwiegenheit ist anzumerken, dass Coachs in der Praxis oftmals mit der Schwierigkeit eines doppelten Loyalitätsverhältnisses umgehen müssen. Ein Coach sieht sich nicht nur seinem Coachingnehmer gegenüber verpflichtet, sondern auch dem Unternehmen, in welchem der Coachingnehmer angestellt ist, wenn dieses – was oftmals der Fall ist – das Coaching finanziert. Der Forderung, ein Coach habe integer und verschwiegen zu sein und dürfe keine Informationen über den Coaching-Prozess an Drittparteien (z.B. Vorgesetzte) weitergeben, steht der Anspruch gegenüber, der Coach habe sich mit den Firmenzielen zu identifizieren und in die Firmenkultur einzupassen.

Weitgehend einig sind sich die befragten Coaching-Verantwortlichen, dass die beziehungsfördernden Eigenschaften eines Coachs von zentraler Bedeutung sind. Die zwei in der vorliegenden Studie am häufigsten angesprochenen Merkmalsbereiche (Oberkategorien) sind eine die Beziehung betreffende Haltung und Sozialkompetenzen. Die Beziehung zwischen Coach und Coachingnehmer wird also als von besonderer Bedeutung erkannt. Eine Betonung der beziehungsfördernden Fähigkeiten und sozialen Kompetenzen findet sich auch in allen anderen besprochenen Studien. Das am häufigsten genannte Merkmal ist das Einfühlungsvermögen. Auch kommunikative Kompetenzen und eine wertschätzende, interessierte aber emotional distanzierte Haltung wurden häufig angesprochen. Angesichts der von den Befragten konstatierten Bedeutung der Beziehung und ihrer Gestaltung durch den Coach, stellt sich die Frage, ob in den Coaching-Weiterbildungen die Schulung sozialer Kompetenzen und der Fähigkeiten zur bewussten Gestaltung einer konstruktiven Arbeitsbeziehung genügend gefördert werden. Jedenfalls deuten die vorliegenden Befunde darauf hin, dass die Beherrschung von spezifischen Interventionstechniken („Coaching-Tools") im Vergleich zu den Kompetenzen im Bereich der Beziehungsgestaltung weniger entscheidend ist. Ein Coaching-Prozess ist zuallererst eine Begegnung von zwei Persönlichkeiten mit ihren individuellen Biografien, Veranlagungen und Eigenheiten. Es zeigen sich an dieser Stelle Parallelen zur Psychotherapie, in welcher die therapeutische Allianz, wahrgenommen als eine hilfreiche Arbeitsbeziehung seitens des Patienten, als einer der zentralen Wirkfaktoren hinreichend belegt ist (vgl. Orlinsky, Grawe & Parks, 1994; Wampold, 2001). Psychotherapie-Weiterbildungen, insbesondere psychoanalytischer Provenienz, räumen der Entwicklung der entsprechenden Kompetenzen daher einen hohen Stellenwert ein. Folglich liegt auch der Gedanke nahe, dass eine psychotherapeutische Weiterbildung eine wertvollere Grundlage sein könnte, als sie von den Coaching-Verantwortlichen in unserer Studie eingeschätzt wurde.

Was in keiner der besprochenen Studien so deutlich wie in unserer zur Sprache kommt, ist die Forderung, dass der Coach ein ressourcenorientierter Prozessbegleiter und kein Berater (im Sinne eines Lieferanten von Lösungen) sein soll. Die Mehrheit der Befragten betont, dass ein Coach keinen fertigen Lösungsweg vorgeben, sondern den Coachingnehmer ermächtigen soll, mit Hilfe seiner eigenen Ressourcen eigene Lösungen zu finden. Es ist interessant, dass diese in der Literatur unter dem Stichwort „Hilfe zur Selbsthilfe" (Rauen 2005, S. 112f.) gehandelte Forderung bei der Befragung von Experten in früheren Studien im Allgemeinen nicht so deutlich zum Ausdruck kommt. Das Ziel des Coachs, einen Coachingnehmer derart zu fördern, dass er den Coach nicht mehr benötigt (ebd., S. 113), ist wohl griffig und überzeugend, muss aber für die Praxis differenziert und überhaupt erst noch genauer erforscht werden.

Besondere Beachtung verdient die in unserer Studie häufig genannte Forderung, der Coach müsse eine klare Abgrenzung des Coaching-Prozesses zu einer Psychotherapie wahren. Aussagen zu dieser Thematik kommen in den anderen Studien nicht vor; hier ergaben sie sich aus der Thematik unseres Forschungsinteresses und damit vielfach der direkten Befragung innerhalb der Interviews. Die Art und Weise, wie der Coach diese Abgrenzung vorzunehmen hat, ist indirekt vielleicht zu erschließen aus dem Verständnis von Psychotherapie als eine zeitlich weniger begrenzte Krankenbehandlung mit Hilfe von spezifischen Therapiemethoden. Freilich gründet das Bedürfnis nach Abgrenzung auch auf der Unsicherheit, welche das Thema „Psychotherapie" im beruflichen Umfeld auslöst (s. Kapitel 4). Es zeigt sich hier noch einmal der bereits festgestellte Forschungs- und Klärungsbedarf in Bezug auf die Unterscheidung zwischen Coaching und Psychotherapie. Ein Coach steht vor der schwierigen Aufgabe, mit Techniken, die nicht selten aus der Psychotherapie stammen, einen Coaching-Prozess zu gestalten, der sich deutlich von einer Psychotherapie unterscheiden soll.

Stellt man diese Ergebnisse in Zusammenhang mit der Fragestellung unserer Studie, nämlich wo die Gemeinsamkeiten und Unterschiede zwischen Coaching und Psychotherapie liegen, so wird deutlich, dass sich aufgrund dieser Teilstudie keine eindeutigen Abgrenzungs-Kriterien definieren lassen. Im Gegenteil, zentrale Eigenschaften wie das Einfühlungsvermögen oder soziale Kompetenz sind sowohl für einen Coach als auch für einen Psychotherapeuten von großer Wichtigkeit.

Die hier referierten Befunde sind alle via Befragung von Coaching-Experten zustande gekommen. Obschon die Studien auf unterschiedlicher Methodik beruhen, ist ihre Generalisierbarkeit nur eingeschränkt möglich. Die Befragungen sagen einiges darüber aus, was Experten aufgrund ihrer Erfahrung als Coach oder Coaching-Vermittler denken. Wie weit diese Eigenschaften in einem Coaching-Prozess tatsächlich zum Tragen kommen, bleibt ungewiss. Nötig wäre es beispielsweise, auch Coachingnehmer nach ihren Erfahrungen mit Coach und gelungenen Coaching-Prozessen zu befragen und diese Befunde mit den Expertenmeinungen zu vergleichen. Es ist davon auszugehen, dass diese Datenquelle zu Akzentverschiebungen führt. Die kontroverse Frage nach dem Stellenwert von Branchen-Kenntnissen etwa wäre lohnend zu verfolgen und zu klären. Sinnvoll erscheint es auch, Coaching-Prozesse direkt zu beforschen und etwa Audio- oder Videoaufnahmen von Sitzungen zu analysieren.

3.4 Was Coaching sein könnte – eine systematische Konzeptualisierung

Coaching in Großunternehmen: Zusammenfassung der Studienergebnisse

Unsere Studie erforscht Coaching in Großunternehmen unter unterschiedlichen Gesichtspunkten. Untersucht wurde erstens die Frage, wer, wie oft und auf welche Weise Coaching in Großunternehmen beansprucht (Kapitel 2.7). Zweitens interessierte uns, welche individuellen Konzepte die Coaching-Verantwortlichen haben (Kapitel 3.1). Drittens verfolgten wir die Frage, zu welchen Anlässen Coaching-Prozesse initiiert werden (Kapitel 3.2) und viertens, über welche Kompetenzen ein Coach in den Augen der Coaching-Verantwortlichen verfügen sollte (Kapitel 3.3). Diese Teilfragestellungen zusammen geben Auskunft über die Bedeutung und den Stellenwert von Coaching in 30 Schweizer Großunternehmen. Nachfolgend fassen wir die Resultate zusammen. Auf der Basis dieser praxisorientierten Forschung möchten wir uns sodann noch einmal der im Kapitel 3.1 bearbeiteten Frage nach der Definition von Coaching zuwenden und einen Konzeptualisierungsvorschlag für Coaching entwickeln.

In Großunternehmen scheint Coaching grundsätzlich im Einzelsetting mit Führungskräften zwischen 40 und 50 Jahren statt zu finden. Dabei ist firmeninternes Coaching überwiegend eine neuere Angelegenheit, für die es noch kaum charakteristischen Strukturen gibt. In manchen Unternehmen gehört Coaching zur Tagesordnung, in anderen ist es ein seltenes Ereignis. Einige Coaching-Verantwortliche führen selber Coachings durch, andere vermitteln nur und/oder füllen ihre Funktion nebenbei im Kontext vielfältiger Personalentwicklungstätigkeiten durch. Es sind in großer Mehrzahl Akademiker mit Hochschulabschluss, von denen ungefähr die Hälfte Psychologie studiert hat. Nur ungefähr ein Drittel hat eine spezifische Coaching-Weiterbildung absolviert; über eine psychotherapeutische Weiterbildung verfügt keiner unserer Interviewpartner. Abgesehen vom Psychologiestudium gibt es offenkundig keinen typischen Ausbildungs- und Weiterbildungsweg, der für diese berufliche Position qualifiziert.

In den Augen der von uns befragten Experten ist Coaching ein Begleit- oder Unterstützungs-Angebot, das die Coachingnehmer befähigen soll, selbst Lösungen zu finden. Es ist grundsätzlich auf die Arbeit und den Beruf bezogen, zeitlich begrenzt und beinhaltet eine explizite Zielorientierung, die auf die Lösung von bestimmten Aufgaben oder Konflikten ausgerichtet ist. Im Dienst der persönlichen Entwicklung oder Veränderung des Coachingnehmers stehend, basiert Coaching auf einem Vertrauensverhältnis zwischen den beteiligten Personen. Der Coach sollte sich gegenüber den Interessen Dritter neutral verhalten. Seine Rolle besteht wesentlich darin, Fragen zu stellen, ohne dabei das Innenleben des Coachingnehmers ins Zentrum zu stellen. – Diese Definition beschreibt den Konsens unter den 30 Coaching-Verantwortlichen in den Großunternehmen. Im Vergleich untereinander unterscheiden sich die Konzepte von Coaching jedoch beträchtlich, denn die Schwerpunkte werden unterschiedlich gesetzt und die Grenzen flexibel gehandhabt.

Auch die Anlässe, für die Coaching eingesetzt wird, sind vielfältig. Die Verbesserung persönlicher Kompetenzen ist der häufigste Coaching-Anlass, gefolgt von sozialen Konflikten, Job-Stress und führungsspezifischen Themen. Obwohl sich die Coaching-Themen vordergründig primär um Probleme im beruflichen Umfeld drehen, kommen spätestens während der Gespräche häufig auch private Probleme zur Sprache.

Was das Kompetenz-Profil eines Coachs angeht, so sind aus der Sicht der befragten Coaching-Verantwortlichen nicht nur Erfahrung, Wissen, Methodenkompetenz und eine fundierte Aus- und Weiterbildung wichtig, sondern ebenso eine ethische, beziehungsfördernde, ressourcen- und zielorientierte Haltung. Weil die Beziehung zwischen Coach und Coachingnehmer als besonders bedeutsam eingeschätzt wird, sind Fähigkeiten in der Gestaltung von Arbeitsbeziehungen, soziale Kompetenzen und Einfühlungsvermögen besonders wichtig. Die Befunde deuten darauf hin, dass die Beherrschung spezifischer Interventionstechniken im Vergleich zu den Kompetenzen im Bereich der Beziehungsgestaltung weniger entscheidend ist.

Unsere Studie dokumentiert damit in erster Linie, dass mit Coaching in der praktischen Anwendung in Großunternehmen verschiedene Interventionsformen für unterschiedliche Personenkreise (vor allem Führungskräfte) zu heterogenen Anlässen gemeint sind, welche von höchst unterschiedlich ausgebildeten Experten durchgeführt werden. Coaching findet allerdings grundsätzlich im Einzelsetting statt und basiert auf dem persönlichen Engagement der Beteiligten. Sie arbeiten in einem Vertrauensverhältnis, wobei die Rollenverteilung weniger auf Autorität als auf Partnerschaftlichkeit baut. Der Coach befindet sich in der Position eines Außenstehenden, der die Anliegen des Coachingnehmers aufnimmt und ihn in der Entfaltung seiner Kompetenzen unterstützt. Auf dieser Basis soll der Coachingnehmer aktiv werden und die anstehenden Aufgaben oder Konflikte selbständig bewältigen. Aus dieser Perspektive lässt sich Coaching mehr als eine bestimmte Haltung charakterisieren und weniger als spezifische Technik oder Interventionsstrategie. Seine Grenzen sind offen und fließend, während es im Kern um einen interaktiven Prozess geht, der nur bedingt operationalisierbar zu sein scheint.

Angesichts der Heterogenität der Befundlage in Bezug auf die Frage, wie Coaching schlüssig definiert und beschrieben werden kann, scheint es uns lohnend, der

Frage nachzugehen, ob es nicht möglich ist, Coaching als eine spezifische Beratungsform oder Haltung schärfer und gegenüber anderen Angeboten abgegrenzter
zu fassen. Die Sichtung unserer Studienergebnisse und der Definitionen von Coaching in der Fachliteratur hat deutlich gemacht, wie sehr der Begriff „definitorisch
noch in der Findungsphase" (Stahl & Marlinghaus, 2000, S. 199) steckt. Eine Vielzahl von Aspekten und sich zum Teil gegenseitig ausschließenden Faktoren stehen
sich gegenüber. Freilich war nicht zu erwarten, dass die Befragung von Coaching-
Verantwortlichen in Großunternehmen dieses Polylemma lösen würde. Der konse-
quente Praxisbezug unserer Studie unterstreicht, dass die Vielfältigkeit dessen, was
unter dem Begriff „Coaching" praktiziert wird, mit einer einzigen, in sich schlüssi-
gen und abgeschlossenen Definition nicht erreichbar ist. Vielleicht sollte in Betracht
gezogen werden, den Anspruch aufzugeben, eine (allgemein-)gültige Definition zu
finden? Die wissenschaftliche Forschung steht hier allerdings vor einer wichtigen
Aufgabe, vor der sie nicht zu früh kapitulieren sollte: In seiner derzeitigen definitorischen Unbestimmtheit befindet sich Coaching am Rande dessen, was wissenschaftlich überhaupt sinnvoll erforscht werden kann. Die Gefahr besteht, dass die
untersuchten Phänomene zu verschieden sind und nicht als eine Einheit erfasst und
beschrieben werden können. Ein wissenschaftlicher Anspruch ist nur einlösbar,
wenn es gelingt, eine Definition zu entwickeln, die sowohl integrativ ist und als auch
Widersprüche toleriert.

Eine kohärentere Definition könnte insbesondere die Abgrenzung von Konzepten mit großem Überschneidungsbereich – wie Beratung, Supervision oder Psychotherapie – erleichtern. Damit würde auch der Weg geebnet, verbindliche Anforderungen an Coaching-Weiterbildungen zu formulieren. Eine anerkannte und pra-
xisorientierte Definition ermöglicht nicht zuletzt auch den Coachingnehmern eine
fundierte und verlässliche Evaluation von Coaching-Angeboten. Die Professionalisierung von Coaching und die Erforschung seiner Wirkungsweise und Wirksamkeit
können erst dann entscheidend vorangetrieben werden, wenn eine wissenschaftlich
fundierte und allgemein akzeptierte Definition vorliegt.

Im Folgenden entwickeln wir einen Definitionsvorschlag oder -ansatz, der die
in den vorangegangenen Kapitel dargelegten Ergebnisse und Überlegungen aufnimmt und das Ziel verfolgt, sowohl auf die in der Coaching-Literatur anzutreffen-
den Definitionen von ausgewiesenen Experten als auch auf die Befunde aus wissenschaftlichen Studien zu reagieren. Diese beiden Perspektiven reichen jedoch alleine
nicht aus, denn die Arbeit an einer solchen Definition ist auch eine gedankliche
Arbeit, die sich mit Fragen der wissenschaftlichen Konzeptbildung auseinander
setzen muss.

Wissenschaftliche Konzeptbildung

Zunächst erscheint es sinnvoll, einige Bemerkungen über das Wesen einer wissenschaftlichen Konzeptbildung vorauszuschicken. Was ist ein wissenschaftliches Konzept? Welche Kriterien und Anforderungen hat es zu erfüllen? Ein Konzept ist ein Denkmodell, ein Plan oder ein Programm. Verstanden als Denkmodell versucht es, Aussagen über die Realität in einer vereinfachten, abstrakten und auch systematisierten Form zu machen. Es fasst Phänomene zusammen, gruppiert sie, ordnet sie ein und macht ein (neues) Ganzes aus ihnen. Das Ziel einer Konzeptbildung ist das begriffliche und verstandesmäßige Fassen von Ideen, Vorstellungen oder Beobachtungen zum Zweck eines besseren Verständnisses und einer sinnvollen Eingrenzung eines bestimmten Ausschnitts aus der Realität. Konzepte strukturieren unsere Wahrnehmung, unser Denken und Handeln.

Gute Konzepte sind in sich schlüssig, überzeugend und in der praktischen Anwendung brauchbar. Sie machen bestimmte Phänomene erst sichtbar und fassen sie zu einem überzeugenden Ganzen zusammen. Damit unterstützen sie den Denk- und Urteilsprozess. Sie können auch handlungsleitend sein, indem sie Argumente liefern, Entscheidungsfindungen vereinfachen und bestimmte Handlungsstrategien nahe legen. Konzepte können auch Methoden und Maße beinhalten, die auf konkrete Gegenstände oder Phänomene angewendet werden können.

Konzepte sind keine „Wirklichkeiten" in dem Sinne, dass sie eine eigenständige Existenz in der äußeren Realität hätten. Es sind vom menschlichen Intellekt gefertigte Denkfiguren, die freilich intersubjektiv derart verbreitet und akzeptiert sein können, dass sie unter Umständen den Charakter einer selbstverständlichen und vermeintlich unhinterfragbaren Realität annehmen. Ein Beispiel dafür wäre etwa das Konzept „Sonnenuntergang", welches der menschlichen Alltagsperspektive derart nahe liegt, dass die damit verbundene inkorrekte Vorstellung der sich um die Erde drehenden Sonne ganz in den Hintergrund tritt und nicht als störend empfunden wird.

Anders als etwa Theorien oder Hypothesen, beabsichtigen Konzepte weniger, Aussagen oder gar kausale Vorhersagen über bestimmte Abläufe und Zusammenhänge zu machen, die in der Folge einer (wissenschaftlichen) Überprüfung unterzogen werden müssen (Dreher, 1998). Konzepte (und auch „theoretische Begriffe"; vgl. Schurz, 2006, S. 166) fungieren in der Regel als Bausteine von Theorien. Wenn ein Konzept allerdings einen sehr hohen Komplexitätsgrad aufweist und detailliert ausformuliert wird, ist es schwer von einer Theorie zu unterscheiden. Konzepte von komplexen Phänomenen beinhalten unter Umständen auch ein Stück Theoriebildung (Leuzinger-Bohleber & Fischmann, 2006), welche einer empirischen Fundierung bedarf.

„Coaching" und auch „Psychotherapie" sind zunächst nichts anderes als Konzepte, die ein bestimmtes zwischenmenschliches Handeln zu fassen versuchen. Ihre

Prägnanz ist genügend groß, dass sie eine allgemeine Akzeptanz und auch Eingang in die Umgangssprache gefunden haben. Gleichzeitig ist ihre Komplexität jedoch derart umfassend, dass ein systematischer, widerspruchsfreier und erschöpfender Beschreibungsversuch besonders schwierig ist. Das Konzept „Psychotherapie" befindet sich diesbezüglich jedoch in einer anderen Situation als das Konzept „Coaching" (vgl. Kapitel 1, 3.1 und 4): Ersteres wurde in den vergangenen Jahrzehnten als ein spezifischer Bereich des Gesundheitswesens entwickelt, ausdifferenziert und auch erforscht, um über die Bildung von (beruflichen) Standards und spezifischen professionellen Anforderungen wiederum Einfluss auf die allgemeine Wahrnehmung auszuüben. Coaching dagegen ist ein wesentlich jüngeres Konzept, das sich in der Arbeitswelt als „angewandte Psychologie für die Beratungspraxis" (Lippmann, 2006) zunächst in freier und unorganisierter Form etabliert, im selben Zug aber auch inflationär ausgeweitet hat. Sein hoher Bekanntheitsgrad und seine breite Anerkennung weisen seine Bedeutsamkeit aus, sagen jedoch nichts aus über seine Brauchbarkeit als spezifisches Angebot, professionelle Tätigkeit oder wirksame Intervention. Es ist daher Aufgabe der Wissenschaft, *vor* der Erforschung von Coaching eine systematische Konzeptbildung vorzunehmen, um überhaupt festlegen zu können, was in der Folge untersucht werden soll. Diese Konzeptbildung verfolgt zunächst kein anderes Ziel, als durchdacht und überzeugend zu sein. Es soll möglichst viele Fachleute und dann auch Laien von seiner Brauchbarkeit überzeugen, um in der Folge die Forschung zu stimulieren und seine Anwendung in der Praxis und Weiterbildung zu optimieren.

Die Diskussionen in der Fachliteratur und die bisherigen Forschungsergebnisse, die sich um die Definition von Coaching drehen, führten bis dahin zu keinem befriedigenden Ergebnis im Sinne einer Konsensbildung in Bezug auf eine integrale Definition von Coaching. Weder Experten noch Praktiker noch Ausbildner sind sich darin einig, was Coaching ist. Aus unserer Sicht sind einerseits die bestehenden Definitionen zu wenig elaboriert, und anderseits ist das gegenwärtig in der Literatur verwendete Konzept von „Coaching" generell zu offen. Wir glauben nicht, dass sich Coaching durch eine einfache und besonders umsichtige oder geistreiche Aufzählung von Eigenschaften bestimmen lässt. Was Not tut, ist eine systematische und differenzierte Konzeptualisierung des Begriffs, welche es in der Folge erlaubt, die in der Praxis tatsächlich stattfindenden Formen *kriteriengeleitet* als „Coaching" zu bestimmen und weiter zu erforschen.

Eine Definition auf unterschiedlichen Abstraktionsebenen

Zur systematischen Konzeptualisierung eines derart komplexen Gegenstands wie Coaching gehört die Bestimmung von geschlossenen (unabdingbaren) und offenen (fakultativen) Elementen. Sie sollte auf Ergebnisse aus der Grundlagen- und Praxisforschung bezogen sein, Erfahrungswissen beinhalten und auch für Praktiker und Ausbildner relevant sein. Es schadet ihr nicht, wenn sie auch Theoriebildungen oder zumindest Andockstellen für Theorien enthält. Diesen Anforderungen kann sie genügen, wenn sie unterschiedliche Abstraktionsebenen berücksichtigt, zwischen denen in der Folge – je nach Perspektive und Verwendung – hin und her gewechselt werden kann. Zur Erfassung von Coaching als ein Ganzes (s. Abbildung 19) schlagen wir vor, zwischen

– einer *Kerndefinition* (mit einem normativen und einem technischen Aspekt) und
– einer *deskriptiven Definition* zu unterscheiden.

Die Ebene der *normativen Kerndefinition* enthält eine „ideale" Bestimmung, welche Coaching als eine spezifische, von anderen Interventionsformen eindeutig unterscheidbare Interventionsform bezeichnet. Sie soll begrifflich präzise formuliert und überzeugend sein sowie möglichst viele der allgemein anerkannten Aspekte, Ziele und Zugänge integrieren. Die *technische Kerndefinition* beschreibt sodann, unter welchen Bedingungen und mit welchen Mitteln die in der normativen Definition genannten spezifischen Aspekte von Coaching in der Praxis realisiert werden können. Die *deskriptive Definition* schließlich befasst sich mit der ganzen Palette von unterschiedlichen Erscheinungsformen, die zum Coaching gehören. Sie fasst die Vielzahl von Einflüssen, Ansätzen und Instrumenten zusammen, die innerhalb eines Coachings zur Anwendung kommen können. Besonders letztere sind nicht spezifisch für das Coaching, sondern können auch in anderen Kontexten angewandt werden. Im Rahmen eines Coachings werden sie allerdings nicht beliebig eingesetzt, sondern in der Art, dass sie die in der Kerndefinition beschriebenen Charakteristiken, Anforderungen und Ziele unterstützen, d.h. jedenfalls nicht in einem groben Widerspruch zu ihnen stehen oder sie fundamental stören. Zusammengenommen sind die beiden Abstraktionsebenen in der Lage, sowohl das unverwechselbare und einzigartige von Coaching zu erfassen, als auch die mit dem Begriff verbundene Offenheit zu bewahren. Eine solcherart ausdifferenzierte Konzeptualisierung kann dem Coaching zu einem Profil verhelfen, das die Integration von Widersprüchen erlaubt, eine Ausweitung ins Beliebige verhindert sowie für Praxis, Forschung und Weiterbildung relevant ist:

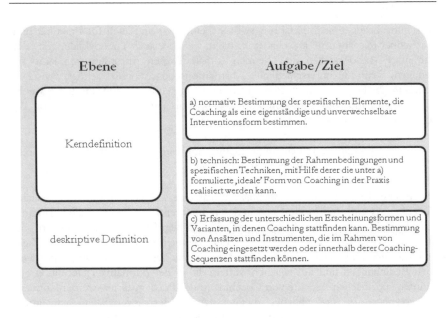

Abbildung 19: Abstraktionsebenen in der Konzeptualisierung von Coaching

Nachfolgend beschreiben wir die einzelnen Ebenen der von uns vorgeschlagenen mehrschichtigen Definition als Resultat unserer Auseinandersetzung mit der Fachliteratur, den Gesprächen mit den Coaching-Verantwortlichen in Schweizer Großunternehmen und auch unserer eigenen praktischen Erfahrungen als Coachs. Diese Konzeptualisierung hat nicht den Anspruch, erschöpfend zu sein. Wichtiger ist es, das Feld in einer bestimmten Weise zu strukturieren, um das Konzept sodann sukzessive weiter auszubauen und zu präzisieren. Manche Bereiche können beliebig ausgeweitet werden. Andere verlangen nach einer Festlegung, verstärkten Forschung oder auch verbesserten Theoriebildung. Wir möchten diesen Ansatz zur Diskussion stellen, damit er aus unterschiedlichen Perspektiven kommentiert und ergänzt werden kann.

a) Normative Kerndefinition von Coaching
Als normativen Kern, der Teil einer umfassenden wissenschaftlichen Definition von professionellem (Business-)Coaching ist, schlagen wir folgende Formulierung vor:

> Coaching ist eine auf Individuen zentrierte und zeitlich begrenzte Beratungssituation zwischen Coachingnehmer und Coach, in der berufsbezogene Anliegen fokussiert werden. Diese Beratungssituation zielt darauf ab, einen Prozess in Gang zu bringen, in dem

die Coachingnehmer beginnen, selbstständig Ideen und Strategien zu entwickeln, um die am Beginn der Coaching-Sitzungen definierte Aufgaben oder Ziele aus eigener Kraft zu bewältigen und zu erreichen. Die Aufgabe des Coachs besteht darin, Hilfestellung sowohl in der Formulierung angemessener Ziele als auch der Einleitung, Durchführung und Beendigung des Coaching-Prozesses zu bieten. Coaching beinhaltet zudem einen individuellen Lernprozess in Bezug auf die Herstellung von Bedingungen, unter denen ein Coachingnehmer künftige Anliegen oder Aufgaben optimal selbst zu bewältigen vermag. Durchgeführt werden Coachings von Fachleuten mit einer spezifischen Coaching-Weiterbildung. Am Ende eines Coachings steht die gemeinsame Evaluation des durchlaufenen Prozesses und der Zielerreichung.

Wesentlich ist, dass das Coaching ein *zwischenmenschlicher Prozess* ist, in dem die Coachingnehmer mit beruflichen Anliegen im Zentrum stehen. Das Kriterium, jedoch, das eine bestimmte Beratungssituation zu einem Coaching macht, ist weniger die Tatsache, dass eine bestimmte Person ihre beruflichen Ziele erreicht, als vielmehr der Umstand, dass sie mit Hilfe einer außen stehenden Person beginnt, *aus sich selbst heraus* Ideen und Veränderungsperspektiven zu entwickeln und in der Folge aktiv handelnd zu verfolgen.

Mehrere Elemente der obigen Definition können in der Praxis in sehr unterschiedlichen Ausprägungen und Formen auftreten: die Anzahl beteiligter Personen, die Zeitdauer, die Zielformulierung, die Weiterbildung des Coachs, die Art und Weise der Evaluation etc. Wir erachten diese Elemente grundsätzlich als wichtig und auch notwendig für professionelles Coaching und daher zur Kerndefinition gehörig. Allerdings brauchen sie auf dieser Ebene nicht präziser oder gar verbindlich bestimmt zu werden. Sie werden weiter unten in der deskriptiven Definition noch einmal aufgenommen.

Das spezifische Moment der Kerndefinition liegt im Prozess, in welchem die Coachingnehmer selbst Problemlösestrategien zu entwickeln beginnen, ohne dass ihnen gesagt wird, was sie zu tun haben. Wenn zwei Menschen zusammen kommen, von denen sich eine Person Hilfe von der anderen verspricht, findet ein solcher Prozess in der Regel nicht automatisch statt. Erfahrungsgemäß erwartet oder wünscht sich eine Unterstützung oder Hilfe suchende Person einen Beistand im Sinne wohlwollender *Elternfiguren* auf einer unmittelbaren, tatkräftigen Ebene. Weil ein Coach die Rolle einer anleitenden Elternfigur dezidiert nicht übernehmen will, beinhaltet die Grundidee von Coaching somit ein kontra-intuitives Moment. Sie transportiert ein Menschenbild, in welchem Autonomie, Selbstbestimmung und auch eine grundsätzliche, bereits vorhandene (Problemlöse-)Kompetenz bei jeder Person einen hohen Stellenwert haben (vgl. dazu auch Böning, 2006, S. 90ff.). Man muss sich allerdings bewusst bleiben, dass seitens der Coachingnehmer jede Inanspruchnahme eines Coachings *auch* bedeutet, dass sie genau diese Werte bei sich selbst in irgendeiner Form in Frage gestellt sehen. Die Situation, in der sie sich mit ihrem Anliegen einer Person anvertrauen, aktiviert zwangsläufig bereits erlebte

Eltern-Kind-Beziehungsmuster. Diese werden – zumindest auf unbewusster Ebene – auch Erwartungshaltungen evozieren, die durch das Coaching nicht unmittelbar befriedigt werden.

Der Prozess des Coachings zeichnet sich dadurch aus, dass der Coach keine anleitende Funktion übernimmt, sondern Bedingungen schafft, in welcher die Coachingnehmer ihre verinnerlichten, wohlwollenden und unterstützenden Elternfiguren aktivieren, in einen inneren Dialog zu ihnen treten und daraus angemessene Bilder von sich als selbstbestimmte und -bestimmende Person ziehen, die in der Lage ist, auf kreative Art Handlungsstrategien zu entwickeln. Mit dieser Formulierung beziehen wir uns auf Befunde der modernen Entwicklungspsychologie und Säuglingsforschung, die die Ausbildung der „Fähigkeit zur Selbstregulierung", genauer der „Affektregulierung", als eine der zentralsten frühkindlichen Entwicklungsaufgaben erkannt haben (Stern, 1998; Grimmer, 2006; Schore, 2002, 2009). Damit ein Säugling diese Fähigkeit entwickeln kann, braucht er eine Bezugsperson als Gegenüber, die seine Bedürfnisse nicht nur adäquat befriedigt, sondern die damit verbundenen Affekte auch auf sein Erregungsniveau abstimmt und spiegelnd erwidert. Diese Affektabstimmung ist eine intensive Kommunikation zwischen Bezugsperson und Kind, die über alle Sinnesorgane läuft und im besten Fall auch Verbalisierungen umfasst. Sie differenziert das innere Erleben aus, erhöht die Erregungstoleranz und ermöglicht in der Folge eine flexible und kreative Nutzung von Handlungsspielräumen. Als unterstützende, wohlwollende und ermutigende Beziehungserfahrung wird sie im Laufe der Entwicklung internalisiert, um in entscheidenden Situationen reaktiviert zu werden: So steht dem Individuum auch als erwachsene Person ein verinnerlichter „selbstregulierender Anderer" (Stern 1998, S. 273) immer zur Seite.

Mit diesen Ausführungen wird angezeigt, dass sich Coaching grundsätzlich für Berufsmenschen aller Art und Hierarchiestufen eignet – sofern die Voraussetzung gegeben ist, dass sie in ihrer frühen Lebensentwicklung hinreichend gute Elternfiguren zur Seite hatten. Dies kann bei vielen Menschen vorausgesetzt werden, wenn sie einen Coach aufsuchen und sowohl auf beruflicher als auch privater Ebene längst vielfältige Beziehungen eingegangen sind. Anders formuliert, kann man sagen, dass Coaching bei den Ressourcen der Coachingnehmer anknüpft und ihre Fähigkeiten des Selbstmanagements verstärkt, indem es an bereits gemachte positive Beziehungserfahrungen anknüpft. Gemeint sind Beziehungserfahrungen, deren Grundmodell das Eltern-Kind-Verhältnis darstellt: Eine Beziehung, in der das Kind mit Hilfe wohlwollender emotionaler Unterstützung lernt, die inneren und äußeren Anforderungen des Lebens selbständig und kreativ zu bewältigen. Selbstverständlich können in einer realen Biographie auch Erzieher, Lehrer, Geschwister, Verwandte oder sogar gleichaltrige Freunde diese Rollen in der Interaktion übernommen haben.

In erwartungsgemäß eher seltenen Situationen tritt der Fall ein, wo ein Coaching grundsätzlich nicht indiziert ist, weil der betreffende Coachingnehmer kaum über die entsprechenden – oder über nicht hinreichend stabile – Erfahrungen dieser Art verfügt. Dies im Vorfeld bereits festzustellen, ist ein schwieriges Unterfangen und setzt einen erfahrenen Diagnostiker voraus, womit wir uns im Grenzbereich von Coaching und Psychotherapie befinden (s. auch Kapitel 5). Eher kommt man erst nach einem erfolglosen Coaching, in dem sich kein Prozess entwickeln ließ, in die Lage, solches zu *vermuten*. In diesen Fällen ist zu erwarten, dass sich schwer wiegende Störungen in der Kommunikation zeigten oder Anhaltspunkt in Bezug auf gravierende psychische Beeinträchtigungen ergaben. Coaching-Prozesse können aber freilich auch aus vielen andern Gründen misslingen!

Die im Coaching geleistete Arbeit ist kurzfristig ein Erfolg, wenn die vereinbarten Ziele erreicht worden sind. Er ist mittelfristig erfolgreich, wenn der Coachingnehmer in der Lage ist, den Prozess selbständig fort zu setzen. Und er ist *nachhaltig* erfolgreich, wenn es dem Coachingnehmer gelingt, die gemachten Erfahrungen *in neue Situationen und/oder bisher noch unbekannte Aufgabenbereiche* zu *transferieren*. Letzteres ist die höchste Stufe des Gelingens, weil sie dem Ideal von Autonomie und Selbstbestimmung am nahesten kommt und in der als letzte Konsequenz auch „der Coach überflüssig wird" (Rauen, 2005, S. 287). Wie im Kapitel 3.1 bereits erwähnt, vertreten Loss & Rauen (2005, S. 157) die Ansicht, dass diese Anforderung insbesondere durch „Beratung auf der Prozessebene und (...) Schaffung von lernfördernden Bedingungen" erfüllt werden kann. Zu diesen „lernfördernden Bedingungen" ist unseres Wissens in der Coaching-Literatur noch wenig gesagt worden und möchten wir an dieser Stelle einige Hinweise geben. Die Thematik des Lernens – ganz besonders des sogenannten „Lerntransfers", der in der modernen Lernforschung als immer bedeutsamer erkannt wird (vgl. Klauer & Leutner, 2007, S. 140ff.; Hasselhorn & Gold, 2006, S. 139ff.) – bezieht sich auf einen wichtigen Aspekt der Kerndefinition des Coachings.

Die Frage des Lerntransfers ist eine allgemeine, zu allen Lernprozessen gehörige Thematik. Wie die Transferforschung gezeigt hat, ist es keine Selbstverständlichkeit, dass Gelerntes auf beliebige Inhalte übertragen wird (Klauer & Leutner, 2007). Vielmehr ist es nötig, mittels „Strategien des Vergleichens" systematisch einzuüben, wie „Prinzipien, Gesetzmäßigkeiten und *kognitive Strategien*" (ebd., S. 140; Hervorhebung vom Verf.) auf neue Inhalte oder Aufgabenstellungen übertragen werden können. Abgesehen von herkömmlichen Lernprozessen, die innerhalb eines Coachings vorkommen und für dieses nicht spezifisch sind (aber freilich ebenso einen Transfer verlangen, um den sich ein Coach kümmern sollte), glauben wir, dass es im Kontext der Nachhaltigkeit von Coaching auch spezifische Transferaufgaben gibt, die sich auf emotionale Inhalte beziehen. Sie stehen in Abhängigkeit von Beziehungserfahrungen, die der Coachingnehmer bereits gemacht hat und im Coaching-Prozess in irgendeiner Form wieder belebt werden. Ihre Wahrnehmung wie auch der Umgang mit ihnen weist auf *emotionale Strategien*, die von einem Coach auch gezielt gefördert werden können.

Das Ziel eines Coachings kann als Auslösung eines Prozesses beschrieben werden, in welchem der Coachingnehmer unter Anleitung eines Experten *lernt*, sich auf sich selbst zu besinnen und in einen spezifischen inneren Dialog (z.B. mit verinnerlichten Elternfiguren) zu treten. Idealerweise gelingt es ihm, diesen Vorgang zu einem späteren Zeitpunkt und in einem anderen Kontext ohne die Hilfe eines Coachs zu reproduzieren. Die Vermittlung dieser vorwiegend emotionalen Erfahrung auf der Prozessebene wie auch die Ermöglichung ihres Transfers in andere Bereiche könnte Teil eines Coachings sein. Sie wird zu einer Aufgabe des Coachs, wenn er in der Lage ist, in diesem Punkt die Rolle eines Lehrers übernehmen und entsprechende Lehrstrategien zu verfolgen. Als spezifische Beratungsform scheint uns Coaching ein in diesem Bereich noch wenig ausgeschöpftes Potential zu haben. Es könnte unter Berücksichtigung der Ergebnisse der Instruktionspsychologie, Erziehungs- und Lernforschung wie auch der Psychotherapie gezielt genutzt werden. Im Zusammenhang mit der technischen Kerndefinition wird auf diese Thematik noch einmal eingegangen.

Im Kontext der Frage, was ein erfolgreiches Coaching ausmacht, steht auch die Thematik der Evaluation. Aus pragmatischen Gründen wird sie in der Praxis wohl ausschließlich am Punkt der Zielerreichung, resp. der Zufriedenheit des Coachingnehmers am Ende der Sitzungen ansetzen. Besonders mit Blick auf die Nachhaltigkeit zeigt sich jedoch, dass solche Evaluationen dem Coaching nicht wirklich gerecht werden: Es braucht Nachbefragungen, die sich dezidiert mit der Fortführung des Coaching-Prozesses nach den Sitzungen befassen. Zumindest die wissenschaftliche Evaluation von Coaching und dessen Wirksamkeit bedarf zudem einer Konzeptualisierung und Messung der nach dem Coaching stattfindenden Transferprozesse.

Pointiert formuliert, besteht das spezifische Angebot des Coachs darin, statt väterlichen oder mütterlichen Rat zu geben, dem Coachingnehmer zu ermöglichen, auf seine eigenen Fähigkeiten (und damit auch seine verinnerlichten Elternbilder) zu besinnen und daraus Phantasie, Intuition, Entscheidungskraft und Energie zu schöpfen. Wie aber lässt sich dies in der Praxis realisieren? Eine zentrale Frage im Zusammenhang mit der Kerndefinition von Coaching erscheint uns daher, unter welchen Bedingungen und mit welchen Mitteln die beschriebenen Prozesse im Rahmen eines Coachings eingeleitet und befördert werden können: Es sind dies die technischen Aspekte der Kerndefinition.

b) Technische Kerndefinition von Coaching
Coaching-Prozesse ereignen sich in einer spezifischen interaktiven Situation, in welcher der Coach die Funktion eines Katalysators übernimmt. Er lehnt es dezidiert ab, die Rolle eines Vaters oder einer Mutter, eines Freundes oder Beraters, eines

Lehrers oder fachlichen Experten zu übernehmen. Er fokussiert auch nicht auf Defizite oder persönliche Probleme und will die Coachingnehmer als Personen nicht verändern. Vielmehr konzentriert er sich auf deren Anliegen und Zielsetzungen, welche für diese grundsätzlich im Bereich des Realistischen und Erreichbaren liegen. Mit Blick auf diese Ziele versucht er in der zwischenmenschlichen Situation diejenigen Bedingungen zu schaffen, die den Coachingnehmern die Entwicklung ihrer eigner Aktivität und die optimale Entfaltung ihrer bereits bestehenden Kompetenzen ermöglichen. So gesehen, umfasst der technische Aspekt der Kerndefinition von Coaching drei zentrale Aspekte: Erstens die notwendigen *Rahmenbedingungen*, zweitens bestimmte *Kompetenzen*, die ein Coach für seine Rolle und Aufgabe braucht und drittens *Interventionstechniken*, mit denen er Coaching als spezifischen Prozess befördern kann.

Rahmenbedingungen: Ein Coachingnehmer muss sich mit seinem eigenen Anliegen identifizieren, damit er sich auf einen Prozess einlassen kann, in welchem er selbst Lösungen aus eigener (Vorstellungs-)Kraft entwickeln und in der Folge auch umsetzen kann. Zentrale Voraussetzung sind daher Freiwilligkeit und das Vorhandensein eines eigenen Anliegens, das zu bewältigen oder zu erreichen grundsätzlich im Handlungs- und Kompetenzbereich des Coachingnehmers liegt. Noch besser sind die Voraussetzungen, wenn der Coachingnehmer dazu noch selbst für die Kosten aufkommt. Motivation, Selbstkontrolle und Eigenverantwortung sind unter dieser Bedingung in der Regel am besten aufeinander abgestimmt.

Der Coach wiederum kann seine Funktion nur dann erfüllen, wenn er – aus der Perspektive des Coachingnehmers – eine unabhängige, neutrale und wohlwollende Position innehat. Unabhängig bedeutet, dass er im Zusammenhang mit der Person und dem Anliegen des Coachingnehmers keine Rücksichten auf andere, dritte Parteien nehmen muss und nimmt. Neutral bedeutet einerseits, dass er seine persönlichen Werte nicht als Maßstab an die Ziele des Coachingnehmers anlegt. Andererseits ist es aber auch wichtig, dass er darauf verzichtet, bestimmte Beziehungswünsche des Coachingnehmers – wie zum Beispiel, dass er ihm doch Ratschläge geben und ihm tatkräftig helfen möge – zu befriedigen. Wohlwollend bedeutet, dass der Coach selbst daran *glaubt*, dass sein Klient in der Lage ist, die gesetzten Ziele zu erreichen.

Diese Bedingungen definieren eine Beziehungssituation, in welcher eine bestimmte Rollenverteilung vorgegeben ist. Sie beinhaltet eine Asymmetrie, die von beiden Seiten respektiert werden muss: Ein Coachingnehmer vertraut sich mit seinem Anliegen einem Coach an, und dieser muss sich als dieses Vertrauens würdig erweisen, ohne dass er den Coachingnehmer seinerseits ins Vertrauen zieht und diesbezügliche Risiken eingeht. Eine solcherart intakte Vertrauensbasis ist eine Grundvoraussetzung, damit ein Coaching-Prozess überhaupt stattfinden kann. Freilich gehört die Herstellung der Vertrauensbeziehung bereits zum Coaching selbst, sollte aber nicht mit dem eigentlichen Coaching-Prozess verwechselt werden:

Sie beginnt bei der Kontaktaufnahme des Coachingnehmers mit dem Coach, konsolidiert sich im Kontext der gemeinsamen Aushandlung der Ziele und wird mit der Einwilligung des Coachingnehmers, sich auf die gemeinsame Arbeit mit dem Coach einzulassen, explizit bestätigt. In dieser *gemeinsam gestalteten* Phase werden die Rollen verteilt und verbindliche Abmachungen getroffen. Sollte die Vertrauensbasis innerhalb eines laufenden Coaching-Prozesses in Frage gestellt werden oder gar beschädigt worden sein, ist ihre Wiederherstellung ein unbedingtes und vorrangiges Ziel.

Kompetenzen: Damit kommen wir zu den Eigenschaften und Fähigkeiten, die es einer Person ermöglichen, in der Rolle eines Coachs an einem erfolgreichen Coaching teilzunehmen. In der Form, wie er oben skizziert wurde, kann ein Coaching-Prozess nicht programmatisch hergestellt werden. Er ist immer das Produkt aller beteiligten Personen, wobei der Coach im Vergleich zum Coachingnehmer wesentlich weniger aktiv ist. Sein Beitrag zur Ermöglichung dieses Prozesses besteht zunächst vor allem in der Einnahme einer bestimmten *Haltung*, welche die Aktivität des Coachingnehmers – zuerst auf der Ebene der Vorstellung und Phantasie, dann im Handeln – in Bezug auf die Erreichung seiner Ziele begünstigt. Es ist eine Haltung, die ein warmes, offenes, wertschätzendes, angstfreies zwischenmenschliches Arbeits-Klima ermöglicht. Dazu gehören – neben der Fähigkeit, eine Vertrauensbeziehung aufzunehmen und zu befördern – für den Coachingnehmer wahrnehmbare Eigenschaften wie Verlässlichkeit, Einfühlsamkeit, Authentizität und Berechenbarkeit.

Ein Coach muss den Coachingnehmer sodann ermutigen können, ohne ihm den Weg zu weisen, und er muss ihm zutrauen, dass er seine Ziele erreichen kann (vgl. auch Grimmer, 2006). In diesem Zusammenhang benötigt er Menschenkenntnis und Realitätssinn, ganz besonders wenn es darum geht, die Ziele des Coachings gemeinsam mit dem Coachingnehmer auszuhandeln und zu formulieren. Aber auch danach ist es nötig, dass er sich auf das Anliegen des Coachingnehmers einlässt und im Verlauf des Prozesses dessen Gültigkeit und Bedeutung aufrecht zu erhalten hilft. Die Bedeutung dieser Aufgabe wird leicht unterschätzt, kann unter Umständen jedoch größte Anstrengungen seitens des Coachs abverlangen. Nicht zuletzt muss er auch der Versuchung widerstehen, bestimmte Dinge selbst an die Hand zu nehmen, weil sie ihm einfach und naheliegend erscheinen. Diese Fähigkeit des Haltens, ohne selbst den Mut zu verlieren oder aktiv einzugreifen, erscheint uns als eine der größten Herausforderungen an den Coach. Sie sollte gezielt geschult und ständig reflektiert werden.

Damit sich der Coach an den Ressourcen des Coachingnehmers orientieren kann, muss er in der Lage sein, seine Schwächen, Stärken und vor allem auch Potentiale präzise einzuschätzen. Hierfür braucht er wohl ein profundes Basiswissen über die Arbeitsabläufe in der Wirtschaft und/oder Non-Profit-Organisationen, er muss aber nicht zwingend vertraut sein mit dem Berufsfeld des Coachingnehmers. Natürlich kann ihm letzteres bestimmte Vorteile, vor allem eine erhöhte Glaubwürdigkeit zu Beginn, verschaffen. Für die Entwicklung eines gelingenden Coaching-

Prozesses hat sein Expertenwissen aber auch gravierende Nachteile, weil es die Gefahr erhöht ist, dass der Coachingnehmer unwillkürlich in eine abhängige, autoritäre Beziehungskonstellation gerät, in welcher die Entwicklung von Eigeninitiative erschwert ist.

In der Interaktion mit dem Coachingnehmer ist der Coach gefordert, dessen Motivation und Erfahrung von Selbstwirksamkeit beständig zu unterstützen. Sobald ein Coaching-Prozess wirksam wird und die Coachingnehmer positive Effekte verspüren, intensiviert sich auch die Beziehung zwischen Coach und Coachingnehmer. Dies kann sich in erhöhter Dankbarkeit und Wünschen nach mehr Nähe, aber auch in unangenehmen und hemmenden Abhängigkeitsgefühlen und Abgrenzungsbestrebungen beim Coachingnehmer äußern. Der Coach ist gefordert, solche Entwicklungen wahrzunehmen und damit umzugehen. Indem er dabei konstant neutral, unabhängig und wohlwollend bleibt, signalisiert er dem Coachingnehmer, dass das Coaching ein Ende haben wird, und er dann ohne weitere Hilfestellungen des Coachs weiter gehen muss und dies auch kann. Eine nachhaltige Unterstützung des Coachingnehmers verlangt nach einer maßgeschneiderten und letztlich auch selbstlosen Förderung durch den Coach. Dieses zweifellos besonders große und auch attraktive Potential von Coaching verlangt nach reflektierten Fachpersonen, die sich am Erfolg des Coachingnehmers freuen können, ohne ihre eigene Person in den Vordergrund rücken zu müssen.

Interventionstechniken: Schließlich stellt sich die Frage, welches neben der beschriebenen Haltung die spezifischen Eingriffsmöglichkeiten oder Interventionstechniken sind, mit denen ein Coach einen Coaching-Prozess begünstigen kann. Wir haben bereits festgestellt, dass die Erteilung von Ratschlägen oder gar Handlungsanweisungen nicht direkt im Dienst eines Coaching-Prozesses stehen kann, weil sie die Entwicklung der beschriebenen Eigenaktivität tendenziell hemmen. Die spezifischen Merkmale eines Coaching-Prozesses lassen nicht erwarten, dass es eine Standard-Technik gibt, die ein Coach mit Erfolgsgarantie anwenden kann. Jeder Coach lernt und entwickelt seine eigenen Techniken, mit denen er arbeitet – jedoch sollte er sich bewusst bleiben, dass es nicht die Anwendung dieser bestimmten Techniken ist, die das Coaching wirksam macht, sondern wesentlich stärker die oben beschriebene Haltung, die ein unspezifischer Faktor darstellt. Dennoch befindet sich der Coach ja in einer zwischenmenschlichen Situation, in welcher er kommunizieren *muss*. Die Frage an dieser Stelle unserer Definition besteht darin, welche interaktiven Handlungsstrategien des Coachs den für ein Coaching charakteristischen Prozess auslösen und in seiner Entwicklung begünstigen.

Die zwei wichtigsten Handlungen des Coachs sind das *Zuhören* und das *Stellen von Fragen*. Mit ihrer Hilfe signalisiert der Coach sein Interesse, seine Offenheit und Wertschätzung. Indem er den Coachingnehmer reden lässt, sichert er ihm die Initiative zu. Wenn er Fragen stellt, zeigt er, dass er ihn versteht und ihm folgt. Insbesondere das „aktive Zuhören" und das Stellen von Fragen haben einen hohen Stellenwert im Coaching und sind in der Literatur ausgiebig beschrieben und differenziert worden (vgl. beispielsweise Lippmann, 2006, S. 329ff. oder Backhausen & Thommen, 2006, S. 176ff.). In unseren Interviews wurde insbesondere das Stellen von Fragen häufig erwähnt (Kapitel 3.1; Kategorie „Beratung als Oberbegriff").

Im Kontext der Kerndefinition knüpft das Stellen von Fragen insbesondere an der Idee der „Maieutik" („Hebammenkunst") an, in welcher der Berater die Rolle eines vollkommen Unwissenden einnimmt und gezielte, sogenannte „sokratische Fragen" stellt, bis das Gegenüber die gesuchten Antworten selbst formuliert und sich gewahr wird, dass es selbst mehr weiß, als es glaubte. Übertragen auf das Coaching bedeutet Maieutik, dass dem Coachingnehmer durch das Stellen von Fragen ermöglicht wird, selbst Vorstellungen von geeigneten Lösungen zu entwickeln. Die ursprüngliche Konzeption dieser Form der Gesprächsführung beinhaltet freilich die Voraussetzung, dass der Fragesteller über mehr Wissen als sein Gegenüber verfügt. Die Schüler (der Philosophie) sollen durch diese Technik motiviert werden, sich selbst auf die Suche nach Erkenntnissen zu machen. Das Verhältnis Coach – Coachingnehmer ist aber ausdrücklich *kein* Lehrer- Schüler-Verhältnis. Ein Coach kann diese Form der Gesprächsführung auch pflegen, wenn er im Berufszweig des Coachingnehmers weder kompetent ist noch fertige Lösungen im Hinterkopf hat. Dies bedeutet allerdings, dass er fähig ist, mit dem Coachingnehmer auszuhalten, dass der „richtige" Weg zum Ziel noch unbekannt ist. Gelingt ihm dies – gepaart mit der Zuversicht, dass der Coachingnehmer die gesteckten Ziele selbst erreichen kann – dann sind die Bedingungen für einen gelingenden Coaching-Prozess hervorragend.

Neben dem Zuhören und Fragen stellen gibt es noch einige weitere, im Kontext der Kerndefinition relevante technische Aspekte. Es ist deutlich geworden, dass die mit dem Coachingnehmer gemeinsam erarbeitete Zielformulierung ein wesentlicher Bestandteil des Ganzen ist. Sie erfolgt am Beginn des Coaching-Prozesses und hat die Funktion eines strukturierenden Moments, das es in der Folge sowohl dem Coach als auch Coachingnehmer erlaubt, sich auf einen Suchprozess einzulassen, in welchem letzterer das Tempo und die Richtung bestimmt. Aus technischer Sicht muss es daher ein besonders wichtiges Anliegen des Coachs sein, eine möglichst konkrete, realistische und verbindliche Zielformulierung zu erarbeiten, mit der sich der Coachingnehmer maximal identifizieren kann. Dies ist nicht selten eine wahres Kunststück, dessen Gelingen von komplexen, niemals vollständig kontrollierbaren Faktoren abhängt: Erfahrungsgemäß sind es, neben der Voraussetzung der optimalen Passung der beteiligten Personen, ganz wesentlich die Erfahrung und Intuition des Coachs, welche dies ermöglichen. Meistens geschieht die Zielformulierung in schriftlicher Form und dient danach als Instrument oder Kompass, das durch den Prozess leitet und insbesondere seinen Abschluss in einer Form erlaubt, die dem Coachingnehmer im Idealfall ein eigenständiges Fortführen des Prozesses erlaubt. Eine sachliche Bezogenheit auf die vereinbarten Ziele während des ganzen Coachings ist daher eine wichtige Strategie des Coachs. Dazu gehört auch die Verbindlichkeit der vereinbarten Rahmenbedingungen (Anzahl und Dauer der Sitzungen, Honorar etc.).

Es wurde betont, dass ein gelingender Coaching-Prozess mit der letzten Sitzung nicht aufhört. Der Coach muss sich folglich schon während des Coachings damit auseinander setzen, wie er den Coaching-Prozess begleitet und den Coachingnehmer verabschiedet, damit der begonnene Prozess auch ohne ihn weiter gehen kann. Alle der bereits beschriebenen technischen Aspekte (Voraussetzungen und Rahmenbedingungen, Schlüssel-Kompetenzen und Interventionen) sind implizit auf diese Zielsetzung bezogen. Es bleibt noch die Frage, inwieweit es möglich ist, mit dem Coachingnehmer *explizit* daran zu arbeiten, dass das Coaching den gewünschten Effekt zeitigt.

Insofern der Coaching-Prozess auch ein Lernprozess in Bezug auf das selbständige Erarbeiten von Perspektiven und Erreichen von Zielen ist, besteht die Chance, innerhalb des Coachings, einen genau darauf bezogenen Vermittlungsprozess zu gestalten. Diese Vermittlung setzt bei der im Coaching-Prozess gemachten Erfahrung an und hat das Ziel, den Coachingnehmer für deren Eigenheiten und Bedeutung zu sensibilisieren und ihm (begriffliche) Instrumente an die Hand zu geben, die einen *Lerntransfer* ermöglichen. Im Idealfall lernt der ehemalige Coachingnehmer in völlig neuen Situationen, in denen er einen Coach benötigen könnte, die bereits gemachte Erfahrung mit Coaching zu reaktivieren und dergestalt auf die Anforderungen der neuen Situation zu übertragen, sodass tatsächlich stattfindende Coaching-Sitzungen entbehrlich werden. Ein solcher Prozess setzt voraus, dass der Coachingnehmer verstanden hat, wie und wodurch sein individueller Coaching-Prozess zustande kam. Hierfür braucht es neben einer Schulung der Wahrnehmung auch eine geeignete Sprache. Letztere kann nicht schematisch angewendet werden, sondern muss exakt den Verstehens- und Reflexionsfähigkeiten des Coachingnehmers angepasst sein. Zunächst hängt sie jedoch wesentlich vom Coach und dessen Menschenbild ab, denn er kann sie nur dann zielführend einsetzen, wenn sie mit seiner Erfahrung, seinem Denken und seinen Werten übereinstimmen. Wenn er die Idee von Coaching und das Wesen von Coaching-Prozessen aus seiner Erfahrung gut kennt, intensiv reflektiert und gedanklich durchdrungen hat, kann er dem Coachingnehmer das Wesentliche seines individuellen Prozesses vermitteln und mit ihm an der Aufgabe des Transferierens auch ein Stück weit gezielt arbeiten.

In der normativen Kerndefinition haben wir den Coaching-Prozess als ein Sich-Besinnen auf die eigenen Fähigkeiten und verinnerlichten Elternbilder beschrieben, woraus es möglich wird, die eigene Phantasie und Intuition zu aktivieren, um Ideen zu generieren, Entscheidungen zu fällen und neu gewonnene Handlungsperspektiven umzusetzen. Dies ist *eine* Möglichkeit unter vielen anderen, gleichwertigen Beschreibungsalternativen. Angesichts der Vielfalt von Aus- und Weiterbildungen, insbesondere auch theoretischen Referenzpunkten, auf denen Coaching stehen kann, macht es wenig Sinn, den Gehalt von Coaching-Prozessen im Rahmen der Kerndefinition auszuführen und in einer spezifischen Theorie zu fassen. An dieser Stelle möchten wir in Anlehnung an die Ausführungen von Klauer & Leutner (2007) lediglich skizzieren, worauf es ankommt, dass ein Lerntransfer stattfinden kann. Klauer & Leutner betonen zunächst, dass man „ohne die Einübung des Transfers (…) nicht mit einer erfolgreichen Übertragung rechnen" kann (ebd., S. 149). Sie empfehlen eine Strategie, in der die Grundstruktur der primären Aufgabe und der Zielaufgabe herausgearbeitet werden, um sodann über systematische Vergleiche Gemeinsamkeiten und relevante Unterschiede zu ermitteln. Im Falle von Coaching geht es demnach im Wesentlichen darum, den *individuellen* Prozess des Coachings in Abhängigkeit der *emotionalen* Erfahrungen und der Rollenverteilung zwischen Coachingnehmer und Coach zu reflektieren und darüber nachzudenken, welches die wesentlichen Elemente dieses Prozesses waren. Sodann kann beispielsweise unter Bezugnahme auf in der Zukunft liegende oder hypothetische neue Aufgaben aus dem Wirkungskreis des Coachingnehmers daran gearbeitet werden, unter welchen innern und äußeren Bedingungen er sie erfolgreich angehen könnte.

Wir haben bereits darauf hingewiesen, dass die Zusammenarbeit zwischen Coachingnehmer und Coach für ersteren ein kontra-intuitives Moment enthält, das darin besteht, dass sich der Coach einer Rollenübernahme in einem Eltern-Kind-Beziehungsmuster entzieht und stattdessen in der Funktion eines Katalysators dem Coachingnehmer das Anknüpfen an seinen eigenen verinnerlichten, positiven Beziehungserfahrungen mit hilfreichen Anderen ermöglicht. Auch haben wir davon gesprochen, dass es zu den wichtigen Aufgaben des Coachs gehört, die Bedeutung der Ziele des Coachingnehmers in bestimmter Weise aufrecht zu erhalten und dass dies nicht selten eine besondere Herausforderung darstellt. Beides sind Aspekte, die wesentliche Elemente eines gelingenden Coaching-Prozesses ausmachen. Sollten sie an irgendeiner Stelle innerhalb des Prozesses für den Coach fassbar geworden sein, so wären sie ein hervorragender Ansatzpunkt, um mit dem Coachingnehmer über das spezifische des Coaching-Prozesses ins Gespräch zu kommen, es für ihn erfahrbar zu machen sowie den entsprechenden Lern- und Transferprozess zu ermöglichen.

Zusammenfassend können wir nach diesen Ausführungen den technischen Kern von Coaching wie folgt definieren:

Ein Coaching-Prozess kommt dann am zuverlässigsten zustande, wenn bestimmte Rahmenbedingungen, Kompetenzen des Coachs und Interventionstechniken zusammen wirken. Zu den optimalen Rahmenbedingungen gehören die freiwillige Teilnahme des Coachingnehmers und das unabhängige, neutrale und wohlwollende Engagement des Coachs für die Anliegen und Ziele des Coachingnehmers. Diese Bedingungen schaffen die Situation eines asymmetrischen Vertrauensverhältnisses, in welchem dem Coachingnehmer möglichst viel Aktivität überlassen wird. Die Schlüssel-Kompetenzen des Coachs bestehen darin, eine Haltung einzunehmen, die ein offenes, wertschätzendes und angstfreies Arbeitsklima ermöglichen. Er ist in der Lage, mit dem Coachingnehmer realistische, erreichbare und verbindliche Ziele von hohem identifikatorischem Wert zu erarbeiten. Während des Coaching-Prozesses hält er die Bedeutung dieser Ziele beständig aufrecht und unterstützt Motivation und Selbstwirksamkeit des Coachingnehmers. Dies geschieht vorzüglich mit Interventionen, die neben dem (aktiven) Zuhören im Stellen von Fragen bestehen. Gleichzeitig verzichtet der Coach darauf, Ratschläge und Handlungsanweisungen zu geben. Dieses Vorgehen zeigt dem Coachingnehmer, dass der Coach die fertigen Lösungen oder den geeigneten Weg nicht kennt, ihm jedoch zutraut, diese selbst zu finden. Der Coach ermöglicht dem Coachingnehmer schließlich einen Lernprozess in Bezug auf die Entfaltung eigener Ideen und die Entwicklung eigener Initiative. Im Dienst der Nachhaltigkeit der Ergebnisse reflektiert er mit ihm die im Prozess gemachten (emotionalen) Erfahrungen und kümmert er sich um die Fähigkeit des Coachingnehmers, dieses Gelernte in neue Bereiche zu transferieren.

c) Deskriptive Definition

Die Kerndefinition beabsichtigt, Coaching in seiner spezifischen und idealen Form zu erfassen und umschreiben. Die deskriptive Definition nimmt Bezug auf die unüberschaubare Vielfalt an Definitionen, Formen und Abwandlungen von Coaching in der wissenschaftlichen Literatur und auch der Praxis (vgl. Kapitel 3.1, 3.2 und 3.3). Damit wenden wir uns der Reihe derjenigen Merkmale von Coaching zu, die unstreitbar zu ihm gehören, allerdings weder spezifisch noch normierbar sind und auch nicht abschließend erfasst werden können und sollen. In der Praxis ist Coaching eine Beratungssituation, die in seiner Erscheinung höchst heterogen bleibt. Solange der Bezug zur Kerndefinition nachvollziehbar ist, können jedoch auch auf den ersten Blick unvereinbar erscheinende Formen als Coaching gelten. Andere wiederum können jedoch mit begründetem Verweis auf fehlende Bezüge zur Kerndefinition von Coaching unterschieden werden.

Aus der hier vorgeschlagenen Perspektive ist Coaching eine Form von Beratung, die abgrenzbar ist von Training, Mentoring, Mediation, Moderation, Supervision und Psychotherapie (s. Kapitel 3.1). Diese Interventionsformen sind trotz zahlreicher Ähnlichkeiten und Übereinstimmungen so strukturiert, dass ein Coaching-Prozess in der beschriebenen Form darin kaum stattfinden kann oder zumindest nicht das Ziel ist: Coaching ist kein Training, weil der Trainer dezidiert die Rolle eines Anleiters übernimmt, Handlungsanweisungen gibt und das Erreichen oder Verfehlen der Ziele mitverantwortet. Es ist kein Mentoring, weil der Mentor ein Interessenvertreter einer Organisation ist und seine Funktion darin besteht, eine mit ihr noch wenig vertraute Person an seinem Wissen teilhaben zu lassen. Es ist nicht Mediation, weil darin zwei Konfliktparteien zusammenkommen, zwischen denen der Mediator mit dem festgelegten Ziel einer einvernehmlichen und außergerichtlichen Lösung vermittelt. Es ist keine Moderation, weil Coaching sehr viel mehr ist als die Leitung einer Sitzung. Es ist keine Supervision, weil der Supervisor seine Funktion wesentlich auf der Basis seines Expertentums im Fachgebiet des Supervisanden ausübt. Supervision ist zudem häufig ein routinemäßiger Begleitprozess, in dem die Zielformulierung weniger bedeutsam ist als im Coaching. Und schließlich ist es keine Psychotherapie, weil diese Konflikte und Probleme einer

Person angeht, die das Berufs- und das Privatleben betreffen und mitunter auch das Ziel hat, die Persönlichkeit zu verändern (vgl. auch Kapitel 4 und 5). Coaching sollte überdies von der Auffassung ferngehalten werden, dass eine gute Führungskraft ihren Mitarbeitern als Coach begegnen solle. Das Verhältnis zwischen Vorgesetzten und Mitarbeitern ist in jedem Fall von derart starker Abhängigkeit geprägt, das ein professioneller Coaching-Prozess in der beschriebenen Form unmöglich wird. Der Vorgesetzte kann eine väterliche Rolle einnehmen oder als Mentor fungieren, nicht aber Coach sein. Weiter kann Coaching auch von herkömmlicher Unternehmensberatung abgegrenzt werden. In der Unternehmensberatung wird der Berater explizit als ein Experte in Ökonomie und/oder Unternehmensleitung angesprochen, der aufgrund seiner Einschätzung Ratschläge und Lösungsvorschläge unterbreitet, deren Umsetzung er gegebenenfalls wiederum als beratender Experte begleitet. Auch in diesem Setting kann der charakteristische Coaching-Prozess kaum zustande kommen. Unternehmensberater mögen sich von Coaching-Prozessen inspirieren lassen, ein Coach kann aber nicht gleichzeitig Unternehmensberater sein.

Wenn sich Coaching in der Praxis anders als in der Kerndefinition darstellt, fragt es sich, an welchen Punkten wie starke Abweichungen tolerierbar sind. Es ist Aufgabe der deskriptiven Definition, sich damit auseinander zu setzen und Toleranzbereiche zu diskutieren. In diesem Kontext gehört die unüberschaubare Anzahl von Merkmalen, die in der Literatur in aller Breite und kontrovers diskutiert wird. Sie können sehr stark variiert werden, ohne dass sie den Rahmen der Kerndefinition sprengen: beispielsweise die Anzahl beteiligter Personen (Einzel- und Gruppensetting), die Zeitdauer (solange sie begrenzt ist), die inhaltliche Zielformulierung (solange sie auf berufliche Anliegen bezogen ist), die spezifische Weiterbildung des Coachs (solange sie ihn befähigt, ein professionelles Coaching durchzuführen) und auch die Art und Weise der Evaluation von Coaching (solange dieses die gemeinsame Arbeit von Coachingnehmer und Coach als einen Prozess beurteilt). Jede Variante zieht freilich auch Modifikationen auf der technischen Ebene nach sich, die systematisch beschrieben und konzeptualisiert werden können. Dies ist besonders gut einsichtig im Falle des Gruppencoachings, das dem Coach neben der Orientierung auf eine Einzelperson auch die Fähigkeit abverlangt, mit Gruppendynamiken umzugehen und dementsprechend einen Coaching-Gruppen-Prozess zu begleiten.

Ob ein Beratungsprozess ein Coaching ist oder nicht, hängt vor allem vom Berater ab, der sich als Coach präsentiert und verhält – oder eben nicht. Deshalb möchten wir nachfolgend auf einige Punkte eingehen, die vor allem technische Aspekte der Kerndefinition betreffen.

Als Coach stößt man zunächst relativ häufig auf das Problem der Freiwilligkeit und muss feststellen, dass diese Bedingung auf Seiten des Coachingnehmers nicht wirklich gegeben ist. Tatsächlich ist die Freiwilligkeit in der Praxis keine conditio sine qua non. Innerhalb gewisser Grenzen und mit bestimmen Modifikationen im Vorgehen kann auch unter der Bedingung einer Verordnung ein Coaching-Prozess durchgeführt werden (sogenanntes „verordnetes Coaching"; vgl. Dorando & Grün, 2004; Pühl, 2006; Lippmann, 2006, S. 36f.). Ähnlich verhält es sich beim Gegenstück zur Freiwilligkeit, der Unabhängigkeit des Coachs. Coaching wird im Idealfall von einem externen, vollkommen unabhängigen Coach durchgeführt, dessen Arbeit vom Coachingnehmer selbst honoriert wird. In der Praxis sind es häufig interne Coachs die vom Unternehmen bezahlt werden und manchmal sogar mit den Vorgesetzten der Coachingnehmer in direktem Kontakt stehen. Diese Bedingungen verunmöglichen das Coaching nicht, erschweren jedoch die Auslösung eines Coaching-Prozesses. Ein Coach, der sich an der oben vorgeschlagenen Kerndefinition orientiert, hat ein Instrument zu Hand, mit dem er die Bedingungen und Schwierigkeiten einer individuellen Situation analysieren und beurteilen kann, um in der Folge gegebenenfalls in entscheidenden Momenten zu intervenieren und auch unter weniger günstigen Bedingungen einen Coaching-Prozess nach den Regeln der Kunst zu ermöglichen.

Es wäre schließlich auch naiv, davon auszugehen, ein Coach würde niemals Ratschläge geben und sich in den Gesprächen ausschließlich nicht-direktiv verhalten. Unsere Interviewpartner haben deutlich gemacht, dass damit ein Coaching-Prozess nicht zwingend verunmöglicht oder gar zerstört wird (s. Kapitel 3.1). Tatsächlich müssen wir davon ausgehen, dass innerhalb eines Coachings auch herkömmliche Beratungssequenzen stattfinden, so wie beispielsweise auch innerhalb psychotherapeutischer Prozesse Coaching-Sequenzen stattfinden können (Neukom & Grimmer, 2009; vgl. auch Kapitel 5). Entscheidend ist, dass der Coach die beschriebene grundsätzliche Haltung nicht aus dem Auge verliert und sich in entscheidenden Momenten so verhält, dass er den Coaching-Prozess befördert und den entsprechenden Lernprozess ermöglicht.

Ein weiterer Punkt ist die Bezogenheit des Coachings auf berufliche Anliegen. Diese Forderung würden wir im Zusammenhang mit der Formulierung der Zielsetzungen eines Coachings als unbedingt bezeichnen, freilich aber nicht in Bezug auf die während des Prozesses zur Sprache kommenden Inhalte. Hier werden vielfach auch private Probleme behandelt oder zumindest angeschnitten, weil sie mit der zu bearbeitenden Aufgabe eng verknüpft sind. Es gilt diesbezüglich, dass der Coach die privaten Anliegen nicht vertieft, sondern ihnen nur soweit Raum gibt, als es ihm für den Coaching-Prozess und die Zielerreichung nötig erscheint. In diesem Zusammenhang steht auch die Frage, wie weit die persönlichen Konflikte, Schwächen und Defizite des Coachingnehmers bearbeitet werden sollen. Die Antwort dreht sich wiederum um die Frage der Dosierung. Je länger die Orientierung an den Ressourcen des Coachingnehmers verlassen wird, desto größer ist die Chance, dass man mit ihm in eine heikle, nicht intendierte Dynamik gerät, die dem Coaching nicht förderlich ist und eine unliebsame Eigenaktivität entwickeln kann. Zuviel

Gewicht auf privaten Themen, persönlichen Konflikten und auch weiter in der Vergangenheit zurückliegenden Erlebnissen löst eine emotionale Involvierung aus, die den Rahmen des Coachings sprengt (vgl. auch Lippmann, 2006, S. 327ff.). Das Konzept Coaching ist sehr stark geprägt von einer Werthaltung, die das Individuum als autonom und selbstbestimmt ansieht und gesellschaftlich besonders in der bürgerlichen Mittelschicht verankert ist. Ein Coach wird automatisch zu einem Vertreter dieser Werte, wenn er ein Coaching im Sinne der Kerndefinition durchführt. Deshalb ist es wichtig, dass er sich dessen bewusst ist und bei Bedarf darüber reflektieren kann. Es gibt zudem Zielgruppen für Coaching, in denen diese Werte weniger wichtig sind. Verschiedene Autoren (Echter, 2005, S. 495ff.; Böning 2006, S. 94f.) haben beispielsweise gestützt auf entsprechende Studien dargelegt, inwiefern in der Arbeit mit Topmanagern („Executives") besondere Werte und Verhaltensweisen beachtet werden müssen. Leistung, Kooperation, Teamgeist, Authentizität oder persönliche Veränderung sind im Topmanagement-Bereich weniger bedeutsam als etwa Entscheidungsmacht, Perfektion, Selbstinszenierung oder Image. Topmanager müssen sich stärker politisch-diplomatisch verhalten und sind es auch gewohnt, dass sie von Mitarbeitern ausgearbeitete und entscheidungsreife Vorlagen erhalten. Grundsätzlich sind wir allerdings der Auffassung, dass die Idee von Coaching und vor allem auch dessen Wirkungsprinzip davon nicht maßgeblich berührt werden. Während sich Coaching im Kern gleich bleibt, ist zu erwarten, dass unterschiedliche Zielgruppen (etwa Personen, die in Familienunternehmen, im Bereich Human Resource oder Non-Profit-Unternehmen tätig sind) eigene und im Rahmen der deskriptiven Definition auch definierbare Bedingungen stellen (vgl. dazu auch Böning & Fritschle, 2005, S. 179ff.).

Kommen wir zur Frage der unspezifischen Interventionstechniken, Instrumente, Werkzeuge oder Methoden, die einem Coach zur Verfügung stehen. In der Kerndefinition wurde das Zuhören und Stellen von Fragen als zentral bestimmt, während der diesbezügliche Auswahlkatalog in der Coaching-Literatur nahezu unendliche Dimensionen hat (vgl. beispielsweise Rauen 2004, 2007; Lippmann, 2006, S. 325ff). Grundsätzlich halten wir alle Methoden für grundsätzlich passend und gleichwertig, solange sie nicht in Konflikt geraten mit den Grundsätzen der Kerndefinition. Im Sinne der Ausarbeitung einer umfassenden Definition von Coaching auf unterschiedlichen Abstraktionsebenen würde es sich freilich anbieten, sie systematisch durchzuarbeiten und in Bezug auf ihre Tauglichkeit zu evaluieren. Es ist dies keine vordringliche Aufgabe, denn auch Lippmann (2006, S. 326) betont exakt im Sinne der Kerndefinition, „dass es nicht in erster Linie die Methoden und Techniken an sich sind, die den Erfolg eines Coachings ausmachen". Die entscheidenden Wirkfaktoren „sind die Beziehung, die elaborierte Gestaltung der Zielformulierung und -annäherung, die Qualifikation, das Engagement und die Authentizität des Coachs, der zeitlich gut abgestimmte und dem Klienten angepasste Einsatz verschiedener Techniken" (ebd.).

Angesichts der Tatsache, dass die Haltung und das Verhalten des Coachs für das Gelingen eines Coaching-Prozesses derart bedeutungsvoll sind, möchten wir zum Schluss noch kurz auf das Thema der Aus- und Weiterbildung von Coachs eingehen. Aus unserer Sicht ist es nicht angezeigt, eine spezifische Ausbildung zu fordern, obschon ein Schwerpunkt im Fach Psychologie als besonders günstig erscheint (und auch in der Realität häufig gegeben ist). In Bezug auf die Weiterbildung erscheint uns eine dezidierte Formalisierung und Ausrichtung auf die spezifischen Merkmale von Coaching allerdings wünschenswert. Demnach ist die Vermittlung von Methoden weniger wichtig als etwa die Erarbeitung von sozialen und emotionalen Kompetenzen, namentlich im Bereich der professionellen Gesprächsführung und Beziehungsgestaltung (Bluckert, 2005a). Die Vermittlung diesbezüglicher Fähigkeiten bedarf erst noch einer differenzierten Konzeptualisierung, die die spezifischen Elemente von Coaching aufnimmt und vermittelbar macht. Erst wenn diese Voraussetzungen gegeben sind, macht es Sinn, Weiterbildungs-Curricula im Bereich Coaching zu evaluieren, zu bewerten und verbindlich zu machen. In diesem Punkt ist die Forderung der Kerndefinition, dass ein Coach über eine spezifische Coaching-Weiterbildung verfügen sollte, (noch) utopisch.

Zusammenfassung

Unser Vorschlag einer systematischen wissenschaftlichen Konzeptualisierung von professionellem Coaching beinhaltet zwei Abstraktionsebenen: eine *Kerndefinition* (mit einem normativen und einem technischen Aspekt) und eine *deskriptive Definition*. Während die Kerndefinition Coaching als spezifische Beratungsform in seiner idealen Form beschreibt, erfasst die deskriptive Definition möglichst viele weitere, unspezifische Aspekte:

Normative Kerndefinition
Coaching ist eine auf Individuen zentrierte und zeitlich begrenzte Beratungssituation zwischen Coachingnehmer und Coach, in der berufsbezogene Anliegen fokussiert werden. Diese Beratungssituation zielt darauf ab, einen Prozess in Gang zu bringen, in dem die Coachingnehmer beginnen, selbstständig Ideen und Strategien zu entwickeln, um die am Beginn der Coaching-Sitzungen definierte Aufgaben oder Ziele aus eigener Kraft zu bewältigen und zu erreichen. Die Aufgabe des Coachs besteht darin, Hilfestellung sowohl in der Formulierung angemessener Ziele als auch der Einleitung, Durchführung und Beendigung des Coaching-Prozesses zu bieten. Coaching beinhaltet zudem einen individuellen Lernprozess in Bezug auf die Herstellung von Bedingungen, unter denen ein Coachingnehmer künftige Anliegen oder Aufgaben optimal selbst zu bewältigen vermag. Durchgeführt werden Coachings von Fachleuten mit einer spezifischen Coaching-Weiterbildung. Am Ende

eines Coachings steht die gemeinsame Evaluation des durchlaufenen Prozesses und Zielerreichung.

Technische Kerndefinition
Ein Coaching-Prozess kommt dann am zuverlässigsten zustande, wenn bestimmte Rahmenbedingungen, Kompetenzen des Coachs und Interventionstechniken zusammen wirken. Zu den optimalen Rahmenbedingungen gehören die freiwillige Teilnahme des Coachingnehmers und das unabhängige, neutrale und wohlwollende Engagement des Coachs für die Anliegen und Ziele des Coachingnehmers. Diese Bedingungen schaffen die Situation eines asymmetrischen Vertrauensverhältnisses, in welchem dem Coachingnehmer möglichst viel Aktivität überlassen wird. Die Schlüssel-Kompetenzen des Coachs bestehen darin, eine Haltung einzunehmen, die ein offenes, wertschätzendes und angstfreies Arbeitsklima ermöglichen. Er ist in der Lage, mit dem Coachingnehmer realistische, erreichbare und verbindliche Ziele von hohem identifikatorischem Wert zu erarbeiten. Während des Coaching-Prozesses hält er die Bedeutung dieser Ziele beständig aufrecht und unterstützt Motivation und Selbstwirksamkeit des Coachingnehmers. Dies geschieht vorzüglich mit Interventionen, die neben dem (aktiven) Zuhören im Stellen von Fragen bestehen. Gleichzeitig verzichtet der Coach darauf, Ratschläge und Handlungsanweisungen zu geben. Dieses Vorgehen zeigt dem Coachingnehmer, dass der Coach die fertigen Lösungen oder den geeigneten Weg nicht kennt und ihm jedoch zutraut, diese selbst zu finden. Der Coach ermöglicht dem Coachingnehmer schließlich einen Lernprozess in Bezug auf die Entfaltung eigener Ideen und die Entwicklung eigener Initiative. Im Dienst der Nachhaltigkeit der Ergebnisse reflektiert er mit ihm die im Prozess gemachten (emotionalen) Erfahrungen und kümmert er sich um die Fähigkeit des Coachingnehmers, dieses Gelernte in neue Bereiche zu transferieren.

Deskriptive Definition
Coaching ist abgrenzbar von Training, Training, Mentoring, Mediation, Moderation, Supervision, Psychotherapie, Unternehmensberatung und einem Führungsstil. Es lässt sich stark variieren in Bezug auf die die Anzahl beteiligter Personen, die Zeitdauer, die inhaltliche Zielformulierung, die spezifische Weiterbildung des Coachs und auch die Art und Weise der Evaluation von Coaching. Zahlreiche Aspekte der Kerndefinition sind in der Praxis häufig in eingeschränkter oder modifizierter Form gegeben, wie etwa die Bedingungen der Freiwilligkeit seitens des Coachingnehmers oder die Unabhängigkeit der Coachs. Es können auch private Themen zur Sprache kommen, solange sie bezogen sind auf die beruflichen Anliegen und Ziele. Obschon ein Coach grundsätzlich nicht-direktiv vorgeht, kann er unter Umständen auch Ratschläge erteilen. Die zentralen, gleichsam ins Coaching eingeschriebenen Werte wie Autonomie und Selbstbestimmung bedürfen einer ständigen kritischen Reflexion, weil sie je nach Zielgruppe unterschiedlich stark ausgeprägt und von

anderen Werthaltungen und Menschenbildern überlagert sein können. Das Repertoire an Interventionstechniken ist offen und erweiterbar mit Methoden unterschiedlichster Herkunft, solange sie die Ausbildung und Durchführung eines Coaching-Prozesses nicht behindern.

Literatur

Auckenthaler, A. (2003). Supervision. In M. Härter, H. W. Linster & R.-D. Stieglitz (Hrsg.), Qualitätsmanagement in der Psychotherapie. Grundlagen, Methoden, Anwendung (S. 157-169). Göttingen: Hogrefe.

Backhausen, W. & Thommen, J.-P. (2006). Coaching. Durch systemisches Denken zu innovativer Personalentwicklung. 3., aktualisierte und erweiterte Auflage. Wiesbaden: Gabler.

Bluckert, P. (2005a). Critical factors in executive coaching – the coaching relationship. Industrial and Commercial Training, 37 (7), 336-340.

Böning, U. (2005). Coaching. Der Siegeszug eines Personalentwicklungs-Instruments. Eine 10-Jahres-Bilanz. In C. Rauen (Hrsg.). Handbuch Coaching (S. 21-54). Göttingen: Hogrefe.

Böning, U. (2006). Executive-Coaching: „Formel 1"-Coaching oder „Business as usual"? In E. Lippmann (Hrsg.). Coaching. Angewandte Psychologie für die Beratungspraxis (S. 83-100). Heidelberg: Springer.

Böning-Consult. (2004). Coaching-Studie 2004. Bestandsaufnahme und Trends (Studie). Frankfurt/Main: Böning-Consult.

Böning, U. & Fritschle, B. (2005). Coaching fürs Business. Was Coaches, Personaler und Manager über Coaching wissen müssen. Bonn: managerSeminare Verlags GmbH.

Dehner, U. (2005). Leitfaden für das erste Coaching-Gespräch. In C. Rauen (Hrsg.). Handbuch Coaching (S. 353-367). Göttingen: Hogrefe.

Dilling, H., Mombour, W. & Schmidt, M.H. (Hrsg.) (2005). Internationale Klassifikation psychischer Störungen. ICD-10 Kapitel V (F) (5. Aufl.). Bern, Göttingen, Toronto, Seattle: Verlag Hans Huber.

Dorando, M. & Grün, J. (2004). Verordnetes Coaching. Leitlinien zur Klärung von Coaching-Aufträgen und -Beziehungen in der betrieblichen Personalentwicklung. Personalführung, 1/2004, 40-45.

Dreher, A. U. (1998). Empirie Ohne Konzept? Einführung in Die Psychoanalytische Konzept-Forschung. Stuttgart: Verlag Internationale Psychoanalyse.

Echter, D. (2005). Coaching im Top-Management. In Ch. Rauen (Hrsg.). Coaching-Handbuch, 3., überarbeitete und erweiterte Auflage (S. 485-506). Göttingen: Hogrefe.

Freitag, Th. (2009). Der Schweizer Coachingmarkt 2003 bis 2008 – Dem Mythos Coaching auf der Spur. In L. Dahinden, Th. Freitag & F. Schellenberg, (Hrsg.). Mythos Coaching. Was bringts? Wie funktioniert es? (S. 138-156). Zürich: Orell Füssli Verlag.

Frisch, C. (2008). Merkmale eines kompetenten Coachs aus der Sicht von Coachingverantwortlichen. Eine explorative Studie. Unveröffentlichte Lizentiatsarbeit, Universität Zürich, Psychologisches Institut, Abteilung Klinische Psychologie, Psychotherapie und Psychoanalyse.

Goldschmidt, U. & Przybylski, F. (2005). Coaching – Quo vadis? Panel 2005 [Online]. Available: www.vibd.de/download/coaching.pdf

Greif, S. (2005). Vorwort zu Handbuch Coaching. In C. Rauen (Hrsg.), Handbuch Coaching (S. 12-13). Göttingen: Hogrefe.

Grimmer, B. (2006). Psychotherapeutisches Handeln zwischen Zumuten und Mut machen. Das Beziehungs- und Kommunikationskonzept der Kreditierung. Stuttgart: Kohlhammer.

Haft, F. & von Schlieffen, K. (Hrsg.) (2009). Handbuch Mediation. 2. Auflage. München: Beck.

Hasselhorn, M. & Gold, A. (2006). Pädagogische Psychologie. Erfolgreiches Lehren und Lernen. Stuttgart: Kohlhammer.

Herrmann, B. & Freitag, T. (2005). MindMove Coachingmarkt-Studie 2005 (Studie). Zürich: MindMove GmbH.

Herzer, M. & Hanke, F. (2004). Coaching als Instrument betrieblicher Personalentwicklung. Chancen und Herausforderungen in der Begegnung zweier Systeme. In H. J. Kersting & H. Neumann-Wirsig (Hrsg.). Supervision intelligenter Systeme. Supervision, Coaching und Organisationsberatung. Aachen. Dr. Heinz Kersting Verlag.

Hess, T. & Roth, W. (2001). Professionelles Coaching. Eine Expertenbefragung zur Qualitätseinschätzung und -entwicklung. Heidelberg, Kröning: Asanger.

Jüster, M., Hildenbrand, C. & Petzold, H.G. (2005). Coaching in der Sicht von Führungskräften – Eine empirische Untersuchung. In C. Rauen (Hrsg.). Handbuch Coaching (S. 77-98). Göttingen: Hogrefe.

Kimmle, A. (2004). Mentoring und Coaching in Unternehmen – Abgrenzung der Inhalte. Organisationsberatung, Supervision, Coaching, 11, 233-237.

Klauer, K. J. & Leutner, D. (2007). Lehren und Lernen. Einführung in die Instruktionspsychologie. Weinheim: Beltz.

Künzli, H. (2005). Wirksamkeitsforschung im Führungskräfte-Coaching. Organisationsberatung, Supervision, Coaching, 12, 231-243.

Leder, A. (2005). Coaching von Unternehmern. In C. Rauen (Hrsg.). Handbuch Coaching (S. 469-484). Göttingen: Hogrefe.

Leuzinger-Bohleber, M. & Fischmann, T. (2006). What is conceptual research in psychoanalysis? International Journal of Psychoanalyis, 87, 1355-1386.

Lippmann, E. (Hrsg.). (2006). Coaching. Angewandte Psychologie für die Beratungspraxis. Heidelberg: Springer Medizin Verlag Heidelberg.

Looss, W. (2002). Unter vier Augen. Coaching für Manager. München: Verlag Moderne Industrie.

Looss, W. & Rauen, C. (2005). Einzel-Coaching – Das Konzept einer komplexen Beratungsbeziehung. In C. Rauen (Hrsg.). Handbuch Coaching (S. 155-182). Göttingen: Hogrefe.

Mayring, P. (2003). Qualitative Inhaltsanalyse. Grundlagen und Techniken (8. Aufl.). Weinheim: Beltz.

Mayring, P. (2007). Qualitative Inhaltsanalyse. Grundlagen und Techniken. (9. Aufl.). Weinheim: Beltz.

Meier, B. (2008). Was ist Coaching? Eine explorative Studie. Unveröffentlichte Lizentiatsarbeit, Universität Zürich, Psychologisches Institut, Abteilung Klinische Psychologie, Psychotherapie und Psychoanalyse.

Migge, B. (2005). Handbuch Coaching und Beratung. Weinheim: Beltz.

Neukom, M. & Grimmer, B. (2009). Coaching oder Psychotherapie? Psychotherapie und Coaching? In L. Dahinden, Th. Freitag & F. Schellenberg (Hrsg.). Mythos Coaching. Was bringts? Wie funktioniert es? (S. 12-22). Zürich: Orell Füssli Verlag.

Neumann, U. & Schneider, M. (2005). Coaching Survey 2005. Management Summary [Online]. Available: www.holtkampj.de/download/Coaching_Survey_2005.pdf

Offermanns, M. (2004). Braucht Coaching einen Coach? Eine evaluative Pilotstudie. Stuttgart: ibidem-Verlag.

Orlinsky, D. E., Grawe, K. & Parks, B. K. (1994). Process and outcome in psychotherapy – noch einmal. In A. E. Bergin & S. L. Garfield (Eds.). Handbook of psychotherapy and behavior change (pp. 270-329). New York: Wiley.

Pallasch, W. & Petersen, R. (2005). Coaching. Ausbildungs- und Trainingskonzeption zum Coach in pädagogischen und sozialen Arbeitsfeldern. Weinheim und München: Juventa Verlag.

Piotrowski, S. (2004). Bedeutung und Einsatz von Coaching in der Personalentwicklung (Forschungsbericht). Wien: PEF Privatuniversität für Management.

Pühl, H. (2006). Verordnetes Coaching. Möglichkeiten und Grenzen zur Organisationsentwicklung. Organisationsberatung, Supervision, Coaching, 13, 193-198.

Rauen, C. (2003). Unterschiede zwischen Coaching und Psychotherapie. Organisationsberatung – Supervision – Coaching, 3, 289-292.

Rauen, C. (Hrsg.). (2004). Coaching-Tools. Erfolgreiche Coaches präsentieren 60 Interventionsmethoden aus ihrer Coaching-Praxis. Bonn: managerSeminare Verlags GmbH.

Rauen, C. (Hrsg.). (2005). Handbuch Coaching. Göttingen: Hogrefe.

Rauen, C. (Hrsg.). (2007). Coaching-Tools II. Erfolgreiche Coaches präsentieren Interventionsmethoden aus ihrer Coaching-Praxis. Bonn: managerSeminare Verlags GmbH.

Rauen, C. & Steinhübel, A. (2005). Coaching-Weiterbildungen. In C. Rauen (Hrsg.). Handbuch Coaching (S. 289-310). Göttingen: Hogrefe.

Schmid, B. (2005). Coaching und Team-Coaching aus systemischer Perspektive. In C. Rauen (Hrsg.). Handbuch Coaching. Göttingen: Hogrefe.

Schore, A. (2002). Bindung, Rechtshirn und Lebensbewältigung. Manuskript des Vortrags an der Internationalen Konferenz „Humanistische Medizin" in Garmisch-Partenkirchen (Übers. W. Büntig).

Schore, A. (2009). Guide to Psychoanalytic Developmental Theories. New York: Springer.

Schreyögg, A. (2003). Coaching. Eine Einführung für Praxis und Ausbildung (6. Aufl.). Frankfurt/Main: Campus Verlag.

Schurz, G. (2006). Einführung in die Wissenschaftstheorie. Darmstadt: Wissenschaftliche Buchgesellschaft.

Seifert, J. W. (2007). Besprechungen erfolgreich moderieren. Offenbach: Gabal Verlag.

Stahl, G. & Marlinghaus, R. (2000). Coaching von Führungskräften. Anlässe, Methoden, Erfolg. Zeitschrift für Führung und Organisation, 69, 199-207.

Stern, D. (1998). Die Lebenserfahrung des Säuglings (6. Aufl.). Stuttgart: Klett-Cotta.

Tag, J. (2000). Coaching in der Verwaltung. Eine Studie zur Akzeptanz eines neuen Beratungsangebots. Organisationsberatung, Supervision, Coaching, 7, 33-48.

Vogelauer, W. (1998). Coaching-Praxis. Führungskräfte professionell begleiten, beraten und unterstützen. Wien: Manzsche Verlags- und Universitätsbuchhandlung.

von Bose, D., Martens-Schmid, K. & Schuchardt-Hain, C. (2003). Führungskräfte im Gespräch über Coaching. Eine empirische Studie. In: K. Martens-Schmid (Hrsg.). Coaching als Beratungssystem. Grundlagen, Konzepte, Methoden (S. 1-53). Heidelberg: Economica-Verlag.

Wahren, H.-K. E. (2005). Präventive Interventionen vor einem Coaching. In C. Rauen (Hrsg.). Handbuch Coaching (S. 137-152). Göttingen: Hogrefe.

Wampold, B.E. (2001). The great psychotherapy debate. Models, methods, and findings. Mahwah, N.J./London: Erlbaum Associates.

Wolff, U. (2005). Strategie-Coaching. In C. Rauen (Hrsg.). Handbuch Coaching (S. 391-420). Göttingen: Hogrefe.

4 Psychotherapie im beruflichen Umfeld

4.1 Psychotherapie im beruflichen Umfeld – eine Forschungslücke

Psychotherapie und Beruf sind zwei Bereiche, die auf den ersten Blick wenig miteinander zu tun haben. Trotzdem gibt es eine Überlappung dieser beiden Themenkomplexe, die – je nach Blickwinkel – unterschiedliche Fragen aufwirft: Aus der Sicht der Psychotherapie gilt es zu entscheiden, ob und wie allfällige berufliche Probleme in die Therapie mit einfließen sollen und welche Bedeutung ihnen innerhalb des Therapiegeschehens zugewiesen wird. Aus dem Blickwinkel der Arbeitswelt stellen sich Fragen wie: Spielt Psychotherapie im beruflichen Umfeld überhaupt eine Rolle? Wenn ja, welche? Wo sind die Schnittstellen? Wenn nein, warum nicht? Wie wird das Thema Psychotherapie im beruflichen Umfeld wahrgenommen und thematisiert? Welche Konsequenzen ergeben sich daraus für die Psychotherapie und für die Arbeitswelt?

In der Fachliteratur finden sich wenige Studien, die sich dem Zusammentreffen von Psychotherapie und Berufswelt widmen. In den Kapiteln 3.1 bis 3.3 wurden Coaching-Studien diskutiert, die auf Befragungen von Personalmanagern, Führungskräften, Coaching-Verantwortlichen, Coachs und Coachingnehmern verschiedener Unternehmen sowie der öffentlichen Verwaltung im deutschsprachigen Raum beruhen. In keiner dieser Befragungen wurde erkundet, welche Bedeutung der „verwandten" Interventionsmethode Psychotherapie im beruflichen Umfeld zukommt. Einige wenige Studien liefern jedoch indirekt Hinweise, die Rückschlüsse auf die Wahrnehmung und das Image von Psychotherapie zulassen. In der Studie von Piotrowski (2004, S. 6-10) sind sämtliche Interviewpartner (Verantwortliche für Personalentwicklung in österreichischen Unternehmen) der Ansicht, dass Coaching nur für psychisch Gesunde geeignet sei (im Gegensatz zur Psychotherapie). Trotzdem wird Coaching von 51% der Befragten als geeignete Methode zur „Behandlung" von Burnout bezeichnet. Interessant im Hinblick auf die Frage nach der Indikation von Psychotherapie ist die Studie von Stahl & Marlinghaus (2000). Die in der Erhebung am häufigsten genannten Coaching-Anlässe und Inhalte von Coaching-Sitzungen deuten darauf hin, dass therapierelevante Probleme wie Sucht, Ängste und Burnout auch in Coachings eine nicht unerhebliche Rolle spielen (ebd., S. 201f.). Im Weiteren bestätigt die Studie, dass die meisten verwendeten Coachingtechniken „aus dem Methodenrepertoire der Psychotherapie" stamm[en] – ein Ergebnis, das in Anbetracht der oft krampfhaften Bemühungen von Coaches, sich von Psychotherapeuten bzw. der Psychotherapie abzugrenzen, nicht einer gewissen Ironie entbehrt" (ebd. S. 203). Angesprochen auf „Bedenken gegenüber Coaching" erwähnen mehrere Befragte in der Studie von von Bose et al. (2003) die „Angst vor Psychospielchen" sowie die Befürchtung, dass sich die Situation des Gecoachten verschlechtern könnte, „indem Dinge – ähnlich wie in einer Psychotherapie – aufgedeckt werden, die man zumindest zu diesem Zeitpunkt oder in diesem Kontext nicht betrachten will" (ebd., S 39). Damit wird die Psychotherapie indirekt als Methode bezeichnet, die unangenehme Wahrheiten an den Tag bringt, die gemäß Aussage eines Interviewpartners „besser nicht ausgesprochen werden". Auch wenn weitergehende Informationen fehlen, deuten diese Aussagen eher auf eine negativ-kritische Haltung gegenüber Psychotherapie hin.

In diesem Kapitel sollen die Einstellungen unserer Interviewpartner zu dem Thema „Psychotherapie und psychische Probleme im beruflichen Umfeld" dargestellt werden. Es geht darum, einen Eindruck davon zu erhalten, welche Rolle und Funktion sie der Psychotherapie im beruflichen Kontext zuweisen. Dazu werden persönliche Erfahrungen und Vorurteile im Zusammenhang mit dem Begriff Psychotherapie sowie Aussagen über Psychotherapieanlässe in die Auswertung miteinbezogen. Berücksichtigt werden auch Informationen organisatorischer Natur: Wer ist zuständig, wenn ein Mitarbeiter über therapierelevante Probleme klagt? Wie ist die Kostentragung geregelt? Und wie wirkt sich diese Situation auf das Arbeitsverhältnis und das berufliche Umfeld aus?

Daraus ergeben sich drei Fragenkomplexe: Der Erste (A) bezieht sich auf die definitorische Ebene: Welche Merkmale kennzeichnen nach Ansicht der Coaching-Verantwortlichen Psychotherapie? Der zweite und der dritte Fragenkomplex beziehen sich auf die Positionierung von Psychotherapie im betrieblichen Umfeld der Coaching-Verantwortlichen und beinhaltet – neben den Psychotherapieanlässen (B) – den praktischen Umgang mit dem Thema Psychotherapie im jeweiligen Unternehmen, d.h. persönliche Erfahrungen, Vorurteile und die bereits genannten organisatorischen Aspekte (C). Im Hinblick auf die Auswertung des Textmaterials mittels Atlas.ti wurden folgende Fragen ausformuliert:

A) Wie wird Psychotherapie definiert?
B) In welchen Situationen bzw. welchen Mitarbeitern wird Psychotherapie empfohlen?
C) Wie wird im Unternehmen mit dem Thema Psychotherapie umgegangen?

Bevor die Ergebnisse unserer Befragung referiert werden, folgt ein Exkurs zur Psychotherapie: Wie wird sie definiert, wie ist der aktuelle Forschungsstand? Damit soll der Leser, der sich im Bereich Psychotherapie nicht auskennt einen Einblick in dieses Forschungs- und Praxisfeld erhalten, um so die Antworten unserer Coaching-Experten besser einordnen zu können.

4.2 Was ist Psychotherapie?

Im Verlaufe des 20. Jahrhunderts haben sich eine Vielfalt von psychotherapeutischen Richtungen und Schulen entwickelt. Eine einheitliche, allgemeingültige Definition von Psychotherapie zu formulieren, gestaltet sich dementsprechend schwierig. Die in der Schweiz gesetzlich verankerte Psychotherapiedefinition nach KVG[11]/KLV[12], in Kraft seit dem 01.01.2007, lautet folgendermaßen:

> Unter Psychotherapie wird eine Form der Therapie psychischer und psychosomatischer Erkrankungen verstanden, die vorwiegend auf der sprachlichen Kommunikation beruht und auf einer Theorie des normalen und pathologischen Verhaltens sowie einer ätiologisch orientierten Diagnostik aufbaut. Sie beinhaltet die systematische Reflexion und kontinuierliche Gestaltung der therapeutischen Beziehung, zeichnet sich durch regelmäßige und vorausgeplante Therapiesitzungen aus und strebt mittels lehrbarer Techniken ein definiertes therapeutisches Ziel an.

Aus dieser Definitionen lassen sich fünf Elemente herauskristallisieren, die für das Begriffsverständnis von Psychotherapie kennzeichnend sind, nämlich: *Ausbildung, Indikation, Zielsetzung, Wissenschaftlichkeit* der Methode und der Aspekt der *Beziehung*. Vergleicht man dies mit der Definition von Psychotherapie, wie sie in Deutschland im Rahmen des Psychotherapeutengesetzes geregelt ist, so lassen sich diese fünf Merkmale auch identifizieren.

Ausbildung

Im deutschsprachigen Raum setzt die Genehmigung zur selbständigen Berufsausübung als Psychotherapeut den Abschluss staatlich anerkannter psychotherapeutischer Weiterbildungen voraus. Dabei handelt es sich um intensive mehrjährige Curricula, die Selbsterfahrung, Theorie und Behandlung unter Supervision enthalten. Nach wie vor bestehen hierzu in Deutschland, Österreich und der Schweiz unterschiedliche Standards, die nicht im Einzelnen referiert werden sollen. Verschieden gehandhabt wird beispielsweise die Frage, ob lediglich Personen mit einem abgeschlossenen Psychologie- oder Medizinstudium (wie in Deutschland) zugelassen werden oder auch andere Studienabschlüsse als Voraussetzung für eine Psychotherapieweiterbildung anerkannt sind. Auch in der Schweiz deutet vieles darauf hin, dass diese Reglementierung mit dem sich in Arbeit befindlichen Psychologieberufe-Gesetz (PsyG) kommen wird. Als Verfahren zur Behandlung von psychischen

---

11 Bundesgesetz vom 18. März 1994 über die Krankenversicherung (KVG); SR 832.10
12 Verordnung des Eidgenössischen Departements des Innern (EDI) vom 29.September 1995 über Leistungen in der obligatorischen Krankenpflegeversicherung (Krankenpflege-Leistungsverordnung, KLV); SR 832.112.31

Krankheiten im Rahmen staatlicher Gesundheitssysteme werden also hohe Qualitätsansprüche an psychotherapeutische Ausbildungen gestellt und die erworbene Expertise in Deutschland beispielsweise im Rahmen von Staatsexamen geprüft.

Indikation

In der Medizin wird der Begriff Indikation als Grund zur Anwendung eines bestimmten diagnostischen oder therapeutischen Verfahrens in einem Krankheitsfall definiert (Pschyrembel, 1998). Bezogen auf die Psychotherapie bedeutet dies die Ermittlung, welche Therapieform für die spezifische Störung beim jeweiligen Patienten geeignet ist (Schneider, 1990, S. 16). Inzwischen gibt es eine Vielzahl störungsspezifischer Therapieverfahren – und eine kaum mehr zu überblickende wissenschaftliche Diskussion über die Wirksamkeit und Sinnhaftigkeit solcher Verfahren. Beispielsweise kommen die Autoren des renommierten „Handbook of Psychotherapy and Behavior Change" (Lambert, 2004, S.808), das alle vier Jahre einen aktualisierten Überblick zum Stand der internationalen Psychotherapieforschung gibt, zum Schluss, dass kein Zweifel an der grundsätzlichen Wirksamkeit von Psychotherapie mehr besteht, es aber sehr fraglich ist, ob die Entwicklung störungsspezifischer Verfahren ein Erfolg versprechender Weg ist. Betrachtet man die Indikationsstellung in einem größeren Kontext, handelt es sich um einen Entscheidungsprozess, bei dem die *fachliche* Indikationsstellung, d.h. die Ermittlung der geeigneten Therapieform, nur einen Schritt des ganzen Prozesses darstellt. Bastine (1981) unterscheidet zwischen drei Indikationstypen: Die Indikation *zur* Psychotherapie (I), die schulenspezifische Indikation (II) und die prozessorientierte Indikation (III). Typ I bezieht sich dabei auf die Frage, ob überhaupt eine Psychotherapie angezeigt ist. Alternativmöglichkeiten wären in diesem Stadium etwa eine ärztliche (medikamentöse) Behandlung, eine Beratung (ein Coaching) oder auch die Einflussnahme über die Veränderung der Lebensbedingungen. Ein gravierendes Problem auf der ersten Indikationsstufe ist gemäß Bastine (1981) das Fehlen von unbestrittenen, wissenschaftlich fundierten Kenntnissen darüber, wann eine Psychotherapie grundsätzlich indiziert ist. Gesellschaftliche Normen, persönliche Erfahrungen, Krankheitskonzept, individuelle Wert- und Zielvorstellungen sowie soziale und gesundheitspolitische Bedingungen spielen in diesem Stadium des Indikationsprozesses eine wesentliche Rolle (Grawe, 1982). Basierend auf einer Psychotherapiedefinition von Strotzka (1978) ist Psychotherapie die Methode der Wahl bei „Verhaltensstörungen und Leidenszuständen, die in einem Konsens (möglichst zwischen Patient, Therapeut und Bezugsgruppe) für behandlungsbedürftig gehalten werden". Die Begriffe „Patient" und „behandlungsbedürftig" indizieren, dass Psychotherapiebedarf mit dem Vorhandensein einer Krankheit bzw. „krank sein" in Verbindung stehen muss. Kind (1982, S. 7) unterscheidet zwischen einem *medizinischen Modell* der

Psychotherapie, in dem sich Psychotherapie als Behandlungsmethode von psychischen Störungen definiert, und einem *philosophisch-pädagogischen Modell*, das sich an der ursprünglichen Bedeutung des Wortes in der griechischen Antike orientiert („der Seele dienen"). In letzterem Sinne definiert, widmet sich die Psychotherapie der Hilfe in einem persönlichen Bewusstwerdungs- und Individuationsprozess. Es ist somit zu unterscheiden zwischen einer Psychotherapie im „Normalbereich" oder im „Krankheitsbereich". Auch die Gesetzgebung[13], sorgt für eine Abgrenzung der krankenkassenpflichtigen Psychotherapie zur Behandlung von krankheitswertigen Störungen von der Psychotherapie (oder psychologischen Beratung), die sich den Problemen im „Normalbereich" widmet und selbst finanziert werden muss.

Ziel

Es ist offensichtlich, dass die Zielsetzung in direkter Beziehung zur Indikation steht und schlussendlich von dieser abhängt. Gemäß Grawe et al. (1994, S. 11) kann Psychotherapie deshalb gar nicht von ihren Zielen her definiert werden. Die häufige Anwendung auch im präventiven und/oder Selbsterfahrungs-Bereich zeigt, dass es oft nicht um „Gesundung" im eigentlichen Sinne geht, genauso wenig wie die Motivation zur Inanspruchnahme von Psychotherapie oft nicht durch das Vorliegen einer psychischen Störung begründet ist. Die detailliertere Beschreibung von Therapiezielen kann, je nach psychotherapeutischem Ansatz, nochmals unterschiedlich ausfallen.

Wissenschaftlichkeit

Die Frage, wie die geforderte „Wissenschaftlichkeit" definiert wird, ist noch nicht abschließend geklärt und bietet einigen Konfliktstoff. Es gibt nicht die Psychotherapie als die Behandlungsmethode für psychische Probleme, sondern es existieren zahlreiche Methoden, die bezüglich Anerkennung und ökonomischer Mittel (Finanzierung durch die Krankenkasse) miteinander im Wettstreit stehen. Trotz verschiedener Unterschiede weisen seriöse Psychotherapiemethoden folgende gemeinsamen Merkmale auf:

– eine nachvollziehbare Störungstheorie (Krankheitslehre);
– Behandlungsmethoden, die zur Besserung oder Heilung führen;

---

13 So lautet beispielsweise Art. 25 Abs. 1 KVG der Schweiz: „Die obligatorische Krankenpflegeversicherung übernimmt die Kosten für die Leistungen, die der Diagnose oder Behandlung einer Krankheit und ihrer Folgen dienen."

–   eine gewisse Anwendungsbreite (Indikation);
–   überprüfbare Belege für die Wirksamkeit der Behandlung (Morschitzky, 2007,
     S. 39).

Gerade der letzte Punkt sorgt für anhaltende Debatten: welcher Art sollen die überprüfbaren Belege sein, mit denen die Wirksamkeit einer Behandlung nachgewiesen
wird (vgl. Neukom, 2003, 2004)?
     Inzwischen gibt es ausgefeilte methodische Standards für die Ergebnisfor-
schung im Bereich Psychotherapie. Als Goldstandard gelten sogenannte RCT-
Studien (randomised controlled trials), bei denen nach strengen methodischen Vor-
gaben Patientengruppen mit gleichen psychischen Störungsbildern zufällig unterschiedlichen Behandlungsverfahren bzw. Wartegruppen zugeteilt werden, die dann
in ihrer Wirksamkeit miteinander verglichen werden. In Deutschland etwa wurde
nach in Krafttreten des Psychotherapeutengesetzes der „Wissenschaftliche Beirat
Psychotherapie" (www.wbpsychotherapie.de) geschaffen, der überprüft, ob die
verschiedenen Psychotherapieverfahren ausreichende wissenschaftliche Belege für
ihre Wirksamkeit vorzuweisen haben. Überwiegend, aber nicht ausschließlich am
Modell der RCT orientiert, hat der WBP inzwischen Verfahrensregeln zur Anerkennung von Methoden und Verfahren der Psychotherapie veröffentlicht, in denen
auch ein „Kriterienkatalog zur Beurteilung der Qualität von Psychotherapiestudien"
(www.wbpsychotherapie; Link: Methodenpapier) enthalten ist. Darin ist detailliert
geregelt, welches methodische Vorgehen welchen Wert hat und sich wie auf die
Anerkennung der wissenschaftlichen Belege auswirkt.
     Wie bereits erwähnt, besteht angesichts der Fülle an eindeutigen Forschungs-
ergebnissen kein Zweifel an der generellen Wirksamkeit von Psychotherapieverfahren (Lambert, 2004). Allerdings gelingt es trotz einer überwältigenden Vielzahl an
Studien bisher kaum, spezifische Effekte einzelner Therapieverfahren zu bestimmen, die sich auf bestimmte Techniken zurückführen lassen. Dieser ebenso deutli-
che Befund findet nach Ansicht der Autoren (ebenda, 2004, S. 809; Luborsky et al.,
2002; Wampold, 2001) nur schwer Anerkennung, weil er den berufspolitischen
Interessen einzelner Therapieschulen widerspricht. Nach Ansicht von Lambert
(2004) eignen sich die Methoden, die zur Ergebnisforschung verwendet werden,
offenbar nicht in gleicher Weise um die stattfindenden Prozesse zu untersuchen.
Hierfür werden in den letzten Jahren immer mehr qualitative Forschungsmethoden
herangezogen. Auch weil es bisher kaum gelungen ist einzelne Techniken als Wirkfaktoren zu bestimmen, hat sich die Ansicht durchgesetzt, dass sogenannte unspezifische oder allgemeine Wirkfaktoren einen großen Einfluss auf den Prozess und die
Ergebnisse von Psychotherapien haben. Damit sind vor allem Faktoren gemeint, die
auf der Ebene der Beziehungsgestaltung angesiedelt sind, wie etwa Empathie oder
das Matching (Zusammenpassen) von Therapeut und Patient (siehe folgenden Abschnitt). Ebenso geht man beim Stand der Forschung davon aus, dass es nicht ein-

fach ein psychotherapeutisches Verfahren zur Behandlung eines bestimmten Störungsbildes gibt, sondern dass es unterschiedliche Menschen gibt, die bei einer bestimmten Störung auf die Behandlung mit einem bestimmten Verfahren durch einen bestimmten Therapeuten positiv reagieren oder nicht.

Beziehung

Die Psychotherapieforschung hat sich seit den 70er Jahren verstärkt der therapeutischen Beziehung zugewendet, nachdem die Suche nach spezifischen Wirkfaktoren einzelner psychotherapeutischer Verfahren kaum überzeugende Ergebnisse gebracht hatte. Vielmehr ließen bereits die damaligen Studien den Schluss zu, dass die unterschiedlichen Formen von Psychotherapie weitgehend ähnlich wirksam sind (Horvath & Luborsky, 1993, S. 569; Rudolf, 1991; Luborsky et al., 2002). Nun begann man sich intensiver zu fragen, welches die den verschiedenen Therapieformen gemeinsamen Wirkfaktoren sind und konzentrierte sich vermehrt auf die Beziehung zwischen Therapeut und Patient. Inzwischen ist die therapeutische Beziehung der Untersuchungsgegenstand im Bereich der Psychotherapieforschung, zu dem mit die meisten empirischen Studien existieren (Orlinsky, Grawe & Parks, 1994, S. 308). Horvath und Bedi (2002, S. 37) fanden bei ihrer Suche in elektronischen Datenbanken über 2000 Titel zu diesem Thema. Die Forschung legt bisher den Fokus auf den Einfluss der Person des Therapeuten und/oder des Patienten auf die Beziehungsgestaltung (Hentschel 2005b, S. 388-389). Die Erfassung personaler Aspekte erfolgt meist mittels standardisierter Fragebogen oder Ratingverfahren. Situationsgebundene Aspekte wie zum Beispiel die Therapiespezifität, externe Einflüsse oder Maßnahmen zur Erhöhung des therapeutischen Arbeitsbündnisses werden ebenfalls vorzugsweise mittels quantitativer Forschungsmethoden untersucht.

Die therapeutische Beziehung, so der heutige Wissensstand, entwickelt sich in einem Prozess wechselseitiger Beeinflussung, in dem sich der Patient und der Therapeut jeweils mit mehr oder weniger subtilen, verbalen und nonverbalen Verhaltensweisen dazu verführen, bestimmte Rollen zu übernehmen. Sie handeln in ihrer Begegnung Zug um Zug aus, worüber sie sprechen und wie sie es tun (Grimmer, 2006). Dieser Prozess ist keineswegs auf sprachliche Äußerungen beschränkt. Der Patient und der Therapeut begegnen sich auch über nicht-sprachliche Handlungsdialoge unter Einsatz verschiedener körperlicher Ausdrucksmittel (Streeck, 2004). Beispielsweise beeinflussen sie sich durch den mimischen Affektausdruck, dem eine wichtige beziehungsregulierende und therapeutische Funktion zukommt (Benecke, 2002).

Wenn man sich vor Augen führt, dass jede therapeutische Beziehung immer höchst individuell ist, dann überrascht es nicht, dass das *Matching*, das Zusammenpassen eines spezifischen Therapeuten mit einem spezifischen Patienten offenbar eine überaus wichtige Rolle für das Zustandekommen einer hilfreichen Beziehung und eines erfolgreichen therapeutischen Prozesses spielt.

Eine therapeutische Beziehung soll eine vertrauensvolle Beziehung sein (Schwaab, 1997, S.165). Das Vertrauen des Patienten in seinen Therapeuten gilt heute als Basis einer erfolgreichen Zusammenarbeit. Aus Sicht der Bindungsforschung ist Vertrauensbildung der Dreh- und Angelpunkt einer Psychotherapie: „In der Therapie geht es primär um Vertrauensbildung, welche gewissermaßen die Basis darstellt für eine Exploration von Beziehungen und damit für eine Erkundung der Wirklichkeit" (Strauss, 2000, S. 41). Die Bindungsforscher übertragen den empirisch gut belegten Zusammenhang zwischen der vertrauensvollen Bindung an primäre Bezugspersonen und der erwartungs- und lustvollen Exploration der Umwelt in den ersten Lebensjahren auf die therapeutische Situation. Der Therapeut soll zur „sicheren Basis" werden, von der aus der Patient beginnen kann, seine früheren und gegenwärtigen Beziehungen zu explorieren und über sich selbst zu reflektieren (Bowlby, 1988).

Aus Sicht der Bindungsforscher kommt es bei der Bildung einer vertrauensvollen Beziehung vor allem auf eine empathische Haltung des Therapeuten an. Die Empathie gilt aber nicht nur als therapeutischer Beitrag zur Vertrauensbildung, sondern auch als eigener Wirkfaktor. So sprechen Horvath & Luborsky (1993, S. 568) in ihrem Überblick über verschiedene Studien von einer signifikanten Korrelation zwischen dem Ausmaß der Empathie des Therapeuten, der Qualität der therapeutischen Beziehung zu einem frühen Zeitpunkt der Zusammenarbeit und dem Ergebnis der Therapie. Genauere Zahlen findet man bei Orlinsky, Grawe & Parks (1994, S. 326, 332): Von 115 empirischen Studien, in denen der Zusammenhang von Empathie und Therapieergebnis untersucht wurde, fand sich in insgesamt 54 % aller Studien eine positive Korrelation und keine einzige negative.

In verschiedenen Studien zeigte sich immer wieder ein deutlicher Zusammenhang zwischen positiven Therapieerwartungen und dem Ergebnis der Therapie: Je positiver die Erwartungen des Patienten in Bezug auf die Therapie zu Beginn und im Verlauf der Behandlung sind, umso erfolgreicher verläuft die Therapie (Meyer, Kruppnick, Simmens, Pilkonis, Egan & Sotsky, 2002, S. 1051).In einer aufwendigen Metaanalyse argumentiert Wampold (2001, S. 168), dass der Glaube des Therapeuten an seine Methode und seine Überzeugung von der Wirksamkeit seiner Arbeit mehr Erklärungskraft für die Wirksamkeit von Therapien besitzt als die spezielle psychotherapeutische Technik, die ein Therapeut einsetzt. Wenn ein Therapeut wirklich an seine Methode glaubt, so die Interpretation von Wampold (2001), dann wird er diesen Glauben auch enthusiastischer an den Patienten vermitteln und dessen eigenen Glauben an die Wirksamkeit der Therapie stärken.

Es gilt also heute mehr den je, was Strotzka (1978, S. 68) bereits vor 30 Jahren formulierte: „Allen theoretischen und technischen Unterschiedlichkeiten der einzelnen therapeutischen Schulen und Richtungen zum Trotz besteht Einhelligkeit darüber, dass die interpersonelle Beziehung zwischen Therapeut und Patient einen Zentralpunkt jedes therapeutischen Ablaufs darstellt." Die Qualität der Beziehung stellt einen zentralen Wirkfaktor in der Psychotherapie dar, sie erlaubt sogar eine der robustesten Vorhersagen des Therapieerfolgs (Herpertz & Caspar, 2008; Kind, 1982; Morschitzky, 2007).

Zusammenfassung

Bei Psychotherapie handelt es sich um in ihrer Wirksamkeit wissenschaftlich belegte Verfahren mit einer langjährigen und intensiven Forschungstradition. Nach heutigem Wissensstand kommt es für erfolgreiche Behandlungen insbesondere auf Beziehungsprozesse zwischen Therapeuten und Patienten an. Da Psychotherapie vor allem im Rahmen staatlicher Gesundheitssysteme Anwendung findet, unterliegt sie verschiedenen rechtlichen Regelungen. Die Zulassung zur Berufsausübung setzt qualifizierende, aufwendige und oftmals staatlich überprüfte Weiterbildungsabschlüsse voraus. Vor dem Hintergrund dieses Wissens über Psychotherapie sollen nun die Ansichten unserer Coaching-Experten referiert werden.

4.3 Methodik der Teil-Studie

Bezüglich der Auswertung der dreißig Interviews orientieren wir uns an der zusammenfassenden Methode nach Mayring (2003). Die entsprechenden Arbeitsschritte wurden bereits in Kapitel 2 erläutert. Aufgrund der großen Datenmenge werden einzelne Schritte zusammengefasst, sodass sich das konkrete Vorgehen schließlich folgendermaßen gestaltet:

1. Bestimmung der Analyseeinheiten: Auswählen und Eingrenzen der Textstellen
2. Erste Reduktion: Codierung der Unterkategorien und Rücküberprüfung
3. Zweite Reduktion: Codierung der Oberkategorien und Rücküberprüfung

1. Bestimmung der Analyseeinheiten: Auswählen und Eingrenzen der Textstellen
In diesem ersten Schritt wurden die Transkripte durchgelesen und sämtliche in Bezug auf die Fragestellung relevanten Textstellen markiert. Dabei wurden in erster Linie explizite Aussagen der Experten berücksichtigt. Infolge der stellenweise geschlossenen Frageformulierung durch die Interviewer ergaben sich jedoch auch Konstellationen, die eine indirekte Aussage der Experten generierten. Das bedeutet, dass die vom Interviewer als Frage ausformulierte Aussage von den Experten entweder bestätigt/bejaht oder negiert wurde. Aufgrund der relativen Häufigkeit und der teilweise zentralen Position solcher indirekter Aussagen werden diese ebenfalls als Analyseeinheiten berücksichtigt. Sämtliche markierte Textstellen sollen in ihrer Aussage so knapp wie möglich respektive so umfassend wie nötig eingegrenzt werden. Ziel dieses Arbeitsschrittes ist es, exakt diejenigen Textpassagen zu ermitteln, die hinsichtlich der beschriebenen Fragestellung relevant sind.

2.   Erste Reduktion: Codierung der Unterkategorien und Rücküberprüfung
Jeder Textstelle wurden ein oder mehrere Unterkategorien (Codes) zugeordnet.
Eine Unterkategorie wird erstellt, indem jeweils eine bestimmte Aussage einer Text-
stelle möglichst prägnant in wenigen Worten zusammengefasst wird. Die einzelnen
Unterkategorien sollen möglichst Text nah formuliert sein, um der Subjektivität und
Interpretation Grenzen zu setzen. Gleichzeitig gilt es jedoch zu beachten, dass sie
nicht zu spezifisch gehalten sind, sodass jede Unterkategorie schließlich nur für eine
bestimmte Textstelle angewendet werden kann. Nach eine ersten Durchsicht aller
Interviews unter Berücksichtigung der vollständigen Unterkategorien-Liste wurden
die Codierungen in einem weiteren Durchlauf systematisch überprüft. Im Fokus
dieser Rücküberprüfung stehen sowohl die Zuordnung der Aussagen zu den Fragestellungen A, B oder C, als auch die Codierung an sich: Trifft die gewählte Unterkategorie tatsächlich den Kern der jeweiligen Aussage? Ist die Formulierung der Unterkategorien prägnant und nachvollziehbar? Existieren andere Unterkategorien, die
die Aussage des Interviewpartners besser wiedergeben? Ist die Kernaussage der
jeweiligen Textstelle durch die gesetzten Unterkategorien vollumfänglich repräsen-
tiert?

3.   Zweite Reduktion: Codierung der Oberkategorien und Rücküberprüfung
Durch die bisherigen Arbeitsschritte wurde das gesamte Datenmaterial hinsichtlich
relevanter Textpassagen gefiltert und deren Aussagen mittels Codierungen konzentriert. In einem nächsten Arbeitsschritt erfolgte eine erneute Reduktion dieses inhaltlichen Konzentrats, indem einzelne Unterkategorien zu Oberkategorien (Families)
zusammengefasst wurden. Jede Oberkategorie wurde wiederum so benannt, dass
die Bedeutung der in ihr vereinigten Unterkategorien möglichst kurz und prägnant
zum Ausdruck kommt. Obwohl jede Unterkategorien grundsätzlich mehreren
Oberkategorien angehören könnte, wurde eine eindeutige Zuordnung angestrebt.
Die Rücküberprüfung der Oberkategorien erfolgte analog der Rücküberprüfung der
Unterkategorien. Anstelle der Unterkategorien wurde nun die inhaltliche Bedeutung
jeder Oberkategorie ausformuliert und überprüft, ob die zugehörigen Unterkategorien mit dieser Bedeutung übereinstimmen oder ob bei einzelnen Unterkategorien
allenfalls eine andere Zuordnung sinnvoller wäre. Falls im Rahmen der Rücküberprüfung auffiel, dass die Bildung zusätzlicher bzw. anderer Oberkategorien hilfreich
wäre im Hinblick auf die Endauswertung des Datenmaterials, wurden die bestehenden Oberkategorien entsprechend abgeändert oder ergänzt.

4.4 Ergebnisse

Überblick

Im folgenden Kapitel werden die Ergebnisse der Auswertung sämtlicher dreißig Interviews präsentiert und erläutert – zuerst in einem Gesamtüberblick, danach getrennt nach Fragestellung A, B, und C. Dabei steht zunächst der quantitative Aspekt im Sinne einer Häufigkeitsanalyse der verschiedenen Kategoriesysteme im Fokus. Über das gesamte Datenmaterial wurden 121 relevante Textstellen markiert. Dabei bewegt sich die Anzahl der identifizierten Textstellen pro Interview zwischen 1 bis 12, wobei 25 der Interviews zwischen 2 bis 5 beinhalten. In einem Interview konnte nur eine Textstelle markiert werden, ebenfalls in einem Interview 12. Die Anzahl der Textstellen pro Interview hat jedoch wenig Aussagekraft: Eine große Zahl pro Interview lässt nicht zwingend auf eine ebenso große Anzahl verwertbarer Aussagen in Form von Unterkategorien schließen. Die Anzahl der markierten Textstellen hängt in erster Linie vom Gesprächsverlauf ab. Je konzentrierter das Thema „Psychotherapie" in einem Gespräch abgehandelt wurde, desto kleiner ist die Anzahl der markierten Textstellen (und desto länger ist in der Regel die Textstelle selbst). Wurde im umgekehrten Fall während des Gesprächsverlaufs mehrmals nachgehakt oder fielen diverse, eher knapp gehaltene Aussagen zum Thema, entstanden automatisch mehr (dafür kürzere) Textstellen.

Zu diesen 121 Textstellen wurden 167 Unterkategorien (Codes) gebildet. 48 Unterkategorien beziehen sich dabei auf die Fragestellung A, 45 Unterkategorien auf die Fragestellung B und 74 Unterkategorien auf die Fragestellung C. Diese 167 Unterkategorien wurden insgesamt 575 mal vergeben, wobei 150 Codierungen der Fragestellung A (26%), 156 der Fragestellung B (27%) und 269 der Fragestellung C (47%) zugeordnet werden können (s. Abbildung 20).

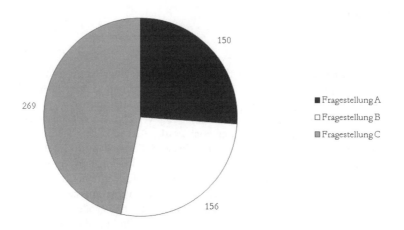

Abbildung 20: Anzahl Codierungen pro Fragestellung

Die Anzahl der Codierungen pro Interview bewegt sich zwischen 7 (2 Interviews) und 41 (1 Interview). Fast die Hälfte der Interviews (47%) beinhalten zwischen 17 und 25 Codierungen. Bezüglich der Fragestellung A wurden pro Interview zwischen 1 und 13 Codierungen gesetzt, bezüglich der Fragestellung B sind es zwischen 0 und 12 und bezüglich der Fragestellung C zwischen 2 und 23 Codierungen.

Die einzelnen der 167 Unterkategorien wurden mindestens einmal und maximal 18-mal vergeben, wobei die 1-2-mal vergebenen Unterkategorien 54%, die 1-3-mal vergebenen Unterkategorien bereits 66% aller Unterkategorien ausmachen.

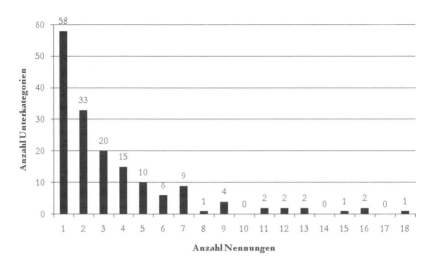

Abbildung 21: Absolute Häufigkeiten der Unterkategorie-Nennungen über alle Interviews

Aus den 167 Unterkategorien wurden 29 Oberkategorien (Families) gebildet, 10 davon innerhalb der Fragestellung A, 6 innerhalb der Fragestellung B und 13 innerhalb der Fragestellung C. Die einzelnen Oberkategorien bestehen aus mindestens 1 (3 Oberkategorien) und maximal 20 Unterkategorien (1 Oberkategorie). Wie bereits erwähnt, wurden einige Unterkategorien mehreren Oberkategorien zugeordnet. Die Anzahl Codierungen pro Oberkategorie bewegt sich zwischen 1 (1 Oberkategorie) und 69 (1 Oberkategorie), wobei 9 der 29 Oberkategorien über 40 Codierungen beinhalten.

Auswertung der Fragestellung A (Wie wird Psychotherapie definiert?)

Ebene der Unterkategorien (Codes)
Sämtliche der 48 A-Unterkategorien beschreiben Merkmale, die gemäß Aussage der interviewten Coaching-Verantwortlichen typisch sind für Psychotherapie. Am häufigsten genannt wurde der Aspekt, dass Psychotherapie in Verbindung steht mit Krankheit/Kranksein (16 Nennungen in 14 Interviews im Folgenden in dieser Form dargestellt: 16/14) bzw. mit einer ärztlichen Diagnose (1/1). Die Aussagen, dass Psychotherapie eine Heilbehandlung darstelle (4/ 4), dass sie oft ärztlich begleitet (1) oder kombiniert mit einer medikamentösen Behandlung (2/2) stattfinde, weisen ebenfalls darauf hin. Zudem ist man der Ansicht, Psychotherapie bearbeite

„tiefer liegende" Fragestellungen (15/14). Weitere bezeichnende Aspekte für Psychotherapie sind die Aufarbeitung der Kindheit/Vergangenheit (13/13), die (meistens) fehlende zeitliche Begrenzung (12/12) und das Vorhandensein spezifischer Behandlungstechniken (9/8). Psychotherapie wird zudem mit Arbeit an der Persönlichkeitsstruktur gleichgesetzt (5/5). Fünf der dreißig Coaching-Verantwortlichen betonen, dass sie über kein konkretes Wissen zu Psychotherapie verfügen würden[14] (5/5). Weitere öfters genannte Unterkategorien beziehen sich auf die Ursachenorientierung von Psychotherapie (4/4) oder verbinden Psychotherapie mit Traumabearbeitung (4/4) und der Bearbeitung/Auflösung von (störenden) persönlichen Mustern (4/4).

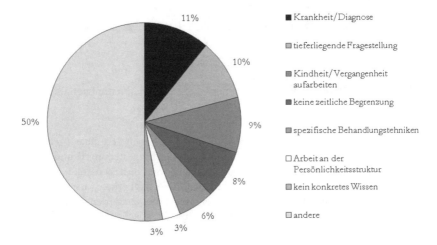

Abbildung 22: Relative Häufigkeiten der am meisten genannten definitorischen
Merkmale von Psychotherapie

Interessant ist zudem, dass je ein Coaching-Verantwortlicher Psychotherapie nicht explizit mit Krankheit (1 Nennung) bzw. einer ärztlichen Diagnose (1 Nennung) in Verbindung bringt. Ebenso ist eine Person der Ansicht, dass Psychotherapie keine spezifischen Behandlungstechniken beinhalte (1 Nennung).[15]

---

14   Allerdings machten diese fünf Personen trotzdem weitere verwertbare Aussage zur Definition von
      Psychotherapie.
15   Aus dem Kontext ist ersichtlich, dass damit „keine andern Behandlungstechniken als im Coaching" gemeint sind. Die Aussage lautet also konkret, dass die Behandlungstechniken der Psychotherapeuten vergleichbar seien mit denjenigen des Coachs.

Ebene der Oberkategorien (Families)
Aus den Unterkategorien zur Fragestellung A wurden zehn Oberkategorien gebildet. Sowohl hinsichtlich der Anzahl der darin enthaltenen Unterkategorien als auch
der damit verbundenen Codierungen sind drei Oberkategorien besonders dominant
vertreten (siehe Abbildung Nr. 23). Dies sind die Oberkategorien *Setting* (16 Unterkategorien, 43 Codierungen), *relative definitorische Merkmale bezogen auf Coaching* (10/34)
und *Indikation/Themen* (9/45). Dabei wurden innerhalb der Oberkategorie *Setting*
noch die zwei Teil-Oberkategorien *Behandlungstechnik* (9/19) und *Therapiemethoden*
(4/9) gebildet. Die restlichen Oberkategorien beinhalten die definitorischen Merkmale *Ausbildung* von Psychotherapeuten (5/8), *Ziele* von Psychotherapie (3 Unterkategorien, 10 Codierungen), die Rolle der *Beziehung* (2/3 Codierungen), und die *Wissenschaftlichkeit* (2/2). Zudem existiert die Oberkategorie *andere* (1/5).

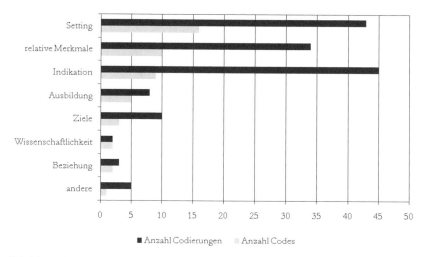

Abbildung 23: Absolute Häufigkeiten von Unterkategorien und Codierungen pro
A-Oberkategorie[16]

Unter Berücksichtigung der enthaltenen Unterkategorien werden anschließend die
Kernaussagen der einzelnen Oberkategorien formuliert. An erster Stelle stehen
diejenigen Aussagen, die durch die höchste Anzahl an Codierungen untermauert
sind. In Klammern ist jeweils die Anzahl der Codierungen aufgeführt.

---

16   Die Oberkategorien „Behandlungstechnik" und „Therapieformen" sind Teil der Oberkategorie
     „Setting" und werden nicht separat dargestellt.

Setting: Bezeichnend für das Setting in der Psychotherapie ist die (beinahe) fehlende zeitliche Begrenzung (12 Codierungen). Es existieren verschiedene Behandlungstechniken (9) und verschiedene Therapieformen (4) wie z.B. die Psychoanalyse (2) und die Krisenintervention/Kurzzeittherapie (2). Psychotherapie wird in der Regel im Einzelsetting (2) durchgeführt und eventuell auch mit einer medikamentösen Behandlung (2) unter ärztlicher Begleitung (1) kombiniert. Als spezifische Behandlungstechniken werden die Thematisierung des Unbewussten (2), die Traumdeutung (1), die Arbeit mit Assoziationen (1), und die nicht-direktive Methode (1) erwähnt. In der Psychotherapie spricht in erster Linie der Patient (2), der Therapeut spiegelt (1) und ist abstinent (1). Ein Coaching-Verantwortlicher stellt in Abrede, dass in der Psychotherapie spezifische (und sich vom Coaching unterscheidende) Behandlungstechniken existieren.

Relative definitorische Merkmale bezogen auf Coaching: In Abgrenzung zum Coaching kann Psychotherapie folgendermaßen beschrieben werden: Psychotherapie bearbeitet tiefer liegende (15 Codierungen) bzw. persönlichere/intimere Fragestellungen (3). Zudem ist sie ursachen- (4), problem- (2) und defizitorientiert (1), weniger zielorientiert (3) und auch weniger strukturiert (3). Psychotherapie kümmert sich um größeres psychisches Leid als Coaching (1). Je ein Coaching-Verantwortlicher ist der Ansicht, Psychotherapie sei intensiver bzw. nicht intensiver als Coaching.

Indikation/Themen: Psychotherapie ist indiziert wenn eine ärztliche diagnostizierte (1) Krankheit (16) vorliegt. Zudem ist Therapie dafür prädestiniert, Probleme aus der Vergangenheit/Kindheit (13), Persönlichkeitsprobleme (5) oder Traumata (4) aufzuarbeiten. Die möglichen Themen sind inhaltlich nicht begrenzt (3). Es geht dabei auch um Arbeit an Werten und Normen (1). Je ein Coaching-Verantwortlicher verbindet Psychotherapie nicht zwingend mit dem Vorliegen einer Krankheit bzw. einer ärztlichen Diagnose.

Ausbildung: Psychotherapie wird nur durch ausgebildete Therapeuten durchgeführt (3). Die Ausbildung ist eine psychologische (1) und beinhaltet ein Psychologiestudium und eine Therapieausbildung (2) bzw. ein Medizinstudium mit Therapieausbildung (1). Psychotherapeut ist ein Beruf (1).

Ziele: Ziele der Psychotherapie ist die Heilung (4) von einer Krankheit sowie die Auflösung von (störenden) persönlichen Mustern (4) und unverarbeiteten Konflikten (2).

Beziehung: Kennzeichnend für die Beziehung zwischen Therapeut und Patient (2) ist ein Überlegenheits-Unterlegenheitsverhältnis (1).

Wissenschaftlichkeit: Psychotherapie ist eine Wissenschaft (1) und klar definiert (1).

Fazit Auswertung Fragestellung A
Zusammenfassend wird Psychotherapie hauptsächlich über das Setting und die Indikation beschrieben und in erster Linie als Krankenbehandlung mittels spezifischer Behandlungstechniken wahrgenommen. Als typisch für Psychotherapie werden die Aufarbeitung der Kindheit/Vergangenheit und die fehlende zeitliche Begrenzung der Intervention betrachtet. Im Weiteren sind relative definitorische Merkmale (bezogen auf die Definition von Coaching) sehr präsent. Die Hauptabgrenzungskriterien von Psychotherapie und Coaching sind die „Tiefe" der Probleme und ihre Verankerung in der Persönlichkeit sowie die Ursachen-/Defizit- oder Problemorientierung der Psychotherapie (im Gegensatz zur Lösungsorientierung beim Coaching).

Auswertung Fragestellung B (In welchen Situationen bzw. welchen Mitarbeitern wird Psychotherapie empfohlen?)

Ebene der Unterkategorien (Codes)
Auf die Frage, in welchen Situationen von den Coaching-Verantwortlichen eine Psychotherapie empfohlen wurde oder würde, fiel eine Antwort mit Abstand am häufigsten: Psychotherapie wird dann empfohlen, wenn man im Coaching an die Grenze des Möglichen stößt bzw. der Coach sich dem präsentierten Problem nicht (mehr) gewachsen fühlt (16 Nennungen in 14 Interviews). Ein Coaching-Verantwortlicher beschreibt diese Situation wie folgt:

> Dann wird es schwierig für mich. Da merke ich, da komme ich ans Limit. Das ist nicht mehr mein Fachgebiet, da mag ich nicht mehr mit, und da bin ich in einem Bereich, wo ich lieber den Mund halte.

Weniger die begrenzten persönlichen Fähigkeiten sondern eher die Grenzen der Interventionsform Coaching fokussiert das nachfolgende Beispiel:

> Ich habe auch gemerkt, ich komme mit dem wie schon im ersten Gespräch auch an Grenzen, und ich habe gemerkt, das ist kein Coaching, der braucht eine andere Beratung.

Weitere Kriterien sind das Vorliegen von tiefer liegenden Problemen (9/8), wenn seitens des Coaching-Verantwortlichen das Gefühl vorherrscht, dass die Probleme nicht nur durch den Beruf bedingt sind (9/9) oder die Ursache des Problems in der Person (und nicht der Situation) liegt (7/7). Die am häufigsten genannten Störungsbilder für die eine Psychotherapie als indiziert angesehen wird sind eine Depression (8/7), Burnout (7/6) oder allgemeiner formuliert eine (psychische) Krankheit (7/7).

Ebenfalls öfters fielen die Stichworte Beziehungs- (6/5) oder familiäre Probleme (5/4), Probleme aus der Vergangenheit/Kindheit (6/5), Alkoholismus (5/4), schwierige Persönlichkeit (5/3) und eine mangelnde Selbstwahrnehmung (5/5).

Ebene der Oberkategorien (Families)
Aus 45 B- Unterkategorien wurden in 6 sich zum Teil überschneidende Oberkategorien gebildet, die im Folgenden erläutert werden.

Allgemeine Charakterisierung von Psychotherapie-Anlässen: Gemessen an der Anzahl Codierungen nimmt diese Oberkategorie der im Berufsalltag auftretenden Psychotherapieanlässe den größten Platz ein (13 Unterkategorien, 65 Codierungen). Eine Empfehlung für Psychotherapie wird den Unterkategorien zufolge in Erwägung gezogen, wenn tiefer liegende Fragen zur Diskussion stehen (9 Codierungen) und die Probleme nicht oder nur teilweise durch den Beruf bedingt sind (9) sondern deren Ursache eher in der Person selbst zu finden sind (7). Psychotherapie wird empfohlen, wenn eine psychische Krankheit vorliegt (7) und/oder es sich um Beziehungs- (6) bzw. familiäre Probleme (5), Probleme aus der Vergangenheit (6) und allgemein um private Probleme (4) handelt. Ein weiteres Indiz für Psychotherapierelevanz ist es, wenn die Probleme immer wieder auftreten (3) oder stagnieren (2) und die Person durch die Probleme massiv belastet/eingeschränkt ist. Dies kann sich auch im Vorliegen einer psychosomatischen Problematik (2) und durch häufige krankheitsbedingte Absenzen am Arbeitsplatz (2) ausdrücken.

Geschilderte Psychotherapieanlässe: Die größte Oberkategorie bezogen auf die integrierten Unterkategorien bildet diejenige der geschilderten Psychotherapie-Anlässe (20 Unterkategorien, 49 Codierungen). Gemäß der Aussagen der Coaching-Verantwortlichen ist hier die depressive Verstimmung/Depression besonders gegenwärtig (8 Codierungen), gefolgt vom Burnout (7). Weiter wird Psychotherapie bei Alkoholismus (5), Persönlichkeitsstörungen[17] (4), Scheidungsproblematik (3), allgemeinen Suchtproblemen (3), Mobbing (3), Stress (2), Ängsten (2) und Workaholismus (2) empfohlen. Ebenfalls genannt werden folgende Situationen: sexuelle Belästigung[18] (1), Stalking[19] (1), ADS/ADHS[20] (1), Lebenskrise (1), Wahnvorstellungen (1), Suizidalität (1), Gewaltdrohung (1), Gewalterfahrung (1), Schizophrenie (1), Traumatisierung (1).

---

17   Da der Begriff der Persönlichkeitsstörungen von den Coaching-Verantwortlichen explizit so verwendet wurde, fand er auch Eingang in die Codierung, obwohl unklar bleibt, ob damit jeweils eine Persönlichkeitsstörung im Sinne einer ICD-10-Diagnose (F60 – F69) gemeint ist. Es ist nicht auszuschließen, dass damit auch einfach eine „schwierige Persönlichkeit" bezeichnet werden sollte.
18   Gemeint ist das Opfer einer sexuellen Belästigung.
19   Zu Beachten: Nicht dem Opfer des Stalkers sondern dem Stalker selbst wurde eine Psychotherapie empfohlen-
20   Aufmerksamkeits-Defizit-Syndrom bzw. Aufmerksamkeits-Defizit/Hyperaktivitäts-Syndrom

Persönlichkeitsmerkmale: Im Weiteren werden öfters – anstelle von psychotherapiere-levanten Situationen – Persönlichkeitsmerkmale von Mitarbeitern beschrieben, denen eine Psychotherapie nahegelegt wurde/würde (11 Unterkategorien, 26 Codierungen). Diese Personen werden allgemein als schwierige Persönlichkeiten (5 Codierungen) mit mangelnder realistischer Selbstwahrnehmung (5) beschrieben. Problematisch wird auch eine starke Emotionalität, ausgedrückt durch Weinen oder nicht näher definierte Gefühlsausbrüche (4), eine Selbstwertproblematik (3), eine psychische/persönliche Instabilität (2) und starke Impulsivität (2) eingeschätzt. Zudem wird den beschriebenen Personen eine mangelnde Kritik- (1), Kommunikations- (1) und Selbstreflexionsfähigkeit (1), eine gewisse psychische Empfindlichkeit (1) sowie das Verharren in einer Opferrolle (1) attestiert.

Grenze von Coaching: Darunter findet sich schließlich die am häufigsten gesetzte Unterkategorie, die in keine der bisherigen Oberkategorien passt, dass Psychotherapie dann empfohlen wird, wenn man mit den Möglichkeiten des Coaching an Grenzen stößt.

Oberkategorieübergreifend wurden zudem *zwischenmenschliche Probleme* (10 Unterkategorien, 24 Codierungen) und *arbeitsbezogene Probleme* (7 Unterkategorien, 18 Codierungen) herausgefiltert. Nachdem sich Coaching in der Regel auf berufsbezogene Probleme und/oder zwischenmenschliche Konfliktsituationen bezieht, ist zu erwarten, dass diese beiden Oberkategorie vor allem Unterkategorien beinhalten, bei denen die Abgrenzung von Psychotherapie und Coaching-Anlässen als schwierig bezeichnet wird oder unklar ausfällt.

Zwischenmenschliche psychotherapierelevante Probleme: Innerhalb der genannten zwischenmenschlichen psychotherapierelevanten Probleme beziehen sich die meisten ganz klar auf den privaten Bereich (14 Codierungen) eines Mitarbeiters (Beziehung, Familie, Scheidung). Weiter werden therapierelevante Situationen von psychischer/körperlicher Gewalt (8 Codierungen zu den Themen Opferrolle, sexuelle Belästigung, Stalking, Mobbing, Gewaltdrohungen, Gewalterfahrung) beschrieben, die sich auch im beruflichen Umfeld abspielen können, wie die folgende Schilderung belegt:

> dann gab's mal einen, dem hab ich empfohlen, äh, der brauche eine Therapie, ... der war von der Phantasie besessen, äh, die Frau, das müsse seine Frau werden ... und sie hat sich bedroht gefühlt ... die waren in derselben Abteilung gewesen ... und zum Teil war er auch bei ihr vor der Wohnung aufgekreuzt ... also ziemlich massiv.

Bezüglich Mobbing ist anzumerken, dass Psychotherapie nicht unbedingt als Methode der Wahl zur Konfliktbereinigung auf der zwischenmenschlichen Ebene betrachtet wird. Psychotherapie wird in diesem Fall – wie das der folgende Coaching-Verantwortliche beschreibt – eher als persönliche Unterstützung für das Mobbingopfer empfohlen:

Aber wenn wir im Extremfall ein Mobbing haben, dann ist schon die Arbeit das Thema, aber es nützt mir nichts dort daran arbeiten zu wollen, zuerst muss diese Person
wieder mal gestärkt werden und Selbstwahrnehmung und Selbstsicherheit wieder gewinnen.

Arbeitsbezogene Probleme: Die arbeitsbezogenen Probleme setzen sich zusammen aus
den Themenkomplexen Überlastung (Stress, Arbeitssucht, Burnout; 13 Codierun-
gen), Konflikte (Mobbing; 3 Codierungen) und Kommunikation am Arbeitsplatz (2
Codierungen). Hier bestätigt sich, dass besonders die Begriffe Stress, Burnout und
Mobbing oft im Kontext mit Coaching-Anlässen bzw. im Zusammenhang mit der
Abgrenzung von Coaching-Anlässen von Nicht-Coaching-Anlässen fallen. Einige
Coaching-Verantwortliche bezeichnen diese Probleme sogar explizit als therapiere-
levant, wie folgendes Beispiel zeigt:

> Es gibt dann wirklich Situationen, wo ich finde, da muss wirklich eine Psychotherapie,
> wo es dann mit Coaching nicht geht … das war bei einem Herrn, wo es um, wirklich
> um Burnout ging.

Oft wird jedoch gerade das Burnout als ein Grenzfall bezeichnet und es kann nicht
klar eruiert werden, welche Interventionsmethode nun als die geeignete bezeichnet
wird, wie folgendes Textbeispiel belegt:

> Burnout ist teilweise schon bei uns, und dort ist aber genau die Frage, was können wir
> noch machen und was nicht … Burnout Geschichten, denke ich, können wir auf dieser
> Ebene nicht, nicht langfristig lösen … [Interviewer: Da würden Sie einen Psychothera-
> peuten empfehlen?] Ja.

Burnout wird somit sowohl als Coaching- als auch als Psychotherapie-Anlass eingeschätzt.

Fazit Auswertung Fragestellung B
Die interviewten Coaching-Experten halten Psychotherapie für eine Interventionsform, die sie empfehlen (würden), wenn Coaching an Grenzen stößt, wenn es sich
um tiefer gehende, mehr in der Person verankerte oder die privaten Verhältnisse
betreffende Probleme handelt. Offenbar wird Psychotherapie für ein Verfahren
gehalten, dass eine andere Reichweite hat als Coaching. Ihr wird ein Anwendungsbereich zugeschrieben, der verschiedene psychische Krankheiten umfasst, wobei die
Abgrenzung zum Coaching bei bestimmten Themen wie Burnout unscharf ist.

Auswertung Fragestellung C (Wie wird im Unternehmen mit dem Thema Psychotherapie umgegangen?)

Ebene der Unterkategorien (Codes)
Da sämtliche übrigen Aussagen zum Thema Psychotherapie mittels C- Unterkategorien erfasst wurden, gestaltet sich diese Gruppe inhaltlich sehr heterogen. Eine Rangverteilung der 74 C- Unterkategorien ist wenig sinnvoll, da besonders häufig gesetzte einzelne Unterkategorien nicht unbedingt etwas darüber aussagen, wie dominant ein bestimmtes Thema (beschrieben durch mehrere verschiedene Unterkategorien) über alle Interviews hinweg vertreten ist. Hier ergeben die Ergebnisse auf der Oberkategorien-Ebene ein anschaulicheres Bild. Deshalb werden nachfolgend nur die 5 gesamthaft am häufigsten genannten C- Unterkategorien kurz beschrieben:

Drei Unterkategorien betreffen das Thema „Empfehlung von Psychotherapie". Hier geben 18 Interviewpartner an, dass es durchaus möglich sei, dass sie in ihrer Tätigkeit eine Psychotherapie empfehlen. Maßgebend bei der Beantwortung der Frage, ob eine Psychotherapie notwendig oder geeigneter wäre als ein Coaching, ist nach Ansicht vieler Coaching-Verantwortlicher ihr persönliches Gespür (13 Nennungen in 11 Interviews). 10 Coaching-Verantwortliche geben an, keine Erfahrung mit Situationen zu haben, in denen ein Mitarbeiter an einen Psychotherapeuten weiter verwiesen worden wäre (11/10).

Weiter ist die „Abgrenzung von Coaching und Psychotherapie" ein wichtiges Thema. Dabei wird einerseits eine klare Trennung von Coaching und Psychotherapie als notwendig erachtet (12/11), andererseits aber auch konstatiert, dass die Grenze zwischen Psychotherapie und Coaching fließend sei (11/9).

Ebene der Oberkategorien (Families)
Wie bereits erwähnt, kommt der Oberkategorie-Bildung innerhalb der Fragestellung C eine wichtige Bedeutung zu. Sie dient in erster Linie dazu, die verschiedenen angesprochenen Themen innerhalb des übergeordneten Themenkomplexes „Psychotherapie im beruflichen Umfeld" herauszuarbeiten.

Insgesamt existieren 13 Oberkategorien, wobei gewisse Unterkategorien mehreren Oberkategorien zugeordnet wurden. Innerhalb der Oberkategorie *Äußerungen zu Psychotherapie allgemein* wurden zudem positive, neutrale und negative Äußerungen unterschieden und drei dementsprechende Teil-Oberkategorien gebildet.

Im folgenden Abschnitt werden die einzelnen Oberkategorien näher erläutert. Die Reihenfolge folgt dem Gedanken „vom Allgemeinen zum Besonderen", d.h. sie führt im vorliegenden Fall von den eher die Unternehmensstrukturen betreffenden, objektivierbaren Themen zu den persönlichen Ansichten der Coaching-Verantwortlichen.

(Betriebsinterne Anlaufstellen) bei psychischen Problemen (8 Unterkategorien; 33 Codierungen): Gemäß Aussagen der Coaching-Verantwortlichen werden Mitarbeitende mit Problemen, die nicht innerhalb eines Coachings bearbeitet werden können[21], an spezielle betriebsinterne Anlaufstellen weiter verwiesen. Dies ist in den meistgenannten Fällen die Sozialberatung (9 Codierungen). Bei anderen Firmen ist in solchen Situationen der medizinischen Dienst (4) oder die Personalabteilung (3) bzw. die Personalberatung (1) zuständig. Eine Firma verfügt über ein betriebsinternes Case Management (1). Andere Coaching-Verantwortliche vermitteln den hilfesuchenden Mitarbeitenden ein externes, unabhängiges Unterstützungsangebot (5)[22] oder geben auf Anfrage Adressen von Psychotherapeuten/Psychiatern bekannt, an die sich die Person wenden kann (7). Wiederum eine Firma hat auf dem Intranet ein Gesundheitsportal aufgeschaltet, wo sich die Mitarbeitenden selbst die notwendigen Informationen (Tests, Kontaktadressen) verschaffen können.

Kostenübernahme (5 Unterkategorien; 11 Codierungen): Die wenigen Codierungen lassen darauf schließen, dass die Frage der Kostenübernahme von Psychotherapie im beruflichen Umfeld kein großes Thema darstellt. Sofern sie angesprochen wurde, geht man meistens davon aus, dass es sich um eine Privatangelegenheit des Mitarbeitenden bzw. eine Krankenkassenleistung handelt (4). Zwei Coaching-Verantwortliche geben an, die Kostenübernahme mit dem Mitarbeitenden zu klären (2) und allenfalls auch eine Kostenübernahme oder -beteiligung durch das Unternehmen in Erwägung zu ziehen (2). Ein Unternehmen übernimmt bei psychischen Problemen jeweils die Kosten für die Erstabklärung. In einem anderen Unternehmen ist eindeutig keine Kostenbeteiligung bei Psychotherapie vorgesehen.

Verantwortlichkeit des Arbeitgebers bei psychischen Problemen (6 Unterkategorien; 22 Codierungen): Die Verantwortlichkeit des Arbeitgebers bei psychischen Problemen wurde im Interview nie explizit angesprochen, jedoch trotzdem von einigen Interviewpartnern thematisiert. Handlungsbedarf des Arbeitgebers sehen die meisten von ihnen dann, wenn sich die psychischen Probleme am Arbeitsplatz bzw. auf die Leistung auswirken (7 Codierungen). Verschiedene Coaching-Verantwortliche stellen sich die Frage nach der Verantwortlichkeit des Arbeitgebers bei psychischen Problemen der Mitarbeiter (5), ohne sie abschließend zu beantworten, wie folgendes Beispiel illustriert:

---

21   Dabei kann es sich um die hier interessierenden psychischen Probleme, aber auch um andere gesundheitliche, finanzielle oder juristische Probleme handeln.

22   Zwei Coaching-Verantwortliche erwähnten diese Tatsache zweimal innerhalb des Interviews, sodass die tatsächliche Nennung 7x erfasst wurde.

... wo ist es noch die Fürsorgepflicht des Arbeitgebers zu schauen, dass es dem gut geht, und wo ist einfach auch der Punkt, an dem man sagen muss, wir haben da quasi ein Abkommen, du gibst uns Leistung und erhältst dafür Geld.

Verantwortungsübernahme im passiven Sinne wird durch das Gewährleisten von Anonymität bei externer Beratung aufgrund von psychischen Problemen angeboten (3). Im aktiven Sinne betreiben zwei Unternehmen eine betriebsinterne Suchtprophylaxe in Form von obligatorischen Workshops für Kaderleute oder von Kursen, die auf freiwilliger Basis angeboten werden. Drei Coaching-Verantwortliche sind der Meinung, dass es nicht Sache des Arbeitgebers sein könne, sich bei psychischen Problemen eines Mitarbeiters um die Initiierung einer entsprechenden Therapie zu kümmern:

... dann sage ich einfach, da können Sie sich hinwenden, aber um den Rest kümmere ich mich nicht mehr.

Zwei Coaching-Verantwortliche bekennen, dass in ihren Unternehmen bei schweren (nicht therapierbaren) psychischen Störungen eine Kündigung ausgesprochen werde.

Psychotherapie/psychische Probleme im beruflichen Umfeld (14 Unterkategorien, 53 Codierungen): Neben dem eben erörterten Thema der Verantwortlichkeit beinhaltet diese Oberkategorie zusätzlich alle weiteren Aussagen, die den allgemeinen Umgang des Arbeitgebers mit dem Thema Psychotherapie/psychische Probleme beschreiben. Die Thematisierung psychischer Probleme oder Psychotherapie wird als Vertrauensfrage bezeichnet (7). Man macht die Erfahrung, dass im beruflichen Umfeld bzw. mit dem Coaching-Verantwortlichen gar nicht darüber gesprochen wird:

Es ist so, man macht's heimlich und traut sich vielleicht nur im engsten Freundeskreis das zu sagen und sonst ist es peinlich.

Da bin ich eben, nicht informiert, weil das sind dann auch heikle Fälle und wir haben auch innerhalb des HR natürlich hohe Vertraulichkeiten und bringen das auch nicht auf den Tisch.

Oder man vertraut sich lieber einer Person an, von der man weiß, dass sie selber Erfahrung hat mit Psychotherapie:

... letzthin hat mich jemand angefragt ... hast du denn auch mal schon so etwas selbst gemacht ... dass man versucht dann so herauszufinden ... kann ich das jetzt dieser Person sagen, dass ich mir das überlege oder nicht.

Psychische Probleme/Psychotherapie werden stigmatisierend und (ent-)wertend wahrgenommen (6) und am Arbeitsplatz verheimlicht (1). Beispiele dafür sind Aussagen wie:

> ...wenn ich sage, ich gehe zu meinem Psychotherapeuten, dann äh, dann bist ein bisschen krank oder so.

> ...das hat etwas mit der Wertung zu tun, die dieses Wort hat. Also Psychotherapie heißt, ich bin krank, ich ticke nicht richtig.

Die Thematisierung von Psychotherapie/psychischen Problemen ist mit Angst und einer abwehrenden Haltung seitens der Betroffenen verbunden (6). Ein Coaching-Verantwortlicher schildert dies folgendermaßen:

> ...wenn ich überhaupt daran komme, denn vielfach ziehen sich die Leute wieder zurück, wenn sie an diesen Punkt [Thematisierung von Psychotherapie] kommen.

Psychotherapie wird als schambehaftet und peinlich bezeichnet (3). Einige Coaching-Verantwortliche machen die Erfahrung, dass Mitarbeitende, die psychisch „auffallen", oft bereits in ärztlicher Behandlung sind (3) oder erleichtert reagieren, wenn sie auf ihre Probleme angesprochen werden (2). Die Abgrenzung von psychotherapierelevanten Problemen von „normalen" Problemen wird als schwierig bezeichnet (3).

Berührungsängste mit dem Thema Psychotherapie/psychische Störung (11 Unterkategorien, 41 Codierungen): Diverse Aussagen der Coaching-Verantwortlichen belegen, dass der Umgang mit dem Thema Psychotherapie im Berufsalltag geprägt ist durch Berührungsängste. Um diese Äußerungen gezielt zu erfassen und zu bündeln, wurden – wie in der Abbildung 24 ersichtlich – die entsprechenden Unterkategorien Oberkategorieübergreifend zusammengefasst. Oben wurde beschrieben, dass bei psychischen Problemen Anonymität gefordert bzw. gewährt wird, dass psychische Probleme zu einer Kündigung führen können, dass die Thematisierung von Psychotherapie Vertrauensfrage ist, Psychotherapie stigmatisiert und eine Abwehrhaltung der Betroffenen wahrzunehmen ist. Weitere Coaching-Verantwortliche geben an, allgemein sehr vorsichtig zu sein bei diesem Thema (6) und das Wort Psychotherapie/Therapie (4) oder Krankheit/Defizit (2) tunlichst zu vermeiden. Eindrücklich illustriert dies z.B. folgende Interviewpassage:

> Interviewer: Sagen Sie sie dann direkt also das Wor- brauchen Sie auch das Wort Psychotherapie?
> Experte: Nein
> Interviewer: Schon gar nicht.

Experte: Nein, weil das würden die Leute wieder nicht verstehen // (mimt erschreckten Ausruf) ich bin doch nicht krank. Und das finde ich auch irgendwie, das hat etwas mit der Wertung zu tun, die dieses Wort hat. Also Psychotherapie heißt ich bin krank, also ich ticke nicht richtig. Ich finde da muss man sehr vorsichtig sein.

Anstelle des Wortes Psychotherapie wird dann z.b. von „*Fachpersonen*" gesprochen, an die sich die Person wenden könnte oder man empfiehlt ihnen, sich anderswo „*Hilfe*" zu holen. Statt Krankheit/Defizit werden die Begriffe „*Knopf in der Leitung*" oder „*Optimierungsbedarf*" verwendet.

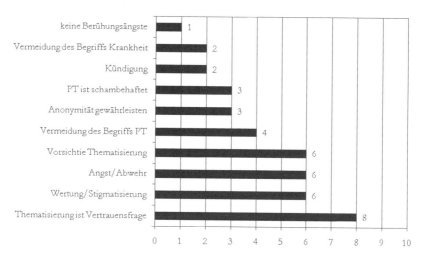

Abbildung 24: Absolute Häufigkeiten der Codierungen der Oberkategorie Berührungsängste mit dem Thema Psychotherapie/psychische Störung

Persönlicher Umgang des Coaching-Verantwortlichen mit psychischen Problemen/Psychotherapie (14 Unterkategorien, 66 Codierungen): Einige der in dieser Oberkategorie zusammengefassten Aussagen zur Thematisierung von Psychotherapie wurden auch der Oberkategorie *Berührungsängste* zugeordnet und unter diesem Abschnitt bereits erörtert. Zudem betreffen diverse Unterkategorien das Thema „Indikationsstellung zur Psychotherapie" und werden anschließend unter der Oberkategorie *Indikationsstellung Psychotherapie* genauer erläutert. Im Übrigen sind die Coaching-Verantwortlichen der Ansicht, dass die betroffenen Personen direkt angesprochen werden sollen bei psychischen Problemen (7) bzw. dann, wenn sie sich und ihre Umgebung kaputt machen (1). In einem Unternehmen wird der Vorgesetzte informiert, wenn nach

Ansicht des Coaching-Verantwortlichen eine Psychotherapie (anstelle eines Coaching) angezeigt ist, damit dieser über die Kostenübernahme entscheiden kann.

Indikationsstellung Psychotherapie (11 Unterkategorien, 69 Codierungen): 18 der interviewten Coaching-Verantwortlichen geben an, eine Psychotherapie zu empfehlen wenn eine solche nach ihrer Einschätzung angezeigt ist, um die Probleme des betroffenen Mitarbeitenden anzugehen (18). Ausschlaggebend bei dieser Einschätzung ist für einige von ihnen in erster Linie das persönliche Gespür (13). Einige verfügen über keine konkrete Erfahrung mit Situationen, in denen eine Psychotherapie empfohlen wurde (11). Sechs Coaching-Verantwortliche würden grundsätzlich keine Therapieempfehlung abgeben. Vier sind der Meinung, dass die Indikationsstellung zur Psychotherapie nicht zu ihren Kompetenzen oder den Kompetenzen eines Coachs sondern in externe, professionelle Hände gehöre (7). Einige wollen gemeinsam mit dem Klienten herausfinden/erarbeiten, dass eine anderweitige Hilfe (als sie im Coaching angeboten werden kann) angezeigt ist (4) oder die Situation tiefer evaluieren, bevor sie eine andere Maßnahme empfehlen (2). Ebenfalls erwähnt wird die Empfehlung zum Arzt (2) oder zum Kinesiologen (1) zu gehen. Ein Coaching-Verantwortlicher würde den Mitarbeitenden zudem über die möglichen Psychotherapierichtungen informieren.

Betrachtet man lediglich die Unterkategorien, die sich mit der Frage „als Coaching-Verantwortlicher eine Therapieempfehlung abgeben – ja oder nein?" befassen, ergibt sich folgendes Bild: 17 Coaching-Verantwortliche[23] würden eine Psychotherapie empfehlen, neun grundsätzlich nicht[24]. Vier Coaching-Verantwortliche äußern sich nicht dazu.

Psychotherapie und Coaching (10 Unterkategorien, 44 Codierungen): Sofern das Verhältnis von Psychotherapie und Coaching zur Sprache kam, wird die Notwendigkeit der Abgrenzung der beiden Interventionsmethoden besonders hervorgehoben (12). Gleichzeitig ist man jedoch auch der Meinung, dass die Grenzen von Coaching und Psychotherapie fließend sind (11) und diese Abgrenzung eine große Herausforderung darstellt (5). Während 5 Coaching-Verantwortliche Psychotherapie als mögliche Ergänzung zum Coaching betrachten und sich vier vorstellen kön-

---

23   Die Differenz zu den vorgenannten 18 Nennungen ergibt sich daher, dass ein Coaching-Verantwortlicher einerseits situativ bestätigt, eine Psychotherapie zu empfehlen, generell jedoch der Ansicht ist, dass keine Therapieempfehlung abgegeben werden sollte. Diese Person wurde aufgrund der unentschiedenen Position unter den vier Coaching-Verantwortlichen eingeordnet, die keine verbindliche Meinung dazu haben.

24   Unter der Kategorie „keine Therapieempfehlung abgeben" wurden die Unterkategorien keine Empfehlung für Psychotherapie abgeben, Indikationsstellung für Psychotherapie gehört in externe, professionelle Hände und Indikationsstellung für Psychotherapie gehört nicht zur Kompetenz des Coachs/Personalverantwortlichen zusammengefasst. Massgebend bei der Zuordnung war, dass während des Interviews mindestens einer dieser drei Unterkategorien generiert wurde, ohne dass im gleichen Interview gleichzeitig auch die Unterkategorie Psychotherapie empfehlen gesetzt wurde.

nen, dass Psychotherapie und Coaching parallel durchgeführt werden, sind zwei andere der Ansicht, dass Psychotherapie und Coaching alternierend (also nie gleichzeitig) durchgeführt werden sollten. Zwei der Unternehmen beschäftigen interne Coachs, die auch über eine Therapieausbildung verfügen. Ein Coaching-Verantwortlicher ist der Meinung, dass eine Therapieausbildung eher hinderlich ist beim Coaching. Im Weiteren wird angeführt, dass Coachingnehmer – nachdem sie sich bereits auf eine Beziehung zum Coach eingelassen haben – oft keinen Wechsel der Bezugsperson mehr wünschen (1), um tiefere Probleme bei einem Psychotherapeuten zu bearbeiten (was wieder für einen Coach mit Therapieausbildung sprechen würde). Zudem wird ein Unterlegenheitsgefühl des Coachs gegenüber dem Psychotherapeuten beschrieben (1).

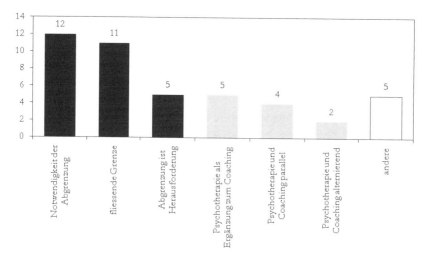

Abbildung 25: Absolute Häufigkeiten der sechs meistgenannten Unterkategorien innerhalb der Oberkategorien „Coaching und Psychotherapie"

Fokussiert man auf die 6 am häufigsten genannten Unterkategorien, betreffen 3 davon (schwarz eingefärbt) bzw. 28 von insgesamt 44 Codierungen (64%) das Thema „Abgrenzung von Coaching und Psychotherapie". Interessant dabei ist, dass die Notwendigkeit wie auch die Unmöglichkeit der klaren/eindeutigen Abgrenzung (fließende Grenze) gleichermaßen betont wird. Dass eine Abgrenzung der beiden Interventionsmethoden unter diesen Umständen als echte Herausforderung wahrgenommen wird, ist wenig erstaunlich.

Die übrigen drei (grau eingefärbt) der sechs meistgenannten Unterkategorien (11 Codierungen, 25%) beziehen sich auf die Ausgestaltung des Neben- bzw. Miteinander von Coaching- und Psychotherapiemaßnahmen, wobei hier keine eindeutige Präferenz ermittelt werden konnte.

Äußerungen zum Thema Psychotherapie allgemein (16 Unterkategorien, 28 Codierungen): Diese Oberkategorie wurde unterteilt in positive, neutrale und negativ gefärbte Äußerungen.

1. positive Äußerungen (1 Unterkategorie, 1 Codierung): Ein Coaching-Verantwortlicher vertritt die Ansicht, dass Psychotherapie (in der Regel) erfolgreich sei.

2. neutrale Äußerungen (5 Unterkategorien, 7 Codierungen): Voraussetzung dafür, dass eine Psychotherapie (erfolgreich) durchgeführt werden kann, sei die grundsätzliche Bereitschaft des Klienten, sich zu öffnen und darüber (über seine tieferliegenden Probleme) zu reden[25] (2). Zudem sei es wichtig, an den richtigen Therapeuten zu gelangen (2). Im Weiteren wird die Feststellung gemacht, dass der Begriff Analyse (anstelle von Therapie) in der Öffentlichkeit bevorzugt werde (1) und die Kurzzeittherapie noch nicht so bekannt sei (1). Ein Coaching-Verantwortlicher bekennt sich zu einer ambivalenten Einstellung gegenüber Psychotherapie.

3. negative Äußerungen (10 Unterkategorien, 20 Codierungen): Eine persönliche Skepsis gegenüber Psychotherapie bekunden 5 Coaching-Verantwortliche. Einige vertreten die Meinung, dass Psychotherapie zu Abhängigkeit vom Therapeuten (3) führen könne. Ein Coaching-Verantwortlicher schreibt dem Therapeuten bei diesem Mechanismus sogar eine aktive Rolle zu, indem durch den Therapeuten:

... also ich sage das so ein bißchen salopp, ... einfach der Kundenstamm gepflegt wird, dass man seine Kunden hat.

Das Problem der Abhängigkeit wird dabei vor allem der Gesprächstherapie[26] zugeschrieben. Psychotherapie habe zudem generell ein schlechtes Image (3). Zudem verfüge die Psychotherapie nur über begrenzte Möglichkeiten (2) bzw. sei wenig erfolgreich (1). Psychotherapie sei zu problem- (2) und vergangenheitsorientiert (1) und daure zu lange (1). Ein Coaching-Verantwortlicher hat die Erfahrung gemacht,

---

25   Wie bereits thematisiert, wird dieser Faktor negativ beeinflusst durch die Angst/Abwehrhaltung, die im Zusammenhang mit Psychotherapie und psychischen Problemen vorherrscht.

26   Gesprächstherapie ist hier vermutlich als Abgrenzung zur Verhaltenstherapie gemeint. Dass explizit die Gesprächspsychotherapie nach Rogers/klientenzentrierte Psychotherapie bezeichnet werden soll, ist kaum wahrscheinlich, vor allem da die übrigen Aussagen keine Anhaltspunkte liefern, dass die Interviewpartner über diese differenzierten Kenntnisse der Psychotherapiemethoden verfügen. Zudem wird die Gesprächstherapie als besonders langandauernde Therapie bezeichnet, was eher auf eine Psychoanalyse hindeutet. Diese Interpretation stimmt auch mit der Äusserung eines Interviewpartners überein, der die Psychoanalyse als klassische Gesprächstherapie bezeichnet.

dass ein Problem sich nur vergrößere, wenn man sich zu sehr damit beschäftige. Ein anderer ist der Überzeugung, dass Psychotherapeuten ungeeignet seien für das Business-Umfeld da sie:

> ... extrem stark [sind] in der Problemidentifikation. Die sehen überall Probleme aber sehr oft wenig Lösungsansätze ... Blöd gesagt, ich brauche nicht immer nur Leute, die mir Probleme bringen, ... ich brauche vor allem Leute, die Probleme lösen.

Persönliche Erfahrungen mit Psychotherapie (3 Unterkategorien, 9 Codierungen): Fünf Coaching-Verantwortliche verfügen über eine eigene Therapieerfahrung im Rahmen der Ausbildung, wobei einer davon diese Erfahrung explizit als positiv bezeichnet. Vier geben an, bisher keine persönlichen Erfahrungen mit Psychotherapie gemacht zu haben.

Fazit Fragestellung C

Die Auswertung der verschiedenen Aussagen zur Einstellung der Coaching-Verantwortlichen zur Psychotherapie und zum Umgang mit Psychotherapie und psychischen Problemen im beruflichen Umfeld ergibt ein sehr differenziertes, aber zum Teil auch widersprüchliches Bild. In den befragten Großunternehmen gibt es ganz verschiedene Organisationsformen und Angebote, um betroffenen Mitarbeitern geeignete Behandlungsangebote zu ermöglichen. Sie reichen von Coachs mit Psychotherapieweiterbildung über soziale Beratungsstellen oder direkte Weitervermittlung an externe Behandlungsangebote. Eine Kostenübernahme oder Kostenbeteiligung ist für die meisten kein Thema. Die Einstellung zur Frage, wann die Verantwortlichkeit des Arbeitgebers bei psychischen Problemen endet, differiert ebenfalls sehr. Generell scheinen psychische Probleme nach wie vor wenig thematisiert zu werden und mit einer Angst vor Stigmatisierung behaftet zu sein. Es gibt daher einerseits Berührungsängste auf Seiten der Arbeitnehmer aus Angst und Scham und auf Seiten der Coaching-Verantwortlichen, um niemanden zu stigmatisieren. Dennoch halten es die Interviewpartner für wichtig, Betroffene im Einzelfall direkt anzusprechen. Immerhin zwei Drittel würden oder haben bereits eine Psychotherapie empfohlen, obwohl sich fast niemand positiv wertend über Psychotherapie äußerte. Dabei wurden als negative Merkmale von Psychotherapie insbesondere eine Vergangenheits- oder Problemorientierung und eine zu große Abhängigkeitsbeziehung bemängelt. Gleichzeitig gehen die Meinungen darüber auseinander, wo die Grenze zwischen Psychotherapie und Coaching liegt und ob sich beide Methoden ausschließen oder parallel angewendet werden können.

4.5 Psychotherapie in Großunternehmen: Ein Stimmungsbild

Abschließend sollen die Ergebnisse der drei Fragestellungen gemeinsam diskutiert und zum Teil ein Bezug zum Exkurs über Psychotherapie hergestellt werden. Aufgrund aller von den Coaching-Verantwortlichen beschriebenen Aspekte von Psychotherapie im Umfeld eines Großunternehmens lässt sich ein Stimmungsbild zeichnen. Neben Organisatorischem (Zuständigkeiten, Verantwortlichkeit, Kostenübernahme für Psychotherapie, Abgrenzung von Coaching und Psychotherapie), kommen darin auch emotionale Aspekte (beispielsweise Ängste und Unsicherheiten) sowie persönliche Erfahrungen und Überzeugungen zum Ausdruck.

Psychotherapie wird in erster Linie mit „Krankheit/Krankenbehandlung" assoziiert. Dies gilt den Interviewpartnern als wichtiges definitorisches Merkmale von Psychotherapie, die diesen indikatorischen Aspekt beschreiben. Dies ist nicht weiter erstaunlich, wenn man betrachtet, in welchen Kontext Psychotherapie in der öffentlichen Wahrnehmung eingebettet ist: Psychotherapie kommt zur Anwendung bei psychischen Störungen wie Depressionen, Schizophrenie etc. (vgl. Lauber et al., 2005; Zogg et al., 2005). Zudem stammt der Begriff „Therapie" aus der Medizin und hat die Konnotation einer Krankheits- oder Verletzungsbehandlung, was das Vorliegen einer Krankheit oder Verletzung voraussetzt. Dass Psychotherapie als Krankenbehandlung wahrgenommen wird, deckt sich auch mit der Theorie, wird doch in der psychologisch/psychiatrischen Fachliteratur Psychotherapie explizit als Methode zur Behandlung krankheitswertiger psychischer und/oder psychosomatischer Störungen (Kind, 1982; Senf & Broda, 2005) bezeichnet. Auch in der Coaching-Fachliteratur (Lippmann, 2006) wird gerne der scheinbar trennscharfe Aspekt der Krankenbehandlung angeführt, wenn es um die Abgrenzung von Coaching und Psychotherapie geht. Diesen Abgrenzungsbestrebungen können verschiedene Motive zu Grunde liegen. Um sich auf dem wachsenden Beratungs-Markt behaupten zu können, ist es zwingend notwendig, sich von andern, bereits bestehenden Methoden abgrenzen zu können. Nachdem sich Coaching als Beratungsform zeitlich nach der Psychotherapie etabliert hat und sich allgemeiner psychologischer Grundkenntnisse und zudem gewisser Techniken der Psychotherapie bedient, sind diese Abgrenzungsbestrebungen von großer Bedeutung für die Methode des Coaching, um sich eine Existenzberechtigung und zudem die entsprechende Klientel zu sichern. Es erstaunt daher wenig, dass insbesondere dieses definitorische Merkmal von Psychotherapie den Coaching-Verantwortlichen besonders präsent ist.

Psychotherapie zeichnet sich aus Sicht unserer Gesprächspartner als Behandlungsverfahren aus, dass sich „tiefer liegenden" bzw. persönlicheren/intimeren Fragestellungen oder größerem psychischen Leid widmet, als dies im Coaching möglich ist. Interessant ist, dass hier also nicht explizit von krankheitswertigen Störungen gesprochen, sondern die Intimität und Tiefe der Probleme als Gradmesser oder – vergleichbar mit den Polen „gesund" und „krank" – als Kontinuum angesehen wird, auf dem die Methoden Coaching und Psychotherapie an unterschiedlichen Orten angesiedelt sind. Aufgrund der entsprechenden Textpassagen wird nicht deutlich, was genau die Coaching-Verantwortlichen unter „tiefer liegenden" Problemen verstehen. Möglich wäre es, dass Tiefe mit Intimität gleichgesetzt werden könnte. Eine andere Möglichkeit wäre es, dass das Kontinuum bewusste Probleme versus unbewusste Probleme angesprochen werden sollte. Nachdem Psychotherapie auch als „vergangenheitsorientiert" bezeichnet wird und das Thema Kindheit bzw. Vergangenheit aufarbeiten, mehrfach erwähnt wurde, wäre es auch denkbar, dass damit tiefer in der Vergangenheit liegende Probleme gemeint sind.

Psychotherapie wird zugeschrieben, sich vorrangig mit Problemen zu beschäftigen, die sich im privaten Bereich auswirken und/oder deren Ursache im persönlichen/privaten Bereich eruiert wird. Weiterhin wird eine (beinahe) fehlende zeitliche Begrenzung als Psychotherapie-Spezifikum bezeichnet. Viele Coaching-Verantwortliche sind der Überzeugung, dass Psychotherapie über spezielle Behandlungstechniken verfügt. Welche Techniken dies sind, wird jedoch nur vereinzelt beschrieben. Bei den wenigen, die genannt werden, handelt es sich vorwiegend um psychoanalytische Techniken wie die Traumdeutung, Arbeit mit Assoziationen, Thematisierung des Unbewussten oder die Abstinenz des Therapeuten. Interessanterweise vertritt ein Coaching-Verantwortlicher die Meinung, dass Psychotherapie und Coaching grundsätzlich dieselben Behandlungstechniken anwenden. Interessant ist hier der Vergleich mit der Coaching-Studie von Stahl & Marlinghaus (2000, S. 203). Hier wurden die Coachs nach den von ihnen eingesetzten Techniken bzw. Ansätzen gefragt. 38% wenden im Coaching Methoden der systemischen Therapie, 20% psychoanalytische, 16% verhaltenstherapeutische und 7% gesprächstherapeutische an (Mehrfachnennungen waren möglich).

Psychotherapierichtungen oder -methoden sind den Coaching-Verantwortlichen andererseits offenbar nur wenig präsent. Einige beziehen sich im Verlauf des Interviews auf die „klassische Gesprächstherapie" und meinen damit vermutlich die Psychoanalyse, die auch zweimal explizit genannt wird. Die Tatsache, dass die moderne Psychotherapie auch Kurzzeittherapien und Kriseninterventionen oder Paar- und Gruppentherapien anbietet, scheint noch wenig bekannt zu sein. Es entsteht der Eindruck, dass Psychotherapie hinsichtlich des Settings hauptsächlich mit der klassischen Psychoanalyse gleichgesetzt wird und die Weiterentwicklung und Diversifikation, welche die Psychotherapie in den letzten Jahrzehnten durchgemacht hat, nicht wirklich wahrgenommen wurde.

Die Frage nach der Definition von Psychotherapie wurde sehr häufig auch durch die Nennung von Indikationskriterien beantwortet. Dominant ist hier der Aspekt der „(psychischen) Krankheit" vertreten. Hier wird die Abgrenzung von beruflichen und privaten Themen deutlich. Berufliche Themen werden nur marginal als psychotherapierelevant bezeichnet, etwa wenn es um Burnout, Stress, Mobbing oder „Arbeitssucht" geht. Die konkret geschilderten Anlässe, in denen einem Mitarbeiter eine Psychotherapie empfohlen wurde/würde, reichen von Krankheiten wie Depression, Schizophrenie, Angststörungen, Traumatisierung, Persönlichkeitsstörungen, Alkoholismus und allgemeiner Suchtproblematik bis zu situativen Problemen wie Scheidung, Lebenskrise oder körperliche/psychische Gewalt. Von besonderem Interesse ist es, wie die Coachingnehmer die „Persönlichkeitsmerkmale" potentieller Psychotherapiepatienten beschreiben. In der Coaching-Fachliteratur wird darauf hingewiesen, dass sich der Coachingnehmer vom Psychotherapiepatienten durch das Vorhandensein seiner „intakten Selbstmanagementfähigkeit[27]" unterscheide (Lippmann, 2006; Birgmeier, 2006). Der Begriff „Selbstmanagementfähigkeit" wird zwar von keinem der interviewten Coaching-Verantwortlichen explizit verwendet, aber es wird von „mangelnder Selbstreflexionsfähigkeit", „mangelnder realistischer Selbstwahrnehmung"; „Selbstwertproblematik", „mangelnder Kritikfähigkeit" und „mangelnder Kommunikationsfähigkeit" des betreffenden Mitarbeiters gesprochen. Die Vermutung liegt nahe, dass die Coaching-Verantwortlichen mit diesen Formulierungen auf den Fach- und Überbegriff der „Selbstmanagementfähigkeit"[28] abzielten.

Psychotherapie wird auch dann als angezeigt erachtet, wenn Problemsituationen stabil sind, immer wieder auftreten oder eine massive Beeinträchtigung darstellen. Sind diese Aspekte erfüllt, deutet das wiederum darauf hin, dass es sich um „tiefer liegende Probleme" handeln muss. Das von den Coaching-Verantwortlichen am häufigsten genannte Indikationskriterium für Psychotherapie orientiert sich jedoch vordergründig weder an der vorliegenden Problematik noch an den Persönlichkeitsmerkmale des Mitarbeitenden, sondern vor allem an den Möglichkeiten des Coachings, indem Psychotherapie dann als indiziert erachtet wird, wenn das Coaching an seine Grenzen stößt. Die Indikation von Psychotherapie hängt somit davon ab, wie der Coaching-Verantwortliche die Erfolgschancen eines Coachings einschätzt. Die Erfolgschancen werden wiederum durch die Charakterisierung des Problems, die Persönlichkeitsmerkmale des Mitarbeiters und zusätzlich durch die im Coaching zur Verfügung stehenden Techniken und/oder die Fähigkeiten des Coachs beeinflusst. Für einige der Coaching-Verantwortlichen sind die Möglichkeiten des Coachings eher durch die Methode selbst limitiert, für andere sind eher die Fähigkeit und Bereitschaft des Coachs ausschlaggebend.

Sehr häufig wird die Definition von Psychotherapie durch die Cochingverantwortlichen indirekt erschlossen, indem sie Psychotherapie in Abhängigkeit von bzw. in Relation zu Coaching definieren. Eine Erklärung dafür ist im Gesprächsverlauf zu finden: Die Frage nach der Definition von Psychotherapie wurde oft im Anschluss an die Frage nach der Definition von Coaching gestellt, sodass sich relative definitorische

---

27 Vgl. Abb. 8
28 Die genannten Begriffe können als Teilaspekte der Selbstmanagementfähigkeit interpretiert werden. Vgl. FERUS („Fragebogen zur Erfassung von Ressourcen und Selbstmanagement*fähigkeiten*"): Skalen Selbstbeobachtung, Selbstwirksamkeit, Selbstverbalisation.

Merkmale geradezu aufdrängten. Zudem fungieren die Interviewpartner in den Unternehmen als Coaching-Verantwortliche und es kann davon ausgegangen werden, dass sie über das entsprechendem Expertenwissen im Bereich Coaching verfügen. Dass vor diesem Hintergrund andere, verwandte Interventionsmethoden in Anlehnung an bzw. in Abgrenzung zu ihrem Spezialgebiet definiert werden, ist naheliegend. Weiter kommt hinzu, dass nur 37% der Coaching-Verantwortlichen über eine Ausbildung im psychologischen Bereich verfügen. 17% geben an, gar keine Kenntnisse im Bereich Psychotherapie vorweisen zu können. Es ist nachvollziehbar, dass man sich in einer derartigen Situation mit dem persönlichen Spezialwissen aus dem Bereich Coaching behilft, um vor diesem Hindergrund Psychotherapie zu beschreiben.

Psychotherapie wird auch eine spezielle Orientierung zugeschrieben, die sich von derjenigen des Coaching unterscheidet. Psychotherapie sei ursachen-, problem-, und defizitorientiert bzw. weniger zielorientiert und weniger strukturiert. Soweit man sich lediglich auf die Psychoanalyse mag dies teilweise zutreffend sein. Daneben existieren jedoch auch Psychotherapiemethoden, die primär ziel- und lösungsorientiert ausgerichtet und stark strukturiert sind, wie z.B. die Verhaltenstherapie oder die psychodynamische Kurzzeittherapie. Dass die Problemanalyse in der Psychotherapie – auch innerhalb der Verhaltenstherapie – eine wichtige Rolle spielt und die Problemursache intensiver thematisiert wird als im Coaching, ist unbestritten. Dass verschiedene Therapiemethoden wie die Psychoanalyse oder die personenzentrierten Therapie (Gesprächspsychotherapie) den Ablauf der Gespräche wenig vorstrukturieren, trifft ebenfalls zu. Trotzdem ist es interessant festzustellen, dass gerade die besonders dem Coaching verwandten Therapiemethoden und -techniken den interviewten Coaching-Verantwortlichen weniger bekannt zu sein scheinen.

Im theoretischen Exkurs wurden die spezifische Ausbildung, die Zielsetzung, die Wissenschaftlichkeit der Methode und die Rolle der Beziehung als weitere Merkmale identifiziert, anhand derer sich Psychotherapie definieren lässt. In den Definitionen der Coaching-Verantwortlichen spielen diese Aspekte jedoch eine untergeordnete Rolle. Sofern die *Ausbildung* eines Psychotherapeuten thematisiert wird, ist man sich einig, dass eine spezifische Therapieausbildung zur Berufsausübung erforderlich ist, kombiniert mit einem Psychologie- oder Medizinstudium.

Als *Ziel* einer Psychotherapie wird sowohl die Heilung (kurative/therapeutische Zielsetzung) als auch die Auflösung von störenden persönlichen Mustern oder unverarbeiteten Konflikten, was sowohl einer analytischen als auch einer therapeutischen Zielsetzung entsprechen kann[29], bezeichnet.

Die Rolle der *Beziehung* in der Psychotherapie wird lediglich von zwei Coaching-Verantwortlichen angesprochen. Die eigentliche Beziehungsgestaltung und der in der Fachliteratur viel diskutierte „Wirkfaktor Beziehung" wird jedoch nicht

---

29 Je nachdem, wie tiefgreifend diese störenden Muster oder Konflikte sind, können sie sich in Form einer krankheitswertigen Störung auswirken (was für eine therapeutische Zielsetzung spricht) oder aber die darüber hinausgehende Persönlichkeitsentwicklung im „gesunden" Bereich beeinträchtigen.

thematisiert. Die beiden Interviewpartner, die sich zur Beziehung äußern, beschäftigen sich ausschließlich mit der Beziehungshierarchie, die der Psychotherapie eigen sei, indem ein Überlegenheitsverhältnis des Therapeuten bestehe bzw. der Klient die (unterlegene/abhängige) Patientenrolle innehabe. In der Coaching-Fachliteratur ist die Beziehungshierarchie ein wichtiges Thema. Angestrebt wird ausdrücklich eine „horizontale Beratungsbeziehung" (Pallasch & Petersen, 2005) bzw. eine „gleichberechtigt ablaufende Begleitung" (Vogelauer, 1998). Gemäß Williams & Davis (2007) bestehen unterschiedliche Beziehungs-Erwartungen seitens Therapie- bzw. Coaching-Klienten: Therapie-Klienten sehen ihren Therapeuten als Experten, der über Antworten und Techniken verfügt, um ihr Problem zu lösen. Coaching-Klienten sehen ihren Coach als Partner, der sie in ihrem persönlichen Wachstum unterstützt, damit sie ein noch besseres Leben führen und ihre berufliche Performance optimieren können.

Ein Aspekt, der in der Psychotherapie-Definition der Coaching-Verantwortlichen praktisch keine Rolle spielt, ist die *wissenschaftliche Fundierung* der Therapiemethoden.

In ihrer Tätigkeit werden die meisten Coaching-Verantwortlichen gelegentlich auch mit Problemen konfrontiert, die nicht innerhalb eines Coachings gelöst werden können. Entweder stellt sich dies erst im Verlauf eines Coachings heraus oder bereits bei den Vorgesprächen. Neben juristischen können dies auch finanzielle, krankheits- oder unfallbedingte Schwierigkeiten, somatische Erkrankungen oder eben psychische Probleme sein. Angesprochen auf die hier interessierenden psychischen Probleme werden von den Coaching-Verantwortlichen spezifische, dafür zuständige, betriebsinterne Anlaufstellen genannt. Einige Unternehmen verweisen ihre Mitarbeiter an den medizinischen Dienst oder an die zuständigen Personen innerhalb der HR-Abteilung/Personalberatung. Eine Firma verfügt über ein betriebsinternes Case Management. Andere Coaching-Verantwortliche geben an, in einer solchen Situation mit externen Spezialisten zusammenzuarbeiten. Meistens ist dafür jedoch die Sozialberatung zuständig, die als eine Art Sammelbecken für verschiedenartige Mitarbeiterprobleme fungiert. Die spezielle Rolle der betriebsinternen Sozialberatung wird auch in der Fachliteratur thematisiert, war sie doch die erste institutionalisierte Schnittstelle von Arbeit und Psychotherapie. Die Schaffung dieser Stellen erfolgte damals aufgrund der steigenden Alkoholproblematik am Arbeitsplatz, wobei sich die Sozialberatungen – in Ergänzung zu den Arbeitsmedizinern – vor allem um die psychische Gesundheit der Belegschaft kümmerten (Engler, 2002).

Gemäß den Aussagen der Coaching-Verantwortlichen wird die Therapie oder die Beratung bei psychischen Problemen entweder direkt von entsprechend ausgebildeten Mitarbeitern der Sozialberatung durchgeführt, oder aber die Sozialberatung übernimmt Koordinationsaufgaben und ist behilflich bei der Suche nach externen Unterstützungs- und Behandlungsangeboten. Zum Teil sind es auch die Coaching-

Verantwortlichen selbst, die den hilfesuchenden Mitarbeitenden ein externes Unterstützungsangebot vermitteln, sofern sie in ihrer Tätigkeit mit einer psychischen, therapierelevanten Problematik konfrontiert werden. Erstaunlicherweise wird bisher nur von einem Coaching-Verantwortlichen die Institution des Case Managements erwähnt.

Dass psychische Störungen in unserer Leistungs-Gesellschaft eine zunehmend bedeutendere Rolle spielen und auch die Arbeitswelt betreffen (Huf, 1992; Leidig & Wieland, 2006) ist schon aufgrund der steigenden Zahl von Menschen die aufgrund einer psychischen Erkrankung berufsunfähig werden nicht zu widerlegen. Die Aussagen der Coaching-Verantwortlichen lassen darauf schließen, dass sich die Unternehmen dieser Problematik bewusst sind und auch entsprechende Institutionen geschaffen wurden, die sich um die psychische Gesundheit der Mitarbeitenden kümmern, indem etwa Kurse zur Suchtprophylaxe angeboten werden, kostenlos erste Abklärungsgespräche geführt oder (meistens externe) Unterstützungsangebote vermittelt werden. Weitere Schritte sind dann jedoch in der Regel Sache des Mitarbeitenden. Sofern dieses Thema während des Interviews zur Sprache kam, sind sich die Coaching-Verantwortlichen einig: Werden Probleme am Arbeitsplatz als „psychisch" identifiziert oder vom Mitarbeiter selbst als solche deklariert, endet die Verantwortlichkeit des Arbeitgebers, insbesondere wenn die Probleme nicht einen im Beruf vermuteten Auslöser haben (wie bei Burnout). Wenn von Verantwortlichkeit gesprochen wird, ist vermutlich vor allem der finanzielle Aspekt im Sinne der Kostenübernahme von Therapien gemeint. Trotzdem gibt es Coaching-Verantwortliche, die eine Kostenbeteiligung des Unternehmens in Erwägung ziehen. Es ist anzunehmen, dass dies einerseits von der Problematik (Ursache und Auswirkung[30]), andererseits aber auch von der Position/Bedeutung des Mitarbeiters (Kadermitarbeiter? Zeichnet er sich durch besonders gute Leistungen aus, die diese „finanzielle Investition" rechtfertigen würde?) abhängt.

Fast die Hälfte der Coaching-Verantwortlichen betont die Wichtigkeit, Psychotherapie und Coaching klar zu trennen. Beinahe ebenso häufig wird die Grenze von Psychotherapie und Coaching jedoch als fließend bezeichnet, was eine klare Abgrenzung eigentlich verunmöglicht. Eindeutig und klar scheint die Abgrenzung der beiden Interventionsformen zu sein, wenn eine psychische Störung vorliegt (Psychotherapieanlass) oder wenn es eindeutig um geschäftliche Themen und berufsbezogene persönliche Probleme (Business-Coaching) geht. Die Grauzone und damit die Abgrenzungsproblematik zeigt sich dort, wo die Probleme nicht mehr eindeutig als psychische Störung identifiziert werden können und dem in der Persönlichkeit

---

30   Mehrere Coaching-Verantwortliche sehen Handlungsbedarf seitens des Arbeitgebers, wenn sich die psychischen Probleme auf die Leistungsfähigkeit am Arbeitsplatz auswirken. „Handlungsbedarf" bedeutet dabei entweder die Empfehlung von Psychotherapie oder die Vermittlung an andere zuständige Stellen wie die Sozialberatung oder externe Unterstützungsangebote. Dass die Kostentragung auch dazugehört, geht aus den zugehörigen Textstellen jedoch nicht hervor.

liegendem Anteil am Problem (Thema, Inhalt oder Ursache) eine maßgebliche Bedeutung zugeschrieben wird, wie dies bei persönlichen, privaten und familiären Problemen der Fall ist.
    Eine spezielle Rolle spielt das Thema Burnout (vgl. auch Heyn, 2008; Piotrowski, 2004; Stahl & Marlinghaus. 2000), das sowohl den Coaching- als auch den Psychotherapieanlässen zugeordnet wird. Ein interessanter Aspekt sind zudem die bereits diskutierten „Selbstmanagementfähigkeiten". So sind unter den Coaching-Anlässen zum Thema (Persönlichkeits-)Entwicklung (Heyn, 2008, S. 82f.) unter andern die Unterkategorien „Verbesserung der Selbstreflexionsfähigkeit", „Verbesserung Selbstmanagement" „mangelnde Kommunikationsfähigkeit", „Disziplinprobleme" und „Emotionsregulierung" vertreten. Gleichzeitig werden „starke Emotionalität", „mangelnde Kommunikations- und Selbstreflexionsfähigkeit" und „Impulsivität" bzw. „psychische Instabilität" von den Coaching-Verantwortlichen als psychotherapierelevante Persönlichkeitsmerkmale bezeichnet (vgl. Tabelle 4).

Tabelle 4:   Gegenüberstellung von Coaching- und Therapieanlässen zum Thema
               Selbstmanagementfähigkeiten

Coaching-Anlässe	Psychotherapieanlässe
Emotionsregulierung	Starke Emotionalität, psychische Instabilität
Verbesserung Selbstreflexionsfähigkeit	Mangelnde Selbstreflexionsfähigkeit
Mangelnde Kommunikationsfähigkeit	Mangelnde Kommunikationsfähigkeit
Disziplinprobleme	Impulsivität, psychische Instabilität
Verbesserung Selbstmanagement	

Eine mögliche Erklärung dieser Abgrenzungsproblematik im Bereich der „Selbstmanagement-Fähigkeiten" liefert Birgmeier (2006, S. 53): Die Selbstmanagementfähigkeiten sind Kernthema sowohl in der Therapie als auch im Coaching. Zudem bedienen sich beide Interventionsformen therapeutischer Methoden. Die Klientel von Coaching und Therapie unterscheidet sich lediglich im Ausmaß der Beeinträchtigung dieser Selbstmanagementfähigkeiten, indem dem Coaching-Klienten ausreichende, aber nicht optimale, dem Psychotherapie-Patienten hingegen nichtausreichende Selbstmanagementfähigkeiten zugeschrieben werden.
    Diese Unterscheidung impliziert gleichzeitig einen entscheidenden Image-Unterschied von Psychotherapie und Coaching: Coaching arbeitet im Plus-Bereich. Es verbessert, was schon gut ist. Psychotherapie hingegen beschränkt sich auf den defizitären Bereich und versucht, einen gesünderen Normalzustand (womit in Psychotherapieverfahren allerdings ganz unterschiedliches gemeint ist, die Psychoanalyse spricht etwa vom Wiederherstellen der Liebes- und Arbeitsfähigkeit, andere Ver-

fahren von der Beseitigung psychischer Störungen oder der Löschung pathologischer Verhaltensweisen) wiederherzustellen. Damit stellen sich jedoch bereits weitere Fragen: Wer definiert diesen Normalzustand und wie wird er definiert[31]? Wo hört die Defizitbeseitigung auf und wann beginnt die Verbesserung? Offenbar wird eine Persönlichkeitsentwicklung im defizitären Bereich vom Umfeld (und vermutlich auch von der betroffenen Person selbst, vgl. „ich bin doch nicht krank!") nicht gleich bewertet wie eine Persönlichkeitsentwicklung im Plus-Bereich, insbesondere im leistungsorientierten beruflichen Umfeld.

In der Öffentlichkeit ist im Verlaufe der letzten Jahre im Zusammenhang mit der Diagnose Burnout hinsichtlich der Thematisierung von (arbeitsbedingten) psychischen Krankheiten ein Wandel eingetreten und eine gewisse Verringerung der Stigmatisierung erfolgt. Trotzdem zeugen viele Aussagen der Coaching-Verantwortlichen davon, dass psychische Probleme im beruflichen Umfeld noch immer ein heikles Thema sind. Die Berührungsängste bestehen dabei sowohl auf der Seite der Coaching-Verantwortlichen als auch seitens der Mitarbeitenden. Erstere befürchten, durch das Ansprechen allfälliger psychischer Probleme zu sehr in die Intimsphäre des Gegenübers einzudringen und ihn damit als psychischen Kranken abzuwerten. Bei den betroffenen Mitarbeitern nehmen sie Angst vor Stigmatisierung, Scham und Abwehr wahr. Nachdem psychische Krankheit mit Charaktereigenschaften wie Labilität, Unberechenbarkeit, Abnormalität oder gar Gefährlichkeit assoziiert wird (vgl. Auswertung der B-Unterkategorien), ist dies wenig erstaunlich. Engler (2002, S. 41) sieht die Ursache dieser Berührungsängste „in der gängigerweise vorherrschenden Unterscheidung in normale und andere, nicht gesellschaftsfähige Krankheiten" bzw. darin, dass psychische Gesundheit von den Mitarbeitern schlichtweg erwartet wird, während allfällige körperliche Erkrankungen als dem Menschen nun einmal potenziell zugehörig betrachtet werden und entsprechende Therapien außerhalb jeder Diskussion stehen. Zudem wird eine (schwere) körperliche Erkrankung eher als ein von außen auferlegtes Schicksal wahrgenommen, das der Betroffene zu tragen hat, und die Überwindung der Krankheit (bzw. die Rückkehr an den Arbeitsplatz) zeichnet ihn als besonders willensstark und tapfer aus. Bei einer schweren psychischen Störung hingegen wird die Ursache der Erkrankung vermehrt in der Person selbst gesucht und gefunden und die Person somit indirekt selbst für ihre Erkrankung verantwortlich gemacht. Zuzugeben, dass man an einer psychischen Störung leidet, könnte somit bedeuten, persönliche Defizite einzugestehen. Sofern man sich mit psychischen Problemen geoutet hat, könnte dann ein Imageschaden zurückbleiben (Engler, 2002). Allerdings muss noch unterschieden werden, um welche Art einer psychischen Störung es sich handelt. Wie bereits erwähnt, ist die Thematisierung eines Burnout in

---

31 Diese Problematik der Abgrenzung von psychotherapierelevanten Problemen und „normalen" Problemen wird auch von mehreren Coaching-Verantwortlichen thematisiert, vgl. *Definition/Abgrenzung von psychischer Problematik ist schwierig* und *Abgrenzung von Psychotherapie und Coaching ist eine große Herausforderung.*

letzter Zeit salonfähig geworden und vermutlich deshalb weniger imageschädigend, weil die Ursache des Burnout externalisiert (zu starke Arbeitsbelastung) werden kann und das Vorliegen eines Burnouts zudem mit in unserer Gesellschaft positiven bewerteten Attributen wie extrem großer Leistungsbereitschaft, beruflichem Engagement und Erfolg assoziiert wird.

Leidig und Wieland (2006) führen die Unsicherheit und Hilflosigkeit, die den betrieblichen Umgang mit psychisch erkrankten Mitarbeitern kennzeichnen, auf mangelnde Kenntnisse über psychische Leiden, fehlendes Problembewusstsein und fehlende Leitlinien zurück. Um diesem Zustand entgegenzuwirken, bieten sie seit einigen Jahren Seminare für Führungskräfte zum Umgang mit psychosomatisch erkrankten Mitarbeitern an. In Zusammenarbeit mit den Sozialberatungen von Großbetrieben haben sie ein Workshop-Programm mit folgenden Themen entwickelt:

- Die Sensibilisierung für psychischen Stress am Arbeitsplatz: Entstehungsbedingungen und Bewältigungsstrategien
- Erscheinungsweisen der wichtigsten psychischen Störungen und ihre frühen Signale am Arbeitsplatz
- Persönlichkeit und psychische Störungen
- Themenbezogene Selbsterfahrung mit Führungskräften

Dadurch würden nach Meinung der Autoren Vorurteile abgebaut und es finde „eine Entdramatisierung von psychischen Störungen statt", ausgedrückt in den Worten eines Teilnehmers: „Das könnte uns auch passieren!" (ebd., S. 172). Dies deutet darauf hin, dass zumindest die Berührungsängste seitens der Führungskräfte durch „Aufklärungsarbeit" vermindert werden könnten.

57% der Coaching-Verantwortlichen geben an, dass sie einem Mitarbeiter eine Psychotherapie empfehlen würden, sofern er ihres Erachtens ein therapierelevantes Problem präsentiert. Fast die Hälfte der Interviewpartner verlassen sich bei dieser Einschätzung (ob ein therapierelevantes Problem vorliegt) auf ihr persönliches Gespür. Die eigentliche Indikationsstellung gehört jedoch nach Ansicht der meisten Coaching-Verantwortlichen, die sich dazu äußern, nicht zu ihrem Kompetenzbereich sondern in externe, professionelle Hände.

Vor dem Hintergrund dieser Äußerungen wäre eigentlich zu erwarten, dass die Mehrheit der Coaching-Verantwortlichen Psychotherapie grundsätzlich als sinnvolle Interventionsmethode betrachten, der ein gewisses Ausmaß an Professionalität und – zumindest bei bestimmten Störungsbildern – an Wirksamkeit zugeschrieben wird. Diejenigen Coaching-Verantwortlichen, die sich generell zur Methode Psychotherapie geäußert haben, stehen ihr jedoch eher skeptisch gegenüber. Ihre Hauptkritikpunkte sind zum einen, dass in Psychotherapien im Gegensatz zum Coaching Abhängigkeit des Patienten vom Therapeuten gefördert würde und dass sie zu sehr problem- und vergangenheitsorientiert wären und zu wenig zukunfts- und lösungsorientiert.

Wie lassen sich diese Vorbehalte bzw. diese Ambivalenz gegenüber der Psychotherapie erklären? Hat die Psychotherapie ein Imageproblem, welches die Coaching-Verantwortlichen und Mitarbeiter von Großunternehmen allenfalls auch dazu veranlasst, in einem Grenzfall lieber ein Coaching in Anspruch zu nehmen als eine Therapie? Spielen eventuell zusätzlich auch die berufliche Position[32], das Selbstbild und Persönlichkeitsmerkmale potentieller Klienten eine maßgebliche Rolle? Diese Fragen können aufgrund dieser Studie nicht präzise beantwortet werden. Herausgestellt hat sich, dass Psychotherapie nur mit großer Vorsicht thematisiert wird. Therapierelevante psychische Probleme zu haben, ist gleichbedeutend mit einem persönlichen Defizit. Dies könnte auch bei der Entscheidungsfindung für Coaching oder für Psychotherapie eine wesentliche Rolle spielen.

Literatur

Bastine, R. (1981). Adaptive Indikationen in der zielorientierten Psychotherapie. In U. Baumann (Hrsg.). Indikation zur Psychotherapie (S. 158-168). München: Urban & Schwarzenberg.

Benecke, C. (2002). Mimischer Affektausdruck und Sprachinhalt. Interaktive und objektbezogene Affekte im psychotherapeutischen Prozess. Bern: Peter Lang.

Birgmeier, B.R. (2006). Coaching und Soziale Arbeit. Grundlagen einer Theorie sozialpädagogischen Coachings. Weinheim: Juventa Verlag.

Bowlby, J. (1988). Attachement, communication and the therapeutic process. In J. Bowlby (Ed.). A secure base. Clinical applications of attachment theory (pp. 137-157). London: Routledge.

Bundesamt für Sozialversicherungen (08/2008) Der Arbeitgeber und die 5. IV-Revision, Faktenblatt 5. IV-Revision (pdf) [On-line]. Available: www.bsv.admin.ch/dokumentation/gesetzgebung/00092/01581/index.html?lang=de

Engler, R. (2002). Psychotherapie und Arbeit – Schnittstellen im Betrieb. In K. Von Ploetz (Hrsg.). Arbeit für die Psychotherapie. Wie können die Störungen in der Arbeit ein Anliegen für die Psychotherapie werden? (S. 37-49). Wiesbaden: Bert Müller Verlag.

Grawe, K. (1982). Indikation in der Psychotherapie. In R. Bastine, P.A. Fiedler, K. Grawe, S. Schmidtchen & G. Sommer (Hrsg.). Grundbegriffe der Psychotherapie (S. 171-178). Weinheim: Edition Psychologie.

---

32   Aus dem Datenmaterial ergeben sich wenige Hinweise zur Beantwortung dieser Frage. Einzig die *Hierarchiestufe der Coachingnehmer* zeigt, dass Coachingnehmer in der Regel eher aus der Führungsetage stammen, obwohl bei fast der Hälfte der Unternehmen alle Mitarbeiter potentielle Coachingnehmer sind. Dies bedeutet jedoch nur, dass Führungskräfte öfters gecoacht werden als die übrigen Mitarbeiter. Es lassen sich damit keine Rückschlüsse darauf ziehen, inwieweit innerhalb dieser Coachings schliesslich private psychische Probleme bearbeitet werden. Die Chance, private psychische Probleme innerhalb eines vom Arbeitgeber finanzierten Coachings anzugehen, ist jedoch für den Mitarbeiter ohne Führungsverantwortung eindeutig kleiner, da er seltener in den Genuss eines solchen Coachings kommt.

Grawe, K., Donati, R. & Bernauer F. (Hrsg.). (1994). Psychotherapie im Wandel. Von der Konfession zur Profession. Göttingen: Hogrefe Verlag für Psychologie.

Grimmer, B. (2005) Psychotherapeutische handeln zwischen Zumuten und Mut machen. München: Kohlhammer.

Hentschel, U. (2005). Die therapeutische Allianz. Teil 2: Ergänzende Betrachtungen über Verbindungen und Abgrenzungsmöglichkeiten zu ähnlichen Konstrukten. Psychotherapeut, 50 (6), 385-393.

Herpertz, S. C. & Caspar, F. (2008). Therapeutische Beziehung, Patientenmerkmale und Behandlungsprognose. In S. C. Herpertz, F. Caspar & Ch. Mundt (Hrsg.). Störungsorientierte Psychotherapie (S.77-89). München: Elsevier GmbH.

Heyn, N. (2008). Anlässe für Business-Coaching. Eine explorative Studie. Unveröff. Lizentiatsarbeit, Universität Zürich, Psychologisches Institut, Abt. Klinische Psychologie, Psychotherapie und Psychoanalyse.

Hovarth, A. O. & Bedi, R. P. (2002). The alliance. In J. C Norcross (Hrsg.). Psychotherapy relationships that work. Therapist contributions and responsiveness to patients (S. 37–69). Oxford: Oxford Univ. Press.

Horvath, A. O. & Luborsky, L. (1993). The Role of the therapeutic alliance in psychotherapy. Journal of Consulting and Clinical Psychology, 61, 561-573.

Huf, A. (1992). Psychotherapeutische Wirkfaktoren. Weinheim: Psychologie Verlags Union.

Kind, H. (1982). Psychotherapie und Psychotherapeuten. Methoden und Praxis. Stuttgart: Thieme Verlag.

Lambert, M. J. (Hrsg.) (2004). Bergin and Garfield's handbook of psychotherapy and behaviour change (5th ed.). New York: Wiley.

Lauber, Ch., Nordt, C., Falcato, L. & Rössler, W. (2005). Einstellung der Allgemeinbevölkerung gegenüber Psychotherapie. Neuropsychiatrie, 19 (2/2005), 59-64.

Leidig S. & Wieland R. (2006). Psychische Störungen im Betrieb – ein Seminar für Führungskräfte zum Umgang mit psychosomatisch erkrankten Mitarbeitern. In S. Leidig, K. Limbacher & M. Zielke (Hrsg.). Stress im Erwerbsleben: Perspektiven eines integrativen Gesundheitsmanagements (S. 158-174). Lengerich: Papst Science Publishers.

Lippmann, E. (2006). Coaching. Angewandte Psychologie für die Beratungspraxis. Heidelberg: Springer Medizin Verlag.

Luborsky, L., Rosenthal, R., Diguer, L., Andrusyna, T., Berman, J., Levitt, J.T., Seligman, D.A., Krause, E.D. (2002). The Dodo bird verdict is alive and well – mostly. Clinical Psychology: Science and Practice, 9, 2-12.

Mayring, P. (2003). Qualitative Inhaltsanalyse. Grundlagen und Techniken (8. Aufl.). Weinheim: Beltz.

Meyer, B., Kruppnick, J., Simmens, S., Pilkonis, P., Egan, M. & Sotsky, S. (2002). Treatment expectancies, patient alliance, and outcome: further analyses from the national institute of mental health treatment of depression collaborative research program. Journal of Consulting and Clinical Psychology, 70, 1051-1055.

Morschitzky, H. (2007). Psychotherapie Ratgeber – Ein Wegweiser zur seelischen Gesundheit. Wien: Springer-Verlag.

Neukom, M. (2004). „Wissenschaftliche" Psychotherapie? Die Ausgangslage der Debatte um die Kriterien der Wissenschaftlichkeit von Psychotherapie in Deutschland und in der Schweiz. Psychotherapie und Sozialwissenschaft, 6 (1), 32-47.

Neukom, M. (2003). Grenzen der wissenschaftlichen Evaluation. Wie lässt sich die Wirksamkeit von Psychotherapie messen? Neue Zürcher Zeitung, 22.11.2003, Nr. 272, 81.

Orlinsky, D. E., Grawe, K. & Parks, B. (1994). Process and Outcome in Psychotherapy-noch einmal. In A. E. Bergin & S. L. Garfield. (Ed.). Handbook of Psychotherapy and Behavior Change (S. 270-378). New York: John Wilsey & Sons.

Pallasch, W. & Petersen, R. (2005). Coaching. Weinheim: Juventa Verlag.

Piotrowski, S. (2004). Bedeutung und Einsatz von Coaching in der Personalentwicklung (Forschungsbericht). Wien: PEF, Privatuniversität für Management.

Pschyrembel, W. (1998). Klinisches Wörterbuch (258., neu bearbeitete Auflage). Berlin: de Gruyter.

Rudolf, G. (1991). Die therapeutische Arbeitsbeziehung. Berlin; Heidelberg; New York: Springer.

Rieber-Hunscha, I. (2007). Wann ist zu Ende therapiert? Psychotherapie im Dialog, 2-2007, 108-116.

Schneider, W. (1990). Leitlinien der Indikationsforschung zur Psychotherapie – Forschungsstrategien, Begrenzungen und Unterlassungen. In W. Schneider (Hrsg.). Indikationen zur Psychotherapie (S. 15-62). Weinheim: Beltz Verlag.

Schwaab, R. (1997). Interpersonales Vertrauen in der psychotherapeutischen Beziehung. In M. K. W. Schweer (Hrsg.). Interpersonales Vertrauen: Theorien und empirische Befunde (S. 165-179). Opladen: Westdeutscher Verlag.

Senf, W. & Broda, M. (2005). Was ist Psychotherapie? In W. Senf & M. Broda (Hrsg.). Praxis der Psychotherapie. Ein integratives Lehrbuch, 3. Auflage (S. 2-9). Stuttgart: Thieme Verlag.

Stahl, G. & Marlinghaus, R. (2000). Coaching von Führungskräften. Anlässe, Methoden, Erfolg. Zeitschrift für Führung und Organisation, 69, 199-207.

Strauss, B. (2000). Bindungsmuster und Therapieindikation: Empirische Befunde und theoretische Überlegungen. In E. Parfy (Hrsg.). Bindung und Interaktion (S. 39-54). Wien: Facultas.

Streek, U. (2204). Auf den ersten Blick. Psychotherapeutische Beziehung unter dem Mikroskop. Stuttgart: Klett – Cotta.

Strotzka, H. (1978) Psychotherapie: Grundlagen, Verfahren, Indikationen (2. überarbeitete und erweiterte Auflage). Wien: Urban und Schwarzenberg.

Vogelauer, W. (1998). Coaching-Praxis. Führungskräfte professionell begleiten, beraten und unterstützen. Wien: Manzsche Verlags- und Universitätsbuchhandlung.

von Bose, D., Martens-Schmid, K. & Schuchardt-Hain, C. (2003). Führungskräfte im Gespräch über Coaching. Eine empirische Studie. In: K. Martens-Schmid (Hrsg.). Coaching als Beratungssystem. Grundlagen, Konzepte, Methoden (S. 1-53). Heidelberg: Economica-Verlag.

Wampold, B.E. (2001). The great psychotherapy debate: models, methods and findings. Mahwah, London: Erlbaum.

Williams, P. & Davis, D.C. (2007). Therapist as Life Coach. An introduction for Counselors and Other Helping Professionals. New York: W.W. Norton & Company.

Wissenschaftlicher Beirat Psychotherapie (www.wbpsychotherapie.de)

Zogg, H., Lauber, Ch., Ajdacic-Gross, V. & Rössler W. (2005). Einstellung von Experten und Laien gegenüber Behandlungsalternativen bei psychisch Kranken. Neuropsychiatrie, 19 (2/2005), 65-71.

5 Die Zukunft von Coaching und Psychotherapie im beruflichen Umfeld – Abgrenzung oder Integration?

5.1 Zusammenfassung und Diskussion der Studienergebnisse

Coaching in Großunternehmen

Unsere Untersuchung dokumentiert den Stellenwert von Coaching und dessen Verhältnis zu Psychotherapie in 30 Schweizer Großunternehmen. Wenn auch in sehr unterschiedlicher Weise, so ist Coaching inzwischen in diesen Unternehmen etabliert. Wobei der Aufbau firmeninterner Coaching-Abteilungen noch eine neue Angelegenheit ist, für die es sehr unterschiedliche Lösungen gibt, was die Quantität durchgeführter Coachings und die Organisationsform betrifft. Es werden vor allem Führungskräfte im Einzelsetting gecoacht, überwiegend handelt es sich um männliche Personen unter 50 Jahren, ein Drittel sogar unter 40 Jahren. Das Geschlechterverhältnis erscheint als eine Folge der ungleichen Besetzung von Führungspositionen mit Männern und Frauen: Weil Frauen seltener in solche Positionen gelangen, werden sie auch weniger gecoacht. Offenbar gibt es drei verschiedene Modelle zur Implementierung von Coaching in den Großunternehmen: Am häufigsten scheint die Lösung zu sein, sowohl interne als auch externe Coachings anzubieten. Einige favorisieren ausschließlich externe Coachings und begründen dies vor allem mit der Unabhängigkeit der externen Coachs und der höheren Vertraulichkeit. Sehr selten ist die Lösung, ausschließlich interne Coachings anzubieten.

Es zeigt sich, dass mit Coaching in der praktischen Anwendung verschiedene Interventionsformen für unterschiedliche Personenkreise zu heterogenen Anlässen gemeint sind, welche von unterschiedlich ausgebildeten Experten durchgeführt werden. Unser praxisbezogener, explorativer Forschungsansatz belegt, dass die unter der Bezeichnung „Coaching" durchgeführten Beratungen, Unterstützungs- oder Förderungsmaßnahmen nur sehr bedingt untereinander vergleichbar sind. Der größte Konsens besteht in der Auffassung, dass es um berufsbezogene Inhalte geht und der Coachingnehmer im Rahmen eines zielorientierten Beratungsprozesses befähigt werden soll, selbst Lösungen zu finden. In Bezug auf die Frage, wie dies im Detail geschehen soll, sind sich die Experten indessen uneinig. Auch werden die Anlässe und die als wichtig erachteten Kompetenzen eines Coachs unterschiedlich wahrgenommen und gewichtet.

Wenn es zulässig ist, die Ergebnisse unserer Befragung zu verallgemeinern, so weisen sie den Bedarf aus, Coaching schärfer und prägnanter zu konzeptualisieren, um darauf aufbauend erst sinnvoll erforschen zu können, wie und bei welchen Problemstellungen „Coaching" wirkt. Die Aussagen der Coaching-Verantwortlichen weisen darauf hin, dass in Bezug auf die Wirkung weniger spezifische Instrumente oder Methoden relevant sind, als dass es viel mehr darum geht, eine bestimmte Beziehungsqualität zwischen Coachingnehmer und Coach zu etablieren, die es dem Coachingnehmer ermöglicht, in Bezug auf sein Anliegen kreativ zu werden, eigene Lösungen zu entwickeln und diese auch umzusetzen.

Auf der Basis dieser Befunde haben wir einen Konzeptualisierungs-Vorschlag für Coaching entwickelt, der den Coaching-Prozess fokussiert (Kapitel 3.4). Dieser geht aus einer asymmetrischen (Vertrauens-)Beziehung hervor, in welcher der Coach den Coachingnehmer durch seine wohlwollende Haltung, (aktives) Zuhören und das Stellen von Fragen unterstützt. Damit wird Coaching als ein Beziehungsgeschehen ausgewiesen, zu dem der Einsatz bestimmter Interventionsstrategien gehört, die aber eine eher marginale Rolle spielen. Randomisierte Kontrollgruppen-Studien, die sich um die isolierte Wirksamkeit einzelner Interventionsstrategien drehen, können folglich nicht die einzig gültigen Formen, sondern nur ein Aspekt der Coaching-Forschung sein.

Eine für die Praxis relevante Erforschung von Coaching-Prozessen kann nur sehr begrenzt in experimentellen Anordnungen erfolgen. Der in der Coaching-Literatur und auch von den Experten vielfach als sehr bedeutsam eingeschätzte Vertrauens- und Beziehungsaspekt verlangt nach Untersuchungsstrategien, die den subjektiven und individuellen Einfluss der Beteiligten berücksichtigen und als Wirkfaktoren gezielt untersuchen. Wenn das Zusammenfinden und die Beziehung zwischen den beteiligten Individuen eine so bedeutende Rolle spielen, dann ist es auch nötig, diese als solche zu erforschen. In Ergänzung zu den häufig durchgeführten Nachbefragungen wäre es wichtig, Coaching im Feld zu erforschen und etwa Video- oder Tonaufnahmen von Coaching-Sitzungen qualitativ auszuwerten (vgl. auch Kapitel 1.3). So können die Bedingungen der Vertrauensbildung und gelingende so wie misslingende Coaching-Prozesse dort studiert werden, wo sie tatsächlich stattfinden.

Psychotherapie in Großunternehmen

Ganz anders stellt sich die Situation beim Thema Psychotherapie dar. Sie ist in den von uns untersuchten Unternehmen institutionell kaum verankert. Die Coaching-Verantwortlichen behandeln sie unterschiedlich; einige sprechen in extremen Fällen mehr oder weniger direkte Empfehlungen aus, andere kommen überhaupt nie damit in Berührung – einen selbstverständlichen, unmittelbaren Umgang mit Psychotherapie scheint es kaum zu geben. In der Regel sind die Kenntnisse und Erfahrungen hinsichtlich des Wesens von Psychotherapie und ihres Anwendungsbereichs gering. Die von uns interviewten Coaching-Experten sprechen sich für eine klare Trennung von Coaching und Psychotherapie aus. Aus ihrer Sicht handelt es sich um zwei grundsätzlich verschiedene Verfahren, die, bis auf wenige Ausnahmen, jeweils spezifische Indikationsbereiche haben und in denen es um andere Themen und Ziele geht, die mit je eigenen Techniken realisiert werden sollen. Die Coaching-Verantwortlichen grenzen Psychotherapie damit dezidiert von Coaching ab; Gemeinsamkeiten benennen sie kaum.

Psychotherapie wird zwar in Einzelfällen Mitarbeitern empfohlen, wenn ein Coaching als nicht mehr ausreichend erachtet wird, aber dann gelten diese als krank und behandlungsbedürftig. Die psychotherapeutische Behandlung findet dann in jedem Fall außerhalb der Unternehmen statt und die Verantwortung der meisten Unternehmen endet mit der Empfehlung oder Vermittlung einer Psychotherapie. Aus diesem Grund ist es auch naheliegend, dass sich unsere Interviewpartner für eine klare Trennung von Coaching und Psychotherapie aussprechen und nur die Unterschiede betonen. Während Coaching funktionierende und gesunde Mitarbeiter in ihren Fähigkeiten und Kompetenzen noch besser machen soll und es deshalb auch akzeptiert ist und oft auch als Teil des Unternehmens angesehen wird, werden mit Psychotherapie höchstens diejenigen Mitarbeiter aufgefangen, die als krank und also zumindest zu diesem Zeitpunkt als nicht mehr leistungsfähig eingestuft werden. Psychotherapie, so kann man sagen, ist in den Unternehmen ein „heißes Eisen", das nur mit äußerster Vorsicht angefasst wird.

Aufgrund ihres unterschiedlichen Wesens, erscheint es nachvollziehbar, dass Coaching und Psychotherapie in Großunternehmen unterschiedlich verankert sind und es auch bleiben sollen. In dem Maße, wie sich Psychotherapie verstärkt persönlichen und berufsfernen Anliegen annimmt, muss sie auch eine Privatsache jeder Person sein können. Die Ergebnisse unserer Studie legen dennoch nahe, dass es in Bezug auf Psychotherapie Aufklärungs- und Vermittlungsbedarf gibt. Ihre Nützlichkeit wird von den Coaching-Verantwortlichen grundsätzlich anerkannt, und auch ein Bedarf erscheint als ausgewiesen. Allerdings variieren die Kompetenz und das Wissen in Bezug auf Psychotherapie und damit auch deren Inanspruchnahme stark. Ein substantieller Beitrag zum Zusammenhang und den Unterscheiden zwischen Coaching und Psychotherapie wurde mehrfach als hochwillkommen begrüßt.

5.2 Problematisierung der Abgrenzung

Coaching für Gewinner und Psychotherapie für Verlierer?

Coaching genießt in den untersuchten Großunternehmen inzwischen eine relativ hohe Wertschätzung als Personalentwicklungsinstrument für (angehende) Führungskräfte. Überwiegend wird es zur Verbesserung persönlicher, sozialer und kommunikativer Kompetenzen eingesetzt, wobei Führungsaufgaben im Mittelpunkt stehen. Auch die Lösung von Konflikten zwischen Mitarbeitern wird häufig mit Coaching angegangen.

Psychotherapie hingegen genießt diese Wertschätzung nicht; die Interviewpartner vermitteln überwiegend eine negative bis maximal neutrale Einstellung ihr gegenüber. Sowohl die Mitarbeiter, für die eine Therapie indiziert sein könnte, als auch die verantwortlichen Personalentwickler, haben Berührungsängste. Beide wissen um die stigmatisierende Wirkung des Themas. Wenn überhaupt, dann wird es auf der Basis eines großen wechselseitigen Vertrauens verklausuliert angesprochen. Wem eine Psychotherapie empfohlen wird, der befindet sich im übertragenen und im ganz praktischen Sinne außerhalb des Unternehmens. Psychotherapie und Coaching gelten deshalb auch nicht als verwandte Beratungs- oder Interventionsformen, die die Pole eines Kontinuums darstellen, sondern als zwei grundverschiedene Dinge.

Es lohnt sich in diesem Zusammenhang jedoch, noch einmal genauer zu betrachten, wo die Trennlinien zwischen Psychotherapie und Coaching gezogen werden. Die wichtigste Unterscheidung ist die zwischen „krank" und „gesund". Psychotherapie dient der Behandlung einer Krankheit. Wem ein Coaching empfohlen wird, der gilt als gesund. Nicht weit davon entfernt, und deshalb auch das Stigmatisierungspotential, liegt die Zuordnung von „pathologisch" und "normal". Wer Psychotherapie macht, hat ein Defizit, wer sich coachen lässt, verbessert seine Kompetenzen. Eine weitere Trennlinie verläuft zwischen tieferliegenden (Psychotherapie) und – als Gegensatz dazu – oberflächlicheren Problemen (Coaching) und zwischen mehr in der Persönlichkeit verankerten Themen (Psychotherapie) und mehr in der Situation oder zumindest dem Zusammenspiel von Situation und Person liegenden Themen (Coaching). Tiefer liegende (es bleibt ein interessanter, aber unaufgeklärter Befund dieser Studie, dass die „tiefe Lage" eines Problems für viele ein Kennzeichen für eine Indikation zur Psychotherapie darstellt) und in der Persönlichkeit verankerte Probleme scheinen eine individuelle Hypothek darzustellen. Der „Sitz" der Schwierigkeiten wird in die Person selber hinein verlegt, zu deren eigenen Verantwortung sie damit werden. Oder zumindest wird ihnen die Verantwortung auferlegt, diese außerhalb des Unternehmens in eigener Initiative mittels Psychotherapie behandeln zu lassen. Coaching richtet sich in dieser Perspektive an grundsätzlich „intakte", sich selbst regulieren könnende Persönlichkeiten. In der Coaching-Literatur ist daher folgerichtig auch von intakten Selbstmanagementfähigkeiten die Rede (Lippmann, 2006). Verwandte Begriffe verwenden auch unsere Interviewpartner zur Bestimmung der Persönlichkeit und der Eigenschaften von Coachingnehmern. Selbstmanagement impliziert Unabhängigkeit von anderen Personen und, da man sich in einer Manager-Position befindet, auch Mächtigkeit und Führungsanspruch. Das eigene Selbst wird eigenverantwortlich „geführt" und bedarf für die Bewältigung seiner Lebensaufgaben keine Hilfestellung und Regulierung von Außen. Die Vorstellung eines solchen autonomen Selbst scheint für die Experten ein besonders hohes Gut zu sein: Eine der Trennlinien, die zwischen Coaching und Psychotherapie gezogen werden, besteht darin, ihnen unterschiedliche Formen von Beziehungen zuzuordnen. In der Psychotherapie bestehe eine größere Abhängigkeit des Patienten vom Therapeuten als im Coaching. Zudem befinde sich der Coachingnehmer auf Augenhöhe mit seinem Coach, während der Patient in einer unterlegenen Position sei. Die Abhängigkeit in der Psychotherapie sei auch deshalb größer, weil die Prozesse länger dauerten. Psychotherapie in Anspruch zu nehmen, heißt dann also nicht nur, sich als nicht fähig zum Selbstmanagement zu erweisen, sondern birgt darüber hinaus auch die Gefahr, durch das Verfahren selbst seine Unabhängigkeit zu verlieren.

Eine weitere Trennlinie besteht darin, dass Psychotherapie und Coaching nicht nur unterschiedliche Indikationsbereiche zugeschrieben werden, sondern auch grundverschiedene Blickrichtungen. In der Therapie schaue man zurück und fokussiere die Probleme, das Coaching richte sich auf die Zukunft und sei lösungsorientiert. Letzteres wird also mit dynamischer und schneller Veränderung, ersteres mit Stagnation und Nabelschau verbunden.

Coaching und Psychotherapie: heimliche Geschwister?

Die von uns befragten Coaching-Verantwortlichen verfügen insgesamt über ein begrenztes Wissen über Psychotherapie. Bekannt scheinen einige Techniken der klassischen Psychoanalyse zu sein, wie das Deuten von Träumen oder das freie Assoziieren. Wahrscheinlich verstehen viele unter Psychotherapie implizit Psychoanalyse und verbinden mit ihr ein zeitlich unbegrenztes Erforschen eigener, „tief liegender" Probleme in einer intensiven, Abhängigkeit fördernden Beziehung zum Therapeuten.

Dass viele im Coaching zur Anwendung kommende Techniken aus verschiedenen Psychotherapieschulen (überwiegend systemische, aber auch verhaltenstherapeutische oder psychodynamische Interventionsformen) stammen, findet zumindest keine Erwähnung. Für gelingende Coaching-Prozesse kommt es aus Sicht unserer Experten letztendlich weniger auf die korrekte Anwendung spezifischer Interventionstechniken oder, offenbar von noch geringerer Bedeutung, auf Fachkompetenz im Arbeitsfeld des Klienten an, sondern vielmehr auf die Kompetenz des Coachs, eine gute Arbeitsbeziehung herstellen zu können. Dabei wird vor allem die Bedeutung des Einfühlungsvermögens und der Vertrauensbildung, aber auch die Fähigkeit, Distanz halten zu können und Glaubwürdigkeit zu vermitteln, hervorgehoben. Der ausgesprochen hohe Stellenwert dieser Beziehungskompetenzen verbindet Coaching und Psychotherapie. Auch dort, wie Kapitel 4.2 bereits ausführlich erläutert, gelten sie als die entscheidenden Wirkfaktoren. Im Bereich der Psychotherapie existiert längst eine sowohl qualitativ wie quantitativ beeindruckende Fülle an Ergebnissen der Wirksamkeitsforschung, die daran keinen Zweifel lassen. Eine solche Wirksamkeitsforschung steht für das Coaching noch weitgehend aus (s. Kapitel 1.3). Die durchgehend wertschätzende Meinung zur Bedeutung von Beziehungskompetenzen im Coaching lässt die Frage aufkommen, ob es nicht letztlich, bei aller betonter Abgrenzung, ähnliche interaktive Beziehungsprozesse sind, die in beiden Fällen Veränderungen in Gang setzen. Zumindest erschwert dieser Befund die Annahme einer klaren und eindeutigen Abgrenzung beider Verfahren.

Die Problematik, Coaching und Psychotherapie einerseits klar voneinander trennen zu wollen und sie als ganz unterschiedliche Interventionsformen zu betrachten und andererseits feststellen zu müssen, dass die Abgrenzung bei genauer Betrachtung doch nicht so eindeutig und sicher ist, zieht sich durch die Interviews. Dies betrifft insbesondere den Indikationsbereich. In bestimmten Fällen scheint die Unterscheidung, dass Psychotherapie zur Anwendung kommen sollte, wenn eine Person krank ist und tief in der eigenen Person verwurzelte Probleme hat, die noch dazu oft privater Natur sind, während Coaching sich an gesunde Personen mit intakten Selbstmanagementfähigkeiten richtet, die sich in berufsbezogenen Fragestellungen verbessern wollen, nicht aufzugehen. Das immer wieder erwähnte Beispiel ist das Burnout eines Mitarbeiters. Hierüber gehen die Meinungen der Coaching-Experten auseinander. Manche sind sich nicht sicher, ob Burnout ein Fall fürs Coaching oder für eine Psychotherapie ist, einige sehen es klar im Indikationsbereich für Psychotherapie andere als klassisches Coaching-Thema. Im Folgenden stellen wir einige Überlegungen dazu an, warum die Grenzen gerade bei diesem Thema unscharf werden.

Unklare Grenzen zwischen Psychotherapie und Coaching

Warum gehen die Meinungen gerade beim Burnout so auseinander? Keiner der Interviewpartner macht sich die Mühe zu erläutern, was er unter Burnout versteht. Es wird als selbsterklärendes Schlagwort verwendet und scheint in den Unternehmen kein seltenes Phänomen zu sein. Was aber bedeutet es, wenn man sagt, jemand habe ein Burnout? Ursprünglich stammt der Begriff von dem Psychoanalytiker Freudenberger (1993), der ihn 1974 verwendete, um Erschöpfungszustände von sozial (d.h. mit anderen Menschen) arbeitenden Personen zu beschreiben, die sich

„ausgebrannt" fühlen. Heute versteht man darunter ein chronisches Erschöpfungs-
syndrom („Ich kann nicht mehr") verbunden mit Demotivierung und Zynismus
gegenüber der Arbeit („Warum mache ich das alles?"), Verlust der Leistungsfähigkeit („Schaffe ich das alles noch?"") und psychosomatischen Beschwerden (individuelle Stressreaktionen) unterschiedlicher Art (Straus, 2009). Von Burnout wird heute
nur gesprochen, wenn sich der Erschöpfungszustand auf die Arbeitsbelastung bezieht. Einerseits kann man aufgrund seiner rasanten Zunahme inzwischen von einer
regelrechten Burnout-Epidemie ausgehen (Hillert & Marwitz, 2006), andererseits ist
es im strengen definitorischen Sinne (noch) gar keine Krankheit. Zumindest hat es
bisher weder im europäischen noch im amerikanischen Raum gesellschaftliche
Anerkennung als Krankheit erhalten. Dafür müsste es im ICD-10 (International
Classification of Diseases – ein von der Weltgesundheitsorganisation herausgegebe-
nes Klassifikationssystem aller Krankheiten) als Diagnose gelistet werden. Es erscheint dort aber nicht als Krankheit, sondern lediglich im Anhang unter „Faktoren,
die den Gesundheitszustand beeinflussen und zur Inanspruchnahme von Gesund-
heitsdiensten führen" (Z73.0).

Man kann Burnout medizinsoziologisch zu den „neuen Leiden" (Haubl, 2007)
zählen, ähnlich wie das chronische Müdigkeitssyndrom (Chronic Fatigue Syndrom,
CFS), die mit einem das eigene Selbst anhaltend überfordernden Leistungs- und
Anspruchsethos neoliberaler kapitalistischer Gesellschaft in Zusammenhang gebracht werden (Haubl, 2008; Ehrenberg, 2004). Gerade beim Burnout und beim
chronischen Müdigkeitssyndrom ist die Abgrenzung von klinisch relevanten Depressionen oft schwierig. Gemäß Schätzungen von Experten ist bei ca. 50% aller
Personen mit schwerem Burnout von einer eindeutigen depressiven Erkrankung
auszugehen (Straus, 2009); bei CFS-Patienten ist die Abgrenzung von somatischen
Symptomen depressiver Erkrankungen umstritten.

Die gesellschaftliche Akkreditierung der neuen Leiden als Krankheiten ermöglicht im Erfolgsfall den Betroffenen und ihren Lobbygruppen zweierlei: Erstens
benötigen sie den Krankheitsstatus, um sich legitimiert erholen zu können und
übergangsweise nicht arbeiten zu müssen, zweitens gelten sie nicht einfach als depressiv. Im Falle des chronischen Müdigkeitssyndroms, das auf dem Weg zur gesell-
schaftlichen Anerkennung als Krankheit schon sehr weit gekommen ist, lässt sich
beides gut nachverfolgen. Man kann das CFS inzwischen im ICD-10 als „sonstige
Erkrankungen des Gehirns" klassifizieren, wodurch eine eindeutig hirnorganische
Verursachung attestiert wird (Haubl, 2007), und womit es de facto den Status einer
eigenständigen Krankheit erhalten hat. Das schützt die Betroffenen vor der Vermutung, an einer bestimmten Form der Depression zu leiden und gibt ihnen gleichzeitig die Berechtigung, sich krankschreiben zu lassen. Haubl (2009, S. 7) zitiert ein
populäres englisches Magazin, in dem es heißt: „Personen, die an Chronischer Müdigkeit leiden, sind hoch leistungsmotiviert. Sie haben zu viel Willensstärke, während Depressive so gut wie keine haben." Chronische Müdigkeit als Erschöpfungs-

zustand und auch Burnout als Ausgebrannt-Sein stoßen somit auf Verständnis, weil sie als Folge eines (Über-)Engagements und besonderer Leistungsbereitschaft, wie eine Art Opfer, das man für den Erfolg des Unternehmens gebracht hat, angesehen werden.

Wenn also unterschiedliche Meinungen zu der Frage existieren, ob ein Burnout eine Indikation für ein Coaching oder für eine Psychotherapie darstellt, könnte sich darin die unklare gesellschaftliche Einordnung des Phänomens spiegeln: Handelt es sich um eine psychische Krankheit die psychotherapeutischer Behandlung bedarf oder um einen Erschöpfungszustand, der auf Überlastung am Arbeitsplatz und mangelnde Erholung zurückgeht und dem man durch ein Coaching beheben kann, in dem man die Selbstmanagementfähigkeiten und die work-life-balance weiter verbessert?

Schon dadurch, dass man die betroffenen Mitarbeiter als ausgebrannt und nicht als depressiv einschätzt, wird eine Wertung vorgenommen. Mit der Bezeichnung „ausgebrannt" wird suggeriert, dass die Betroffenen zuvor „gebrannt haben", also Feuer und Flamme für ihre Arbeit waren. Viele Personen die unter einem Burnout oder einem CFS leiden, zeichnen sich durch Persönlichkeitseigenschaften aus, die für Unternehmen letztlich positive und wichtige Werte darstellen: Leistungsbereitschaft bis zum Äußersten, sehr hohe Ideale, intrinsische Motivation über Identifikation mit den Arbeitszielen, Angst zu versagen (Straus, 2009; Haubl, 2008). Diese Werte und Einstellungen gelten zunächst als gesund und normal, weshalb es wahrscheinlich schwierig ist, Mitarbeiter mit Burnout grundsätzlich als krank und psychotherapiebedürftig einzuschätzen, obwohl sie in schwereren Fällen zumindest übergangsweise arbeitsunfähig werden und ihre Selbstmanagementfähigkeit verlieren können. Entsprechend gehen die Meinungen der Coaching-Verantwortlichen in den Unternehmen in dieser Frage auseinander und hängen wahrscheinlich auch vom Schweregrad der Burnout Fälle ab, die sie vor Augen haben.

Es gibt also offenkundig einen indikatorischen Grenzbereich, in dem keine eindeutige Zuordnung zu Psychotherapie oder Coaching möglich ist. Sehr wahrscheinlich gibt es dabei in der Praxis eine Reihe von Fällen, bei denen man es erst mit einem Coaching versucht, und, falls dies nicht ausreicht, anschließend von einer psychotherapeutischen Behandlungsbedürftigkeit ausgeht. Dafür spricht der Befund unserer Interviewstudie, dass man an die Empfehlung einer Psychotherapie denkt, wenn man im Coaching an die Grenzen kommt. Die Indikationsstellung in der Praxis erfolgt wohl oftmals über das Ausprobieren der eigenen, vertrauten und nicht-stigmatisierten Interventionstechniken und erst wenn diese keine Erfolge zeigen, zieht man ein anderes Verfahren wie Psychotherapie in Betracht.

5.3 Überlegungen zur Integration

Komplexe Situation bei den Unterschieden und Gemeinsamkeiten

Nachdem die Sichtweisen unserer Interviewpartner zum Verhältnis von Coaching und Psychotherapie, wie sie sich am Ende unserer Studie darstellen, zusammenfassend referiert und kritisch diskutiert wurden, möchten wir darauf aufbauend einige Überlegungen zu Unterschieden und Gemeinsamkeiten der beiden Verfahren anstellen.

Zentrale Unterscheidungsmerkmale zwischen Coaching-Prozessen und psychotherapeutischen Prozessen finden sich hinsichtlich unterschiedlicher Zielgruppen, Inhalte und Ziele wie auch in der unterschiedlichen Intensität und Zeitdauer. Coachingnehmer sind mit beruflichen Themen beschäftigt und weniger mit Themen, die das Erleben- und Verhalten ihrer ganzen Person betreffen. Der Personenkreis für Psychotherapie ist größer und weiter gefächert. Ein Coach ist mehr ein Förderer oder Partner als eine Bezugsperson. Das Coaching orientiert sich primär an Inhalten aus dem Arbeitsleben und setzt bewusst Grenzen in Bezug auf die Vertiefung von privaten Inhalten. In einem Coaching werden berufsbezogene Ziele definiert und verfolgt, während die Aufgabe einer Psychotherapie darin besteht, das Erleben, die Befindlichkeit oder das Verhalten einer Person zu verändern. Aufgabe einer Psychotherapie kann es sein, überhaupt erst Ziele zu entwickeln. Coaching arbeitet bewusst mit einer zeitlichen Begrenzung, während Psychotherapie unter Umständen einen offenen Zeitrahmen hat.

Die im Kapitel 3.4 präsentierte Konzeptionalisierung von Coaching auf unterschiedlichen Abstraktions-Ebenen ermöglicht die Herstellung von bedeutsamen Verbindungen zu Psychotherapie: Beide Interventionsformen wirken wesentlich auf der Beziehungsebene, basieren auf einem Vertrauensverhältnis, initiieren einen Prozess, an dem alle beteiligten Personen mitwirken und setzen eine positive Überzeugung von der Wirksamkeit des vereinbarten Vorgehens voraus. Die Unterschiede setzen auf der Ebene der Beziehungsgestaltung an: Während der Coach die Rolle eines Förderers einnimmt, der bereits gemachte positive Erfahrungen oder innere Bilder von wichtigen Bezugspersonen aktiviert und verstärkt, stellt sich der Psychotherapeut – zumindest in psychodynamisch orientierten Therapieverfahren – als Bezugsperson (Elternfigur) selbst zur Verfügung und bietet dem Patienten die Möglichkeit, die für seine Entwicklung relevanten Beziehungserfahrungen erstmals zu machen. Ein gelingender Coaching-Prozess setzt Menschen voraus, die genügend gute frühe Beziehungserfahrungen machen konnten, über die Verinnerlichung dieser Erfahrungen innere Repräsentanzen wohlwollender und ermutigender Bezugspersonen aufgebaut und eine gefestigte und gut funktionierende psychische Struktur mit Selbstregulierungsfähigkeiten entwickeln konnten. Auf dieser Basis baut Coaching auf, während Psychotherapie auch ohne sie funktionieren kann, d.h. diese Voraussetzung unter Umständen erst schaffen muss. Das Fehlen der Verinnerlichung genügend guter Beziehungserfahrungen können wir somit, wie im Kapitel 3.4 beschrieben, als ein Ausschlusskriterium in Bezug auf die Indikation von Coaching beschreiben. Im Fall von Psychotherapie ist es allerdings weder ein Einschluss- noch ein Ausschlusskriterium: Auch wenn eine Person hinreichend gute Beziehungserfahrungen gemacht hat, kann sie aus psychischen Gründen in Schwierigkeiten geraten und von intensiven psychotherapeutischen Prozessen profitieren, in denen sie sich auf eine temporäre Abhängigkeit einlässt und in diesem Rahmen wichtige emotionale Erfahrungen nachholt.

Wie bereits angetönt, gilt diese Gegenüberstellung von Coaching und Psychotherapie besonders für den Bereich der psychodynamisch orientierten Psychotherapien, vor allem die Langzeitverfahren. Sie definieren die therapeutische Beziehung als den Ort, in welchem sich Veränderung vollzieht und haben Interventions-Techniken entwickelt, die direkt am Beziehungsgeschehen ansetzen und die entsprechenden Erfahrungen auch gezielt durcharbeiten (z.b. mit der Analyse von Übertragung und Gegenübertragung; vgl. Neukom, Grimmer & Merk, 2005; Mertens & Waldvogel, 2008; Müller-Pozzi, 2002). Psychotherapeutische Verfahren, die vor allem symptomorientiert sind – wie etwa die kognitive Verhaltenstherapie – setzen naturgemäß andere Schwerpunkte. Ihre Vertreter betonen in der Regel die Wirksamkeit spezifischer Interventionstechniken (s. Kapitel 1.3), obschon sie die Bedeutung der therapeutischen Beziehung auch anerkennen (Rössler, 2005). Gleichwohl fehlen ihnen elaborierte Konzepte in Bezug auf das Beziehungsgeschehen. Deshalb führen sie auch kaum wissenschaftliche Studien durch, die die Rolle der Beziehung zum Gegenstand haben.

Je kürzer psychotherapeutische Behandlungen dauern, desto stärker muss man davon ausgehen, dass sie sich einander annähern in Bezug auf das Kriterium der Qualität der Beziehung und des Erfahrungsprozesses: Die Vertrauensbeziehung ist zwar eine wichtige Voraussetzung, sie kann jedoch in der zur Verfügung stehenden Zeit nicht bearbeitet werden. Die Einflussnahme geschieht stärker über rationale Prozesse und Erfahrungen, die der Patient in der Folge außerhalb des psychotherapeutischen Rahmens macht. Kurzzeit-Psychotherapien sind stark symptomorientiert; ihre Stärke besteht darin, dass sie zeitnah Notsituationen entschärfen und psycho-physische Belastungen verringern. Sie bewirken jedoch kaum nachhaltige und umfassende Veränderungen in der Persönlichkeitsstruktur.

Innerhalb kurzer psychotherapeutischer Behandlungsprozesse übernimmt der Therapeut in besonderem Maße die Führung: Er klärt, konfrontiert und deutet, oft leitet er auch an und stellt bestimmte, vorstrukturierte Aufgaben. Ein wichtiges Unterscheidungsmerkmal für den Bereich der Kurzzeit-Psychotherapien können wir daher bei den unterschiedlichen Rollen von Coach und Psychotherapeut ansiedeln. Besonders kognitiv-verhaltenstherapeutisch orientierte Psychotherapeuten nehmen im Dienst einer „verbesserten Selbstkontrolle" des Patienten (Reinecker & Lakatos-Witt, 2005, S. 499) – anders als ein Coach oder auch ein Psychoanalytiker –

bewusst und aktiv eine aufklärende, anleitende und direktive Rolle ein. Die Vermitt-
lung von „plausiblen Erklärungsmodellen" (ebd., S. 502) und Psychoedukation
(Patientenschulung) gehören daher zu zentralen Bausteinen von lerntheoretischen
Therapieprogrammen. Während ein Coach dem Coachingnehmer das selbständige
Finden von geeigneten Lösungen ermöglichen will, nimmt ein Psychotherapeut in
den meisten Formen von Kurzzeitbehandlungen viel stärker die Position eines
Experten ein, der dem Patienten mögliche Lösungen aufzeigt und ihn anleitet, das
Ziel (in der Regel die Befreiung von seinen Symptomen) zu erreichen.

Gemeinsam ist Psychotherapie und Coaching nicht nur die entscheidende Bedeutung von Beziehungsfaktoren wie Vertrauensbildung, Empathie oder wechsel-
seitige Erwartungsbildung, sondern auch die Anwendung spezifischer Beratungs-
oder Therapietechniken. Die meisten im Coaching vorkommenden Techniken
entstammen verschiedenen Psychotherapieverfahren. Deren Herkunft und ur-
sprünglicher Anwendungsbereich in psychotherapeutischen Prozessen wird im
Coaching zumeist nicht weiter thematisiert. Diese Situation verschärft jedoch die
Problematik der Abgrenzung und die Identifikation genuiner Variablen des Coachings über den Einsatz spezifischer Einflüsse, Ansätze oder Instrumente. Die
Interventions-Techniken werden aus dem ursprünglich für sie gedachten Kontext
gelöst und in den Dienst anderer Ziele und Themen gestellt. Es wäre deshalb eine
wichtige, aber kaum diskutierte Frage, wieso die Techniken bei diesem Wechsel
ihren psychotherapeutischen Charakter verlieren sollten. Wahrscheinlich spielen
hier die Faktoren der begrenzten Zeit und der geringeren Beziehungsintensität eine
wichtige Rolle sowie die versuchte thematische Beschränkung auf arbeitsbezogene
Themen.

Möglichkeiten der Integration

Die bisherigen Überlegungen machen deutlich, dass es auf die Frage, ob Coaching
und Psychotherapie zwei grundsätzlich verschiedene Interventionsformen sind und
in der Praxis streng getrennt werden sollten, keine einfache und eindeutige Antwort
gibt. Die aus unserer Sicht zentralen Unterscheidungskriterien haben wir in der
Tabelle 5 zusammengefasst (vgl. ergänzend dazu auch Lippmann, 2006, S. 33ff. und
327f.), um in der Folge einige Ausführungen zu den Integrationsmöglichkeiten
beider Verfahren zu machen.

Tabelle 5:   Kriterien zur Unterscheidung von Psychotherapie und Coaching

	Psychotherapie	*Coaching*
Indikationen	– Subjektives Leiden auf der Ebene des Fühlens, Erlebens und in Beziehungen – Psychische und körperliche Beeinträchtigungen und Erkrankungen – wiederkehrende unbefriedigende Erlebens- und Beziehungsmuster (z.b. an unterschiedlichen Arbeitstellen)	– umschriebene Berufsbezogene Fragestellungen, Anliegen oder Konflikte
Anlässe	– anhaltende Unzufriedenheit in privaten und beruflichen Bereichen – Perspektivlosigkeit – soziale Probleme – psychischer oder körperlicher Zusammenbruch – störende Symptome im psychischen und körperlichen Bereich – ausgeprägter Leidensdruck, der ein unfreiwilliges Aufsuchen von Hilfe nach sich zieht	– Bewältigung spezifischer Führungsaufgaben – Wunsch nach einer Verbesserung persönlicher Kompetenzen oder der persönlichen Situation am Arbeitsplatz – zwischenmenschliche Schwierigkeiten oder Stress am Arbeitsplatz
Ziele	– Behandlung oder Beseitigung von psychischen und körperlichen Symptomen – Entwicklung der Beziehungs- und Arbeitsfähigkeit – Veränderung/Entwicklung der psychischen Struktur oder der Persönlichkeit	– beschreibbare, realistische und berufsbezogene Entwicklung oder Verbesserung von Kompetenzen – Lösung von Konflikten – Optimierung von Selbstmanagement-Fähigkeiten – Leistungssteigerung
Dauer	– Kurz- oder Langzeit-Therapie – Vereinbarung einer festgelegten Sitzungsanzahl oder offenes Ende	– zeitlich begrenzte, eher kürzere Prozesse – festgelegte Anzahl von Sitzungen
Wirkungsweise	– therapeutische Beziehung – störungsspezifische Interventionen (je nach Verfahren unterschiedlich ausdifferenziert)	– Vertrauensbeziehung – spezifische, an den Zielen ausgerichtete Techniken (häufig entlehnt aus psychotherapeutischen Verfahren)
Psychische Struktur der Patienten/ Coachingnehmer	– psychische Konflikte mit Bildung von psychischen oder körperlichen Symptomen – Beeinträchtigungen in der Beziehungs- und Arbeitsfähigkeit – Unzureichende Selbstregulierungs-Fähigkeit – Beeinträchtigung der psychischen Struktur – erste Beziehungserfahrungen mit gravierenden Störungen – keine ausreichend stabile, verlässliche und ermutigende verinnerlichte Elternfiguren	– grundsätzlich intakte Arbeits- und Beziehungsfähigkeit – funktionsfähige, gut integrierte psychische Struktur – intakte Selbstregulierungs-Fähigkeiten – erste Beziehungserfahrungen ohne gravierende Beeinträchtigungen – stabile, verlässliche und ermutigende verinnerlichte Elternfiguren

Beziehungsqualität innerhalb des Prozesses	– Therapeut stellt sich als Bezugsperson zur Verfügung, um die dysfunktionalen frühen Beziehungserfahrungen durchzuarbeiten – Modifikation oder Neubildung verinnerlichter Elternfiguren im Laufe des therapeutischen Prozesses – Intensität der Beziehung abhängig von Therapieform und Dauer – grundsätzlich hohe temporäre Abhängigkeit	– Coach stellt sich als förderndes und ermutigendes Gegenüber zur Verfügung, das dem Klienten hilft seine eigenen Ressourcen zu aktivieren, wobei er auf seine inneren Eltern und positive frühe Beziehungserfahrungen aufbauen kann – Intensität der Beziehung eher begrenzt, Abhängigkeit wird vermieden
Rolle des Patienten/Coachingnehmers	– empfangend, Aktivität entwickelnd, Kontrolle übernehmend (Kurzzeit-Therapie) – suchend, reflektierend, explorierend, erlebend (Langzeittherapie)	– aktiv, suchend, kreativ – Lösungen selbständig entwickeln, umsetzen und evaluieren
Rolle des Therapeuten/Coachs	– Bezugsperson – direktiv (Kurzzeit-Therapie) – nicht-direktiv (Langzeittherapie) – sich der Gangart des Patienten überlassend (Langzeittherapie)	– Förderer, Partner – nicht-direktiv – Verzicht auf die Erteilung von Ratschlägen – unwissend in Bezug auf „richtige" Lösungen
zentrale Interventionstechniken	– aktives Zuhören – Einfühlen – Klären – Konfrontieren – Deuten – Aufklären, Vermitteln – Anleiten – Aufgaben stellen	– aktives Zuhören – Einfühlen – Fragen stellen – dem Coachingnehmer die Aktivität überlassen – Fokussierung auf vereinbarte Ziele
Ausbildung der betreffenden Fachpersonen	– Psychologie- oder Medizinstudium – mehrjährige postgraduale Weiterbildung in Psychotherapie – wissenschaftlich fundierte Techniken werden von anerkannten Weiterbildungsinstitutionen vermittelt – Erfahrungen mit verschiedenen Störungsbildern in unterschiedlichen Settings (ambulant, stationär) – Selbsterfahrung – Supervision	– Berufsausbildung und/oder Studium unbestimmter Art (nicht zwingend im psychologischen Bereich) – langjährige Berufs- und Führungserfahrung (nicht zwingend im Bereich der Coachingnehmer) – Weiterbildung(en) in Coaching, Beratung und Organisationsentwicklung – Weiterbildungsinstitutionen mit ausgesprochen heterogenem Hintergrund und unterschiedlichen Qualitätsstandards

Diese Unterscheidungskriterien ermöglichen die Auseinanderhaltung von Coaching und Psychotherapie auf definitorischer und anwendungsbezogener Ebene. Dem in Coaching und Psychotherapie ausgebildeten Praktiker liefern sie Orientierungspunkte und Entscheidungshilfen für die Formulierung entsprechender Angebote und die Offenlegung der Unterschiede gegenüber Klienten oder Patienten.

Nach unserer Auffassung markieren diese Kriterien allerdings extreme Ausprägungen eines Kontinuums. Daher stößt die Auseinanderhaltung von Coaching und Psychotherapie in der praktischen Anwendung immer wieder an Grenzen. Dass die Beeinträchtigung der psychischen Struktur für die Indikation von Psychotherapie zum Beispiel nicht zwingend ist, wurde bereits ausgeführt. Aus diesem Grund können Coaching- und Psychotherapie-Prozesse – beurteilt anhand spezifischer Beziehungsqualitäten – unter Umständen kaum voneinander unterschieden werden. Weil in Erst- und Vorgesprächen ja zumeist die Anlässe und Ziele die zentralen Inhalte darstellen, ist die Differentialindikation an diesem entscheidenden Punkt besonders heikel. Die Einschätzung der Tragweite und Bedeutung des Anliegens eines Klienten beim ersten Kontakt ist häufig so unklar, dass eine sichere Entscheidung für die eine oder andere Form nicht möglich ist. Doch obschon man sich deutlich im Überschneidungsbereich von Coaching und Psychotherapie befindet, halten wir es für wichtig, Lösungen zu finden, die die beiden Formen nicht beliebig vermischen: Wie die weiteren Kriterien aus der Tabelle 5 hinlänglich dokumentieren, zieht die Einleitung der einen oder anderen Interventionsform Konsequenzen nach sich, für die sich auch der Klient oder Patient bewusst und auf der Basis einer klaren Informationslage entscheiden sollte.

Die Reflexion und die grundlegende Entscheidung, ob man einen psychotherapeutischen Prozess oder einen Coaching-Prozess in die Wege leiten will, sollten in jedem Fall stattfinden. Die im Kapitel 1.2 dargelegten Fallbeispiele illustrieren zwei aus solchen Situationen hervorgehende Optionen, wie sich Coaching und Psychotherapie miteinander verbinden lassen: Einerseits ein Coaching-Prozess, der psychotherapeutische Elemente enthält und anderseits das Projekt der Initiation eines Coaching-Prozesses, das schließlich in die Vermittlung einer Psychotherapie mündet. Nachfolgend möchten wir unsere mit den Fallbeispielen illustrierten Erfahrungen ein Stück weit konzeptualisieren.

Die Situation der uneindeutigen Indikation

Wenn einem Coach (der auch grundlegende Kenntnisse in Bezug auf Psychotherapie hat) im Rahmen des Vorgesprächs die Einschätzung besonders schwer fällt, ob Coaching Erfolg versprechend ist oder nicht vielleicht besser eine Psychotherapie empfohlen werden sollte, halten wir es für sinnvoll, *zuerst* ein Coaching-Angebot mit einer kleineren Anzahl von nicht zu weit auseinander liegenden Sitzungen vorzuschlagen, zu dem auch die Beantwortung der Frage gehört, ob und wie weit Psychotherapie eine Option für die betreffende Person sein könnte (vgl. das zweite Fallbeispiel im Kapitel 1.2). Dies funktioniert freilich nur dann, wenn der Coach zusammen mit dem Coachingnehmer Ziele formulieren kann, die beide grundsätzlich als treffend und realistisch einschätzen. Die Frage nach Psychotherapie wird als ein Nebenthema eingeführt, auf das nach Bedarf eingegangen werden kann.

Der Vorteil dieser Anordnung besteht darin, dass die Thematik „Psychothera-pie" nicht nur bereits angesprochen ist, sondern dass aus aktuellem Anlass jederzeit wieder darauf Bezug genommen werden kann. Damit ergibt sich die Möglichkeit, in der gegenwärtigen Gesprächssituation aktuelle Ereignisse oder Erfahrungen auf-zugreifen und in Hinblick auf eine Erfolg versprechende Bearbeitung in einem veränderten Setting plausibel zu machen. So kommt der Klient in die Lage, in einem angstfreien Klima entscheidende Erfahrungen mit sich selbst zu machen und dafür auch noch einen geeigneten Gesprächspartner zur Verfügung zu haben.

Im günstigen Fall können mit einem solchen Coaching-Prozess die Ziele des Coachings erreicht werden und besteht die Möglichkeit, dem Klienten am Ende diejenigen Inhalte und Erlebensaspekte aufzuzeigen, die er im Rahmen in einer Psychotherapie bearbeiten und verändern könnte, sollte ihm dies ein persönliches Anliegen sein.

Schwieriger sind diejenigen Fälle, in welchem die Ziele durch das Coaching mehr oder weniger erreicht werden konnten, der Coach jedoch gute Gründe zur Vermutung hat, dass der Effekt keine Nachhaltigkeit haben wird, weil die persönli-chen Anteile des Klienten zu konflikthaft und zu stark in der Persönlichkeit des Klienten verwurzelt sind. Hier geht es darum, der Frage nach Psychotherapie nicht nur genügend Platz einzuräumen – vielleicht auch ein Stück weit gegen den bewus-ten Wunsch des Klienten – sondern das im Coaching-Prozess aufgetauchte (emoti-onale) Material für den Klienten auch nachvollziehbar aufzugreifen und mit den Möglichkeiten psychotherapeutischer Bearbeitung zu verbinden. Natürlich wäre es unfair und unprofessionell, den Klienten zu irgendetwas zu drängen. Wichtig halten wir, dass der Coach seine Erfahrung und Überzeugung als Experte kundtut und dem Klienten die Entscheidung überlässt, wie er damit umgeht.

Im letzten Fall – so wie im zweiten Fallbeispiel des Kapitels 1.2 illustriert – scheitert das Coaching, weil es nicht gelingt, den intendierten Prozess einzuleiten. Die Gründe dafür können sowohl in der Persönlichkeitsstruktur des Klienten als auch in der Stärke des momentanen inneren und/oder äußeren Drucks, dem er ausgesetzt ist, liegen. Eine große Gefahr besteht in dieser Situation darin, dass man unvermittelt in einen, vielleicht überfordernden, therapeutischen Prozess gerät, der die Grenzen des vereinbarten Coachings unzulässig sprengt. Auf jeden Fall halten wir es für wichtig, dem Klienten rechtzeitig klar zu machen, dass es wichtiger ist, über eine mögliche Psychotherapie zu sprechen, als unter dem Label „Coaching" Gespräche abzuhalten, die eigentlich etwas anderes sind. Ein Wechsel des Settings verlangt nach einer neuen Informationsvermittlung (in Bezug auf das empfohlene Therapie-Setting), Entscheidungen und in der Folge neuen Abmachungen, denen der Klient ausdrücklich zustimmen muss.

Natürlich stellt sich die Frage, ob es angezeigt ist, dass der Coach nach einer solchen gemeinsamen Arbeit mit dem Klienten direkt in die Rolle des Psychothera-peuten tritt. Normativ entscheiden lässt sich diese Frage nicht. Vorausgesetzt der

Coach ist ein professioneller Psychotherapeut, sind alle Varianten denkbar: unmittelbare Fortsetzung, Pause oder Vermittlung eines Theapieplatzes. Wichtig ist, dass sich beide Beteiligten im Klaren sind, in welchem Modus sie sich befinden, welche Abmachungen und Regeln gelten und dass sie beide die gemeinsam verfolgte Strategie als Erfolg versprechend beurteilen. Die gezielte Vermittlung an einen Kollegen bedeutet unter Umständen, dem Klienten die Chance zu geben, die Möglichkeiten und Grenzen von professionellen Beratungs- und Therapie-Beziehungen genauer kennen zu lernen und sich seiner eigenen Verantwortung und auch (Un-)Abhängigkeit bewusster zu werden. Menschen ohne ausreichend stabile, verlässliche und ermutigende verinnerlichte Elternfiguren erleben eine solche Weiterweisung allerdings häufig als schmerzhafte Kränkung und sind überfordert, wenn es darum geht, positive Erfahrungen daraus zu ziehen.

Coaching mit psychotherapeutischen Elementen

Je weiter man sich von den in der Tabelle 5 bezeichneten Polen weg in die Überschneidungsbereiche bewegt, desto schwieriger wird die Abgrenzung von Coaching und Psychotherapie und desto ähnlicher werden sich die Themen, Interventionen und Rollenverteilungen. Wie sich am Beispiel des Burnouts zeigen lässt, wird es manchmal schwierig, zu entscheiden, ob ein „reines" Coaching, eine „reine" Psychotherapie oder ein Coaching mit psychotherapeutischen Elementen sinnvoll ist. Im Falle von Burnout beispielweise geht es immer um einen Erschöpfungszustand, der aus Überarbeitung resultiert und damit ein klar arbeitsweltbezogenes Thema darstellt. Einige Gründe dafür können außerhalb der Person liegen, in einer unstrukturierten Organisation etwa oder zu wenigen Mitarbeitern. Sie können verstärkt werden durch nicht optimales Zeitmanagement oder andere, durch Coaching verbesserungsfähige, Kompetenzen. Diese sind aber in der Regel verzahnt mit Ursachen, die in der betroffenen Person und ihrer psychischen Struktur selbst liegen: Die ausgesprochen hohen Selbst-Ideale, der äußerste Leistungsanspruch, die eingeschränkte Fähigkeit zu entspannen und selbstregulierend für Erholung zu sorgen, die Schwierigkeiten „nein" zu sagen und die Begrenztheit eigener Möglichkeiten einzugestehen.

Wenn man die verschiedenen Psychotherapieverfahren für sich betrachtet, dann gibt es große Unterschiede untereinander: Neben Verfahren wie der klassischen Psychoanalyse und moderner störungsspezifischer psychodynamischer Therapieverfahren, die sich zu Behandlung schwerer psychischer Störungen eignen, bei denen die psychische Strukturbildung und die frühen Beziehungsprozesse schwer beeinträchtigt sind, gibt es auch Kurz- oder Fokaltherapien, bei denen zeitlich sehr begrenzt ganz bestimmte Themen und innere Konflikte bearbeitet werden, ohne das die psychische Struktur sehr gestört ist. Für nachhaltige Veränderungen bei Personen, die etwa unter Burnout leiden, kann der Einbezug solcher Therapieelemente wirksam oder sogar notwendig werden, um beispielsweise die Angst zu versagen oder die Beschämung darüber, nicht unendlich leistungsfähig zu sein, zu bearbeiten.

Haubl (2008), der sich für den Einbezug fokaltherapeutischer Elemente im Coaching stark macht und psychodynamische Leitungscoachings anbietet, schildert über lange Zeit überaus erfolgreiche und voll funktionsfähige „high performer" aus der Leistungselite, die, wenn der Erfolg auf einmal ausbleibt, weil etwa ein stetiger Karriereaufstieg plötzlich stagniert, was zu großer Beschämung und dem Gefühl versagt zu haben, führen kann, in psychische Krisen geraten und Depressionen entwickeln. In diesen Fällen ist es notwendig, die lebensgeschichtliche und in der Regel unbewusste psychische Disposition bewusst zu machen und im Rahmen des Coachings fokaltherapeutisch zu bearbeiten. „Fokaltherapeutisch" bedeutet, mit dem Klienten zusammen ein Verständnis zu erarbeiten für unbewusste Wünsche und Ängste, die sich in ungelösten inneren Konflikten verdichten und die Bewältigung aktueller Arbeits- und Lebensaufgaben im beruflichen Kontext erschweren (Neukom & Grimmer, 2009, S. 17; Klüwer, 2000). Unter Umständen kann es dabei nötig sein, die Verwurzelung dieser Konflikte in der eigenen Biographie und früheren Beziehungserfahrungen zu thematisieren (s. erstes Fallbeispiel im Kapitel 1.2). Damit sich solche fokaltherapeutische Elemente in ein Coaching integrieren lassen ohne, dass man unausgesprochen Psychotherapie macht oder unreflektiert beides vermischt, sind verschiedene Dinge zu beachten:

Erstens: Der Einbezug fokaltherapeutischer Elemente sollte nur durch einen Coach geschehen, der über eine abgeschlossene Psychotherapieweiterbildung verfügt, in der er das technische Vorgehen in Fokal- und Kurztherapien gelernt und angewendet hat.

Zweitens: Transparenz, Aufklärung und Zustimmung des Klienten: In der Abklärungs- und Zielvereinbarungsphase muss ein gemeinsames Problemverständnis erarbeitet und vermittelt werden, warum der Einbezug fokaltherapeutischer Elemente als indiziert angesehen wird, und ob sich eine solche Zielsetzung mit den Interessen des Klienten vereinbaren lässt. Insbesondere muss transparent gemacht werden, dass neben aktuellen arbeitsbezogenen Themen auch frühere Beziehungserfahrungen im beruflichen, aber auch im privaten Kontext betrachtet werden. Zudem muss angesprochen werden, dass damit eine begrenzte Analyse der eigenen psychischen Struktur und innerer Konflikte einhergeht. Bevor mit dem fokaltherapeutischen Coaching begonnen wird, sollte der Klient ein erstes Verständnis für die eigenen psychischen Dispositionen und deren Auswirkung auf seine berufliche Tätigkeit und seine Beziehungskompetenz am Arbeitsplatz entwickelt und auf dieser Basis zugestimmt haben.

Drittens: Bei der Anwendung im Rahmen des Coachings kommt es darauf an, sicherzustellen, dass der Einbezug lebensgeschichtlicher Erfahrungen und verinnerlichter Beziehungs- und Konfliktmuster begrenzt wird und immer auf die die berufliche Entwicklung betreffende Fragestellung bezogen bleibt. Es geht also niemals darum, einen Menschen grundsätzlich zu analysieren oder zu therapieren und irgendwelche alte Wunden aufzudecken. Dafür ist es nötig, dass sich eine relativ umgrenzte unbewusste oder teilweise auch bewusste Konfliktdynamik identifizieren lässt, die fokussiert werden kann. Wenn dies für nicht möglich erachtet wird, sollte dies klar kommuniziert und versucht werden, den Patienten für eine Psychotherapie zu gewinnen und ihn weiter zu vermitteln.

Viertens: Die fokaltherapeutische Tätigkeit muss immer im Dienst der mit dem Klienten vereinbarten Coaching-Ziele stehen und nicht etwa auf allgemeine psychotherapeutische Ziele wie die Verringerung psychischer Symptome oder die Verbesserung der Beziehungsfähigkeit oder gar Veränderung der psychischen Struktur ausgeweitet werden. Um dies zu gewährleisten sollte in jedem Fall eine zeitliche Begrenzung und eine bestimmte Anzahl von Sitzungen vereinbart und auch eingehalten werden, in denen diese Arbeit stattfindet.

5.4 Zur unterschiedlichen gesellschaftlichen Anerkennung

Aus unserer Sicht lässt sich die vor allem in der Coaching-Literatur und von unseren Interviewpartnern geforderte klare Trennung von Psychotherapie und Coaching nicht durchhalten. Dass dies zwar gefordert wird, aber auch in der Praxis kaum eindeutig zu realisieren ist, wurde deutlich. Dennoch halten wir es für wichtig, sich zunächst möglichst präzise vor Augen zu halten, was für Konzepte Psychotherapie und Coaching eigentlich sind und worin sie sich unterscheiden, um dann im Einzelfall bewusst und transparent psychotherapeutische Elemente ins Coaching integrieren zu können (oder umgekehrt innerhalb einer Psychotherapie Sequenzen zu initiieren, nach dem Modell von Coaching strukturiert sind). Der gerade von der Coaching-Seite betriebene Versuch, klare Grenzen zu etablieren, lässt sich einerseits durch den Wunsch nach gesellschaftlicher und wissenschaftlicher Etablierung als eigenes Beratungs-Verfahren verstehen und andererseits als Versuch die Stigmatisierung, die Psychotherapie immer noch erhält, zu vermeiden. Die Kombination dieser beiden Motive erhöht die Gefahr, dass Coaching gemacht wird, wo Psychotherapie indiziert wäre und bestimmte Klienten das für sie optimale Angebot daher gar nie kennen lernen. Wir halten es für ungünstig, wenn sich Vertreter von Coaching zu stark von Psychotherapie abgrenzen und sich mit deren Potentialen und Grenzen nicht auseinander setzen. Es sollte auch im Interesse von Coachs und Ausbildner stehen, Stigmatisierungstendenzen in Bezug auf Psychotherapie durch eine kompetente Vermittlung abzubauen und die Unterscheidung zwischen den beiden Formen mittels präzisen Konzeptualisierungen zu treffen. Dies geschieht nicht nur zum Wohle der Klienten, sondern dient auch der positiven Profilierung von Coaching.

In unserer Beratungspraxis haben wir es häufig mit Klienten zu tun, die sich für ein Coaching anmelden, aber aus unserer Sicht eigentlich eine Psychotherapie brauchen (s. Kapitel 1). In diesen Situationen ist es wichtig, dies deutlich zu kommunizieren und sie für eine Therapie zu gewinnen. Andere brauchen den beschriebenen Einbezug therapeutischer Elemente, um ihre Coaching-Ziele zu erreichen. Bei ihnen würde ein reines Coaching, das auf intakten Selbstmanagementfähigkeiten beruht, nicht greifen. Für eine Kurzzeit-Psychotherapie könnte man sie aber oftmals gar nicht gewinnen, weil sie mit dem Stigma des Kranken und des Versagens behaftet ist. Auf diese Weise kann der rechtzeitige Einbezug psychotherapeutischer Elemente in ein Coaching erstens die Qualität des Coachings verbessern und die Erreichung bestimmter Ziele erst ermöglichen und zweitens verhindern, dass die Betroffenen mit der Zeit immer mehr leiden, aber aus den beschriebenen Berührungsängsten nie eine Psychotherapie beginnen, sondern sich beispielsweise Psychopharmaka besorgen, um sich fit zu halten.

Haubl (2008, S. 318ff.) berichtet aus seiner eigenen Coaching-Praxis, dass es gerade unter Männern mit „einer schonungslosen Karriereorientierung bei höchster Leistungsfähigkeit und Leistungsbereitschaft", die in internationalen Unternehmen daran arbeiten, in Spitzenpositionen zu kommen, eher die Regel als die Ausnahme ist, sich mittels Selbstmedikation mit Psychopharmaka (meistens Antidepressiva) fit zu halten. Der Einsatz dieser Medikamente ist klar im (psychiatrischen) Krankheitsbereich verortet. Sie werden häufig bei mittleren oder schwereren Depressionen parallel zur Psychotherapie verordnet. Eigentlich wäre in diesen Fällen also eher eine psychotherapeutische Behandlung die erste Wahl und insbesondere dem selbstindizierten Gebrauch von Psychopharmaka vorzuziehen. Letztere haben aber in manchen Kreisen die Anerkennung als leistungssteigernde Mittel erhalten, ähnlich bestimmte Rauschmittel wie Amphetamine oder Kokain, deren Gebrauch teilweise weniger stigmatisiert ist und die Verleugnung der eigenen Begrenztheit aufrechtzuerhalten ermöglicht.

Aus dieser Perspektive scheinen gegenüber Psychotherapie auch Vorbehalte zu bestehen, weil sie einen aufklärerischen oder subversiven Charakter erhält und das „immer weiter so" mit dem Ziel, die Leistungsfähigkeit und Leistungsbereitschaft noch weiter zu steigern, auch hinterfragt. Besonders das „Business-Coaching" ist eine typische Zeiterscheinung unserer stark an Leistung und Glanz orientierten Gesellschaft. Es läuft Gefahr, unreflektiert Werte zu bedienen, die nicht nur einer kritischen Prüfung bedürfen, sondern manchmal im Dienst der Aufrechterhaltung psychischen Wohlbefindens und körperlicher Gesundheit auch gezielt unterlaufen werden müssen. Psychotherapie, vor allem psychodynamischer Orientierung, wird deshalb niemals – weder in der Arbeitswelt noch der Gesellschaft – eine vorurteilsfreie Akzeptanz erhalten.

Literatur

Ehrenberg, A. (2004). Das erschöpfte Selbst. Depression und Gesellschaft in der Gegenwart. Frankfurt a.M.: Campus.

Freudenberger, H. J. & Richelson, G. (1993). Ausgebrannt: Die Krise der Erfolgreichen – Gefahren erkennen und vermeiden. München: Kindler.

Hillert, A. & Marwitz, M. (2006). Die Burnout Epidemie oder brennt die Leistungsgesellschaft aus? München: C.H. Beck.

Haubl, R. (2007). Wenn Leistungsträger schwach werden. Chronische Müdigkeit – Symptom oder Krankheit? In R. Haubl & E. Brähler (Hrsg.) Neue moderne Leiden. Krankheit und Gesellschaft. Psychosozial, 30, 25-35.

Haubl, R. (2008). Die Angst, persönlich zu versagen oder sogar nutzlos zu sein. Leistungsethos und Biopolitik. Forum der Psychoanalyse, 4, 317-329.

Haubl, R. (2009). Neidisch sind immer nur die anderen: über die Unfähigkeit zufrieden zu sein. Vortrag an der Tagung „Der Psychosomatische Dialog" zum Thema „Der erschöpfte Mensch – eine kritische Auseinandersetzung mit dem klinischen Phänomen des Burn-Out", Hamburg, 31.1.2009.

Klüwer, R. (2000). Fokus, Fokaltherapie. In W. Mertens & B. Waldvogel (Hrsg.). Handbuch psychoanalytischer Grundbegriffe (S. 202-205). Stuttgart: Kohlhammer.

Lippmann, E. (Hrsg.). (2006). Coaching. Angewandte Psychologie für die Beratungspraxis. Heidelberg: Springer Medizin Verlag Heidelberg.

Mertens, W. & Waldvogel, B. (Hrsg.) (2008). Handbuch psychoanalytischer Grundbegriffe 3., überarbeitete und erweiterte Auflage. Stuttgart: Kohlhammer.

Müller-Pozzi, H. (2002). Psychoanalytisches Denken – Eine Einführung. (3., erweiterte Auflage.) Bern: Huber.

Neukom, M. & Grimmer, B. (2009). Coaching oder Psychotherapie? Psychotherapie und Coaching? In L. Dahinden, Th. Freitag & F. Schellenberg (Hrsg.). Mythos Coaching. Was bringts? Wie funktioniert es? (S. 12-22). Zürich: Orell Füssli Verlag.

Neukom, M., Grimmer, B. & Merk, A. (2005). Ansatzpunkt Therapeut-Patient-Beziehung: Psychoanalytisch orientierte Psychotherapie. In M. Perrez & U. Baumann (Hrsg.). Lehrbuch Klinische Psychologie – Psychotherapie. 3., vollständig überarbeitete Auflage (S. 456-475). Bern: Huber.

Reinecker, H. & Lakatos-Witt, A. (2005). Ansatzpunkt Erleben, Verhalten: Verhaltenstherapeutisch orientierte Psychotherapie. In R.-D. Stieglitz, U. Baumann & M. Perrez (Hrsg.). Fallbuch zur Klinischen Psychologie & Psychotherapie (S. 499-520). Bern: Huber.

Rössler, W. (Hrsg.) (2005). Die therapeutische Beziehung. Berlin: Springer.

Straus, D. (2009). Burnout zwischen Mythos und Epidemie. Öffentlicher Kaderarztvortrag der Spital Thurgau AG, Münsterlingen, 9.2.2009.

Über die Autoren

Bernhard Grimmer, Dr. phil.

Master of Advanced Studies in Psychoanalytic Psychotherapy, Fachpsychologe für Psychotherapie (Schweiz), Psychologischer Psychotherapeut (Deutschland). Therapeutischer Leiter der Spezialstation für Adoleszentenpsychiatrie und -psychotherapie der Psychiatrischen Klinik Münsterlingen. Zertifizierte Weiterbildung in psychodynamisch-systemischem Coaching; Mitglied des Instituts für Psychodynamische Organisationsentwicklung und Personalmanagement Düsseldorf e.V. (POP); Aufbau und mehrjährige Ko-Leitung der Praxisstelle für psychodynamisches Coaching und Organisationsentwicklung an der Universität Zürich. Dozent an der Postgradualen Weiterbildung in Psychoanalytischer Psychotherapie der Universität Zürich. Publikationen zur qualitativen Psychotherapieforschung, zur therapeutischen Beziehung und zum Verhältnis von Coaching und Psychotherapie.

Marius Neukom, Dr. phil.

Psychoanalytiker und psychodynamischer Coach in eigener Praxis (www.mneukom.ch). Fachpsychologe für Psychotherapie FSP. Praxisbewilligung der Gesundheitsdirektion des Kantons Zürich. Zertifizierte Weiterbildung in psychodynamisch-systemischem Coaching. Mitglied des Instituts für Psychodynamische Organisationsentwicklung und Personalmanagement Düsseldorf e.V. (POP). Oberassistent und stellvertretender Leiter des Lehrstuhls für Klinische Psychologie, Psychotherapie und Psychoanalyse am Psychologischen Institut der Universität Zürich. Leiter der psychotherapeutischen Praxisstelle sowie der Praxisstelle für psychodynamisches Coaching und Organisationsentwicklung am selben Lehrstuhl. Projekt- und Gruppenleiter in Forschungsprojekten in der Psychotherapie- und Coaching-Forschung. Lehrbeauftragter der Universität Zürich; Dozent an der Postgradualen Weiterbildung in Psychoanalytischer Psychotherapie der Universität Zürich. Publikationen zum Thema Coaching, zur Psychotherapieforschung, zu psychoanalytischen Fragestellungen, zur Wissenschaftlichkeit von Psychotherapie und zu literaturpsychologischen Themen.

Colina Frisch, lic. phil.

Studium der Klinischen Psychologie, Psychopathologie im Erwachsenenalter und Naturheilkunde. Colina Frisch arbeitet für internationale Unternehmen als freiberufliche Assessorin und Akteurin in den Bereichen Kaderselektion und Kaderweiterbildung. Zudem entwickelt sie Health & Wellness-Konzepte für asiatische Wellness-Resorts.

Nicole Heyn, lic. phil.

Studium der Klinischen Psychologie, Psychopathologie im Erwachsenenalter und Kriminologie. Ausbilderin mit eidg. Fachausweis. Diplomierte Wirtschaftsfachfrau. Nicole Heyn arbeitet als Human Resources Advisor in einem internationalen Versicherungsunternehmen.

Flavia Ineichen, cand. phil.

Studium an der Abteilung für Klinische Psychologie, Psychotherapie und Psychoanalyse der Universität Zürich mit den Nebenfächern Psychopathologie im Erwachsenenalter und Kriminologie. Diplomierte Wirtschaftsfachfrau. Flavia Ineichen arbeitet als Prokuristin/Kadermitarbeiterin im Bereich Komplexschaden/Personen-Versicherung in einem internationalen Versicherungsunternehmen.

Brigitte Meier, cand. phil.

Studium an der Abteilung für Klinische Psychologie, Psychotherapie und Psychoanalyse der Universität Zürich mit den Nebenfächern Psychopathologie im Erwachsenenalter und Sozial-/Präventivmedizin. Brigitte Meier ist Tutorin an der Postgradualen Weiterbildung in Psychoanalytischer Psychotherapie der Universität Zürich.

Anhang A

Interviewleitfaden

Begrüßung des Interviewpartners

Wer wir sind
- Psychologisches Institut der Universität Zürich, Abt. Klinische Psychologie, Psychotherapie und Psychoanalyse
- Praxisstelle für Psychodynamisches Coaching und Organisationsentwicklung – Psychotherapeutische Praxisstelle
- Projektleitung: Dr. phil. Bernhard Grimmer & Dr. phil. Marius Neukom

Vorstellung der Studie
- Das Interview dauert ca. 45 Minuten.
- Für die wissenschaftliche inhaltsanalytische Auswertung benötigen wir Aufnahme mit digitalem Aufnahmegerät.
- Die Daten werden vertraulich behandelt und anonymisiert.
- Eine Zuordnung einzelner Antworten zu einzelnen Personen ist nach der Auswertung nicht möglich.
- Mündliche Einverständnis-Erklärung in Bezug auf die Tonaufnahme einholen.

Kurze Erläuterung des Hintergrunds der Fragen:
- Eigene Erfahrungen mit Coaching-Klienten, die sich an unserer Praxisstelle melden mit Problemen im beruflichen und im privaten Bereich; Herausfinden ob Psychotherapie oder Coaching angezeigt ist; Klienten melden sich i.d.R. selbständig an.
- Interviews mit den Coaching-Verantwortlichen in 30 Schweizer Unternehmen, um herauszufinden, wann und für welche Zwecke sie Coaching empfehlen, bzw. einsetzen und wie sie die Grenze zur Psychotherapie ziehen.
- Studie zum Verhältnis von Coaching und Psychotherapie

Aufbau des Interviews
Das Interview besteht aus zwei Teilen:
1. Teil: Fragen zur Arbeitstätigkeit des Interviewpartners/ Coaching-Verantwortlichen und zur Etablierung von Coaching im jeweiligen Unternehmen.

2. Teil: Inhaltliche Fragen zu Coaching-Anlässen, Coaching-Zielen und
            Coaching-Methoden und zur Abgrenzung von Psychotherapie

Durchführung des Interviews
–   Das Gespräch wird als ein halbstrukturiertes Interview gestaltet.
–   Vor allem im inhaltlichen zweiten Teil stellen wir Ihnen offene Fragen, auf die
    Sie das sagen können, was Ihnen einfällt.
–   Gelegentlich werden wir nachfragen, z.b. wenn uns etwas unklar ist, oder um
    ein Thema zu vertiefen.
–   Wichtig ist uns, mit Ihnen in ein Gespräch zu kommen.
–   Der Interviewer stellt die vorbereitenden Fragen; der Interviewer und die
    Begleitperson werden gemeinsam nachfragen.
–   Wir sind an Ihrer subjektiven Meinung zu den einzelnen Fragen interessiert,
    um ein Abbild der Meinungen der Coaching-Verantwortlichen zu erhalten.
–   Am besten sagen Sie das, was Ihnen zu den einzelnen Punkten einfällt, so, wie
    Sie es in Ihrer täglichen Praxis erleben und handhaben.
–   Wenn Ihnen zu einer Frage nichts einfällt oder Sie für ihren Alltag nicht rele-
    vant ist, sagen Sie uns das bitte und wir gehen zur nächsten Frage weiter.

Fragenkatalog

*1.   Fragen nach dem Stellenwert von Coaching im jeweiligen Unternehmen und zur
      Arbeitstätigkeit des Interviewpartners*
–   Für welchen Aufgabenbereich sind Sie im Unternehmen zuständig?
–   Was ist Ihr Ausbildungshintergrund?
–   Für wie viele potentielle Coachingnehmer sind Sie zuständig?
–   Wie viele Coachings werden in Ihrem Unternehmen pro Jahr durchgeführt?
–   Beauftragen Sie mehr interne oder externe Coachs?
–   Aus welcher Hierarchiestufe des Unternehmens sind die Coachingnehmer?
–   Wie sieht die geschlechtliche Verteilung der Coachingnehmer aus?
–   Wie alt sind die Coachingnehmer?

2.   Coaching-Anlässe
–   Welches sind aus Ihrer Sicht typische Coaching-Anlässe, können Sie uns Bei-
    spiele aus Ihrem Alltag nennen?
–   Sehen Sie die Ursachen häufiger im privaten oder beruflichen Bereich?
–   Sprechen Sie nur Empfehlungen für ein Coaching aus oder gibt es Situationen
    und Probleme, in denen Sie zu einer Psychotherapie raten?

3. *Coaching vs. Psychotherapie*
- Was ist für Sie Coaching?
- Was ist für Sie Psychotherapie?
- Wie unterscheiden sich die beiden?

4. *Eigenschaften des Coachs, Frage nach der Beziehung*
- Welche Eigenschaften und Fähigkeiten sollte ein Coach besitzen?
- Wie wichtig ist es für Sie, dass ein Coach auch eine psychotherapeutische Weiterbildung gemacht hat? Weshalb?
- Welche Rolle spielt die Beziehung zwischen Coachingnehmer und Coach?

Abschluss des Interviews

- Die Interviewpartner immer fragen, ob sie noch etwas hinzufügen möchten.
- Immer die Möglichkeit anbieten, Fragen zu stellen: zu Personen, zu den Praxisstellen, zum Projekt usw.
- Ganz zum Schluss: Dank aussprechen und Informationen über die Ergebnisse der Studie ankündigen.

Anhang B

Transkriptionsregeln

orientiert an Wittowski (1994) und Mergenthaler (1992):

Zeichen:	Bezeichnung für:	Beispiel:
///(?:.....)	Unverständlich, Anzahl Schrägstriche = Anzahl Wörter, in Klammern der vermutete Wortlaut, Zeitangabe	///(?:möchte)
!	Betonung, Hervorhebung (nach Wort)	da habe! ich
:	Dehnung (nach Wort)	da: habe ich
?	Frage, steigend oder hoch endende Stimmführung	
.	Abgeschlossener Gedanke, auf den Grundton endende Stimme	
,	Kurzes Zögern, Gedanke wird jedoch fortgesetzt	
...-	Wortabbruch	merkwü-
hm	Bestätigung	
hm?	Frage	
-	Pause 2 Sekunden	
--	Pause 5 Sekunden	
---	Pause 10 Sekunden, danach Sekunden in Klammern	(20 Sek.)

Inhaltlich relevante Einschübe werden in einer folgenden Zeile wiedergegeben. Einfache Bejahungen („hm") werden weglassen.

Die Interviews wurden zumeist in Schweizerdeutsch geführt. Die Transkription ins Hochdeutsche verfolgt das Ziel, einen grammatikalisch korrekten, lesbaren Text zu erhalten.

Alle Beispiele wurden anonymisiert.

Literatur

Mergenthaler, E. (1992). Die Transkription von Gesprächen (3. neu überarbeitet Auflage).
Ulm: Ulmer Textbank.
Wittkowski, J. (1994). Das Interview in der Psychologie. Interviewtechnik und Codierung
von Interviewmaterial. Opladen: Westdeutscher Verlag GmbH.

Anhang C

Ober- und Unterkategorien zu den Konzepten von Coaching (Kapitel 3.1)

Ober- und Unterkategorien mit Erläuterungen und Ankerbeispielen zur Frage „Was ist Coaching?"

1. Rahmenbedingungen

zeitliche Begrenzung (22)
Die zeitliche Begrenzung von Coaching wird insgesamt 22 Mal in den Interviews thematisiert. Coaching ist eine „eher kürzere Intervention", „es sollte zeitlich begrenzt sein", „es ist nicht unendlich". Die Frequenz und Dauer wird unterschiedlich benannt: „Vielleicht zwei bis sechs Sitzungen", „Richtwert 10 Sitzungen, und dann sollte man auf einen grünen Zweig gekommen sein", „auf maximal, erfahrungsgemäss ist es so plus minus ein Jahr". Die Intervention soll jedoch „einen Anfang und einen Schluss" haben und soll „relativ kurzfristig sein, es soll greifen". Die Coaching-Sessions dauern ein bis zwei Stunden. Weitere Bemerkungen im Zusammenhang mit der zeitlichen Begrenzung sind: „Irgendwo muss man ein Resultat sehen, im Firmenumfeld sowieso, und zwar in einer kurzen Frist" oder „dass nach einer gewissen Zeit der Erfolg da ist". „Coaching findet in mehreren Sitzungen statt und ist zeitlich begrenzt".

auf Aufgaben, Arbeit, Beruf bezogen (20)
Fast alle Experten verstehen Coaching als auf den Beruf oder die Arbeit bezogen. Die Aussagen sind mehrheitlich positiv formuliert „auf Anforderungen im Beruf bezogen", „es geht um eine Aufgabe, eine Situation, eine Rolle" oder es handelt sich um „Fragestellungen aus dem beruflichen Alltag". Weniger ausschliesslich sind Äusserungen, dass Coaching „schon hauptsächlich im beruflichen" Umfeld stattfindet oder wie ein Experte darlegt: „nicht nur auf den Beruf bezogen, aber schon der grösste Teil hat mit dem Job zu tun" und fügt an: „Privates würde ich jetzt zum Beispiel nicht machen."

beinhaltet einen Frageprozess, Fragetechniken und andere Methoden (16)
„Der Coach stellt ein paar schräge Fragen", es werden „zirkuläre Fragen" gestellt oder: „Der Coach gibt selten Antworten, der Coach stellt vor allem Fragen", damit der Coachingnehmer „von alleine die Lösung findet." „Nicht sagen, was sie zu tun haben, sondern versuchen mit möglichst vielen Fragestellungen einen Weg zu fin-

den, durch ihre eigenen Ressourcen". Auf Instrumente wird selten genauer eingegangen, aber es werden Skalierungstechniken oder das Tauschen von Rollen genannt. Genannt werden überdies auch Techniken wie NLP, Kinesiologie, Phanta-
siereisen, Glaubenssätze überprüfen oder körperorientierte Richtungen, dies jedoch
eher selten. Kollegiales Team-Coaching wird etwas öfter genannt und soll dazu
dienen „Hypothesen zu bilden und nicht gleich auf Lösungen zusteuern".

bedingt Vertrauen, Vertraulichkeit und Neutralität (14)
Vertrauen ist beim Coaching „die Grundlage", oder anders ausgedrückt: „im Zentrum steht eigentlich immer ein Vertrauensverhältnis". Zwei Experten schildern,
dass potentielle Coachingnehmer auf sie zukamen, nachdem sie sie bei Anlässen
„erlebt" haben (z.b. Führungstraining). Ein Experte führt aus, dass „die Leute, die
mich kennen, oder, die mich schon erlebt haben, die kommen viel eher, und die
haben auch diese Schwellenangst nicht, weil die wissen, die können mir eine Frage
stellen und sie bekommen auch eine Antwort und sie müssen nicht irgendwie einen
Statusverlust befürchten". Der Begriff Vertraulichkeit wird insgesamt drei Mal
verwendet. Er wird als zentral eingestuft, was bedeutet, dass z.B. externe Coaches
keine Rückmeldungen machen dürfen über den Inhalt der Coachings: „dass wir
auch, was wir hören, weder gegenüber Dritten, noch Auftraggeber, das müssen wir
immer wieder sagen, ist es Ihnen bewusst, was ich da höre, sehe und alles, das mel-
de ich Ihnen nicht einfach so zurück". Ebenfalls in diesem Zusammenhang, hält ein
Experte fest, „es muss professionell sein und da sind wir mit Externen besser gefahren, als mit Internen, … aber es ist einfach ein bisschen eine Frage von Vertraulichkeit, von der Diskretion". Auch „Neutralität" wird relativ oft thematisiert: „Es
ist besser, jemand Neutralen, der wirklich nur das Problem anschaut und die Um-
stände nicht so kennt" bzw. „einen externen Coach hat, also einer der nicht aus
dem Team selber ist, sondern jemand der im Grunde genommen eine neutrale
Position hat". Zwei Experten stellen diese Neutralität direkt in Bezug zu einer möglichen Problematik beim Coach selber: „Er muss schauen, dass er wirklich neutral
bleibt". Und bei internem Coaching ist man „nicht mehr ganz in dieser neutralen
Haltung".

beinhaltet Freiwilligkeit (8)
Die meisten Experten sind sich in Bezug auf die grundsätzliche Freiwilligkeit einig:
„Coaching muss freiwillig sein, einfach, aus der persönlichen Überzeugung, vom
Coachee, dass ihm das auch etwas bringt, sonst macht es keinen Sinn". Ein Experte
sagt allerdings: „Die kommen nicht aus einem eigenen Interesse, weil sie proaktiv
etwas machen möchten machen und das Gefühl haben, jetzt möchten wir etwas
bewegen". Ein Experte sagt, dass es fraglich ist, ein verordnetes Coaching („der
muss dann einfach kommen"), noch als Coaching zu bezeichnen. Er erwähnt zudem verschiedene Stufen von Freiwilligkeit, z.B. wenn die Klienten „einfach aus

sich heraus schon fragend kommen oder dann gibt es die Stufe, wo man halt die Leute erst mal ins Fragen hinein bringt, bevor man dann eigentlich das Coaching anfangen kann". Ein weiterer Experte äussert sich bezüglich Freiwilligkeit folgendermassen: „Nein es ist nicht verordnet, überhaupt nicht. Es ist nie verordnet". Er führt weiter aus, dass es dann zu einer Verpflichtung werden würde, räumt aber ein, dass es eine gemeinsam vereinbarte Massnahme oder Intervention sein kann, wenn zum Beispiel ein Vorgesetzter findet, der Klient könne mit einem Coaching etwas verändern oder lernen und hält fest: „Aber in der Regel sollte es vom Coachee eigentlich gesucht sein, vom Teilnehmer". Ein weiterer Experte erörtert, dass das Unternehmen aktiv auf Personen zugeht und präzisiert dies mit der Aussage: „Geschickt wird niemand, wir verordnen das nicht, sondern wir diskutieren, da sollte was passieren oder wir möchten eine Weiterentwicklung unterstützen und dann kann Coaching eine Massnahme sein. Und dann ist es aber an dem Betroffenen selber zu sagen, ich möchte das oder ich möchte das nicht. Also wir verordnen und schicken niemanden. Ich denke das ist auch eine ganz wichtige Voraussetzung, dass das erfolgreich sein kann". Ein Experte legt kritisch dar, dass er den Punkt der Freiwilligkeit als den heikelsten Punkt einschätzt, „weil da ja auch immer ein Abhängigkeitsverhältnis zu den Vorgesetzen und zur Firma besteht". Ein anderer Experte führt aus: „Es kann beides sein, dass die Leute geschickt werden, oder dass wir Leute schicken. Wie gesagt, aber es ist ein bisschen problematisch".

enthält eine Evaluation (6)
Ein Experte beschreibt, dass der Prozess dokumentiert wird nach den Qualitätskriterien eines Berufsverbandes unter Wahrung des Datenschutzes. Die Überprüfung erfolgt während des Coachings: „[Ich erwarte] je nach Thema zwischendrin Statusbericht, wenn ich sagte, wir treffen uns in einem Monat wieder, will ich zwischendrin ein Feedback haben". Andere Aussagen betreffen die Erfolgsmessung des Coachings nach Abschluss: Man „unterhält sich anschliessend auch über Nachhaltigkeit und Wirkung, wie wollen wir das überprüfen und dann kommt man meist zwei oder drei Monate später wieder zusammen und schaut man die erzielten Resultate an und sagt jetzt, was haben wir erreicht, was haben wir nicht erreicht". Ein anderer Experte sagt: „Am Schluss gibt es ein Auswertungsgespräch, normalerweise ist das ca. nach einem Jahr". In einigen Unternehmen scheint dies zeitlich fest eingebunden zu sein: „Wir evaluieren es auch sechs Monate nach Abschluss des Coachings", was von den gesetzten Zielen erreicht wurde. Oder es wird der Nutzen gemessen, indem die Feedbacks der externen Coaches mit den Beurteilungen der Klienten verglichen werden.

findet in spezifischen Rollen statt (6)
Coaching findet auf „gleicher Ebene" statt, es ist eine „Eins-zu-eins-Beziehung". Es ist aber keine „Schulter-Klopf Session" wie ein Experte genauer erklärt: „Wir können

gut diskutieren auf einer sachlichen, direkten Ebene, aber fertig. Nicht mehr und nicht weniger", und meint damit, dass es kein freundschaftliches Verhältnis ist. Ein anderer Experte sagt: „Wir klären die Rollen relativ genau, weil wir auch in andern Rollen wieder zusammentreffen". Um Rollenkonflikte zu vermeiden, hält ein Experte fest, verweise er Ansprechpersonen, mit denen bereits eine Arbeitsbeziehung in der Unternehmung besteht, im Falle eines Coachings, an einen anderen Coach des Teams.

enthält die Bearbeitung eines spezifischen Themas (6)
„Primär geht es um ein konkretes Thema", eine „klar definierte Fragestellung", „Coaching ist für mich, im Vordergrund steht ein Sachproblem (...), eine Situation die möglichst klar benennbar, möglichst genau umschreibbar ist".

Gegenwartsbezogenheit (6)
„Situationen, die im Moment sind", „die aktuelle Bewältigungssituation", „Coaching fang ich hier und jetzt fange ich an, und ich schaue nur nach vorne" oder auch: Coaching beachtet „Vergangenheitsfaktoren nur ganz am Rand".

ist massgeschneidert, individuell (5)
Coaching ist ein „massgeschneidertes Führungsinstrument", eine „individuelle Form von Förderung".

bedarf einer spezifischen Motivation (5)
Diese Kategorie beinhaltet Umschreibungen wie: „motiviert sein", „sich auf einen Prozess einlassen", dass die Klienten „selbst einen Beitrag leisten" müssten oder „aktiv mitarbeiten und nicht einfach konsumieren, sich zurücklehnen und ein bisschen zuhören" könnten. Thematisiert wird auch, dass „Eigeninitiative von beiden Seiten" her wichtig ist und dass die Klienten die „Bereitschaft haben [sollten], etwas zu verändern".

ist eine Zusammenarbeit zwischen zwei gesunden Menschen (4)
Coaching ist „die Zusammenarbeit zwischen zwei gesunden Menschen", „noch im Bereich des absolut Gesunden", der Klient ist „eine normale Person, die aber in irgendwelchen Problemen, belastenden Situationen steht". Ein Experte macht die Aussage „Coaching hat für mich nichts Pathologisches".

beinhaltet einen Feedbackprozess (2)
Ein Feedbackprozess wird einmal als Methode: „Feedback wie wirkst du und wieso kommt denn so etwas zustande oder, dass die Leute so reagieren und so weiter" und einmal als Evaluation: „Ein Gespräch mit demjenigen der gecoacht wurde, um eine Rückmeldung zu kriegen, wie er das Ganze empfunden hat und wie sich die Situation verändert hat" beschrieben.

beinhaltet Aufgabe und, Aufträge (2)

In den Interviews wird zweimal darauf Bezug genommen, dass der Coach dem Klienten bei einem Coaching auch Aufgaben oder Aufträge erteilt. Dies ist beim einen Experten im Zusammenhang mit dem Angehen des vorher definierten Zielzustandes durch Vereinbaren von Zwischenschritten eher allgemein gehalten. Der zweite Experte bindet solche Aufträge konkreter in das Coaching ein, jedoch werden diese vom Klient selber definiert und dann durchgeführt.

Situationsbezogenheit (2)

„Es geht darum eine Situation zu erkennen und mit einem Coach zu vereinbaren, was der erwünschte Beitrag oder was die erwünschte Zielsetzung von dieser Situation da drin ist".

2. spezifische Ziele/Ausrichtung

generelle Zielorientierung (25)

Die Zielorientierung wird insgesamt 25 Mal in den Interviews thematisiert und gehört damit zu den häufigsten Nennungen insgesamt. Unterschieden werden können die Themenbereiche: Zielklärung, Zielvereinbarung, Ziele Angehen als Prozess des Coachings, Zielerreichung und Zielüberprüfung. Die Zielklärung wird erreicht mit einer „klar definierten Fragestellung" im „sogenannten Auftragsklärungsgespräch". Unter Zielvereinbarung verstehen die Experten: „Wir legen am Anfang immer ganz klar die Zielsetzungen fest". Oft werden diese vertraglich festgehalten: „Vereinbarung, wo drin steht, worum es geht, was ist das Ziel". Insgesamt sieben Aussagen wurden diesbezüglich erfasst. Das Angehen der Ziele kann auch als Prozess verstanden werden, der ein Coaching ausmacht: „Wo man gezielt auch auf ein Ziel hinarbeitet und über eine längere Zeit" bzw. „sehr zielorientiert arbeitet" und „Zielzustand, der vorher definiert wird, angegangen wird". Unter Zielerreichung und Zielüberprüfung verstehen die Experten: „Es muss dann schon irgendwodurch das Ziel erkennbar sein", „irgendwo muss man ein Resultat sehen" bzw. „wesentlich, dass man ein Endziel festlegt". Die Zielklärung und -setzung wurde bereits oben erläutert, sie soll vor allem realistisch sein.

keine Durchleuchtung der Psyche oder Suche nach Entwicklungsmustern (12)

In diesen Codierungen finden sich v.a. Aussagen, was Coaching nicht sein sollte. Der Vollständigkeit halber, wurden die Aussagen trotzdem codiert. „Grundthematiken der Persönlichkeit gehören für mich ganz klar nicht ins Coaching". „Eine Ebene zu haben, die nicht zu tief geht", „es ist nicht gut wenn die Firma allzu stark anfängt, bis ins Seelenleben ihrer Mitarbeiter einzumischen", „es geht grundsätzlich nicht darum in Problemen zu wühlen, sondern was machbar ist in dieser Situation". Bei der Codierung „Suche nach Entwicklungsmuster" sagt ein Experte: Die „Lösung interessiert es nicht, wie das Problem entstanden ist" und ein anderer Experte: „Wo es nicht Coaching ist, das ist wirklich dann, wenn so die Psyche an den Mensch herangeht, jetzt geht es um etwas, was ein Muster ist, wo er nicht schon als Kind entwickelt hat, mitbekommen hat, wo ich nicht weiss woher und wie man das ändern könnte". Jedoch räumt ein Experte ein: „Ich arbeite mit den Situationen die im Moment sind (…) stelle ich schon auch Fragen, ist das das Muster, wo sie wo du kennst, aus deiner Kindheit oder so aus irgendeiner Konstellation, wo ich merke, aha, da hat es gewisse Glaubenssätze, die dahinter stehen, die allenfalls hinderlich sind, dann schaue ich, wie kann man die auflösen". Ebenso wie ein anderer Experte meint: „Ich glaube dass es einen Teil braucht, wo man allenfalls wirklich noch zurück schaut, sei es in die Kindheit, sei es wo ist irgendwas entstanden, wo und der Ursprung dort". Er grenzt sich dann aber davon ab, wenn er sich dem nicht mehr gewachsen fühlt.

Effektivität und Wirksamkeit verbessern oder wiederherstellen (7)
„Befähigen seine berufliche Tätigkeit besser, einfacher oder effektiver durchführen zu können"; „das Verhalten korrigieren, dass er wieder funktioniert"; „was wir anbieten hat zu tun mit wieder fit machen, damit er eine gute Arbeit machen kann". Coaching soll dazu dienen, „die Leistung zu verbessern", „Performanz zu steigern", „Coaching gibt es ja auch sehr leistungsorientiert", „das, was er macht vielleicht eine bessere Wirksamkeit hat". Coaching soll nach Ansicht eines Experten dazu dienen, dass es „einfach wieder Richtung Gesundheit geht oder Richtung Einsatzfähigkeit".

Zukunftsorientierung (7)
„Ich schaue nur nach vorne", „wie soll es zukünftig aussehen", „schauen, wo es hingehen soll", „lösungs- und zukunftsorientiert", etc..

Reflektieren von Auswirkungen (auf das Verhalten) (7)
Zwei Experten sind der Meinung: „Wo es auch darum geht, wie jemanden seine Selbstreflexion noch ein bisschen weiterzuentwickeln" bzw. „Herausfinden, was möchte er denn eigentlich? Wo steht er? Also ich helfe ihm zu reflektieren". Zwei Experten verstehen Verhaltensauswirkungen als Rückmeldungen an den Klienten: „Wie wirke ich in einer bestimmten Problemstellung, was mache ich falsch" bzw. im „persönlichem Verhalten und so, Feedback wie wirkst du und wieso kommt denn so etwas zustande". „Coaching jetzt für uns eher um Einstellungs- und Verhaltensänderungen und mit Einbezug der Umwelt auch".

nicht als letzte Chance (6)
„Coaching als letzte Chance, das bringt nichts, da müssen wir andere Dinge machen, da braucht es eine Krisenintervention oder Mediation, Konfliktmanagement, was auch immer, aber nicht ein Coaching". Die Experten sind sich einig, dass

es v.a. früher als solches missbraucht wurde „das war ein Thema für Leute, die versagt haben", Coaching ist heute „sicher salonfähiger geworden". Ein Experte äussert sich zudem folgendermassen: „Ich glaube, dass Coaching meistens nützt und wenn es nicht nützt, dann ist es sehr oft der Fall, dass man sich auch trennt (…) aber sehr oft nützen sie auch nichts, sehr oft noch mal ein Klarstellen der Position und man merkt man sehr schnell, dass es nicht mehr gut kommt".

Nutzen für Coachingnehmer und/ oder Vorgesetzte (6)
Ein Experte sagt: Ich bin „näher bei den Leuten, was ist das Beste für die Person (…) ich stelle mich mehr auf die Seite der Personen, um die bestmögliche Lösung zu finden". Zwei weitere Experten betonen den Nutzen der Interventionen für beide Seiten: „Sollen der Person etwas bringen, sie sollen aber auch im Sinne der Unternehmung sein", „die dem Coachee, aber letztlich auch dem Unternehmen was bringt". Bei den anderen Experten steht der Nutzen für die Unternehmung im Vordergrund: Coaching ist eine Intervention, „um die Unternehmung vorwärts zu bringen". Coaching „kostet auch etwas, das ist nicht gratis, die bezahlen uns, damit wir was machen (…) es muss wirklich was sein, wo man sagt, doch hier wollen wir investieren und dann schicken wir jemanden". Eine weitere Aussage eines Experten ist „Aber äh eigentlich die Ziele werden vom Vorgesetzten definiert, zusammen mit dem Mitarbeitenden, und dann schaut man, was ist da die geeignete Massnahme, eben kann man es selbst machen oder gibt man es extern".

Setzung realistischer Ziele (5)
Ein Experte nimmt Stellung zur Vorabklärung der Ziele: „Ich kläre dann immer mit dem Vorgesetzten, was sind denn deine Ziele, also was willst du dann, und ich merke oft, dass ist das können sie fast nicht definieren". Ein anderer Experte gibt zu bedenken: „Also dass ich eine gewisse Chance sehe schon von Anfang an dass man, da kann einen Schritt weiterkommen schlussendlich nach dieser begrenzten Zeit vom Coaching. Das muss auch gegeben sein". „Es geht grundsätzlich nicht darum in Problemen zu wühlen, sondern eigentlich geht es darum zu gucken, was ist machbar in dieser Situation", „was machbar ist und was auch ähm, ja gewünscht ist vom Unternehmen her", „es ist eben schon relevant, dass die Ziele, die man sich setzt, dann auch wirklich erreicht werden (…) und nicht nur einfach so ein bisschen Dahin-Geplänkel". Die Zielsetzungen werden also vorgängig bereits auf deren mögliche Realisierung überprüft und die gesetzten Ziele sollen auch erreicht werden können.

Lernen, Konsequenzen abzuschätzen (1)
„Und ich frage immer nach dem neuen Weg den er dann entdeckt, was für Konsequenzen das dann haben könnte. Dass er selber anfangen kann abzuschätzen, das ist ein gut gangbarer Weg, das ist nicht ein gangbarer Weg".

3. Probleme & Lösungen

Hilfe zur Selbsthilfe; Befähigung des Coachingnehmers, selbst Lösungen zu finden (26)
Der Begriff „Hilfe zur Selbsthilfe" als Umschreibung, was Coaching ist, wird insgesamt zehnmal in diesem Wortlaut genannt. Ein Experte sagt in diesem Zusammenhang: „Hm, sicher also so, das was Sie vermutlich immer hören, es ist Hilfe zur Selbsthilfe, das heisst ein Coach gibt selten, Antworten, der Coach stellt vor allem Fragen und Fragen um die Antworten selber zu finden. Und um sich selber auch besser zu entdecken, seine eigenen Themen, seine eigenen Bedürfnisse, seine eigenen Wünsche, seine eigenen Visionen, zu entwickeln, das denke ich ist Coaching. Jemand der einen begleitet, in einem Thema um für sich selber die richtigen Antworten zu finden. Möglichst in einer neutralen Art und Weise". Häufig findet sich der Begriff in einer Auflistung und wird selten genauer erläutert. Auch das vorangehende Beispiel ist eher eine Umschreibung. Der Experte vermutet zudem, dass andere Experten diesen Begriff sehr oft nennen, dass er vielleicht sogar als Schlagwort dient.
Insgesamt 16 Interviewte beziehen sich auf das Thema der Befähigung des Klienten, die Lösungen selber zu finden. „Die Antworten liegen beim Klienten", „Ermächtigen Lösungen zu finden, die sie eigentlich mit sich tragen", „Ziel ist auch, dass der Coachee irgendwo seine Potentiale stärker einsetzen kann". Ein Experte findet: [Dies ist ein] überraschender Moment, den einen gedanklich auf eine neue Schiene bringt, das hat kreativ grosses Potential". Thematisiert wird dabei oft auch die Haltung des Coachs: „Dass ich nicht das Gefühl habe ich habe die Lösung, sondern mein Gegenüber und dass ich es ihm zutraue und dass ich weiss, dass ich ihn begleiten kann, diese Ressource freizulegen, also die Sicherheit zu geben und die Stärke, dass er die Lösung eigentlich weiss. Sie nur noch nicht spürt, noch nicht gesehen hat, noch nicht sichtbar ist". Zwei Beispiele zeigen spezifischer, was Experten darunter verstehen: „Auch mit dem Ziel des Erlernens von Selbst- von Handlungskompetenz, von Problemlösungs-fähigkeiten" sowie: „Selbstwahrnehmung, Selbstvertrauen, Bewusstsein, Persön-lichkeit, Reflektionen, Wahrnehmung, sich des Verhaltens oder den Wirkungen anders bewusst werden".

Lösungsorientierung (17)
„Es geht darum eine Transformation zu machen, möglichst in einen erwünschten Lösungsraum." „Für mich ist lösungsorientiert der Ansatz, wirklich schnell von den gesuchten Ursachen herauszufinden, in was kann ich anders machen, besser machen, wo sind die Unterschiede und wie kann ich dort wirklich eine Lösung finden in dem besseren, oder in dem optimierten…". Sechs Experten nennen die Lösungsorientierung ohne nähere Erläuterung.

Fokus auf der Problemlösung (6)
„Ich gehe davon aus, dass der wirklich eine Problemstellung hat. Mein Anliegen ist dann, dass diesem Menschen so gut wie möglich geholfen wird, dass er zu dieser Problemsituation herausfindet. Der beste Weg einfach der nützlichste, und nicht unbedingt der billigste". Weitere Äusserungen dazu sind: „Auf diese Lösung hinarbeiten" oder „einer kommt und hat ein Problem und ich muss ihm helfen, das zu lösen, das ist mein Job". Ein Experte sagt, er will mit dem Klienten „die bestmöglichen Lösungen finden". Ein anderer Experte erklärt ausführlicher: „Ich schicke mein Gegenüber auf eine Entdeckungsreise, wie man die Arbeit die er erbringt, auf eine andere Art und Weise auch noch erbringen könnte. Und ich frage immer nach dem neuen Weg den er dann entdeckt, was für Konsequenzen das dann haben könnte".

Probleme und Konflikte lösen (6)
Die Experten verstehen unter Probleme und Konflikte lösen, dass man „also wirklich einmal die Analyse macht, über das Problem als solches. Und nachher in der zweiten Phase wirklich auch dann versucht, dem Problem gerecht zu werden. Was kann ich dazu beitragen, dass das Problem gelöst werden kann". Unterschieden wird dabei auch: „Ist es eine Defizitorientierung und kommt jemand in ein Coaching der Probleme hat oder ist es ein entwicklungsorientiertes Coaching".

Lösen schwieriger Situationen (4)
Vier Experten nehmen Bezug auf das Lösen von schwierigen Situationen: Coaching bezieht sich auf eine „momentane, schwierige Situation, die man lösen kann". Oder: eine „Person, die aber in irgendwelchen Problemen, belastenden Situationen steht"; eine „schwierige Führungssituation oder schwierige Arbeits-situation oder herausfordernde Arbeitssituationen, es muss ja nicht nur immer negativ sein".

Hilfe in einer Krise (2)
Coaching ist auch als Hilfe in einer Krise angezeigt, wie zwei Experten darlegen: „Das Helfen in einer Krise", in einer „schwierigen kritischen Situation" bzw. „wenn es drückt, irgendwann ist das Leiden gross genug, dass man reagiert" und Hilfe in Anspruch nimmt.

4. Entwicklung & Förderung

im Dienst persönlicher Entwicklung und Veränderung (11)
In sechs Interviews wird Persönlichkeitsentwicklung thematisiert. Auf die Frage, ob Coaching Aspekte der Persönlichkeitsentwicklung beinhalten kann, bejaht ein Experte und führt aus: „Ich setze die einfach nicht zuoberst, weil dafür reicht die Zeit nicht, wir können die Persönlichkeit nicht in vier Monaten entwickeln, aber er kann eine Variabilität entwickeln" und ein weiterer Experte meint: „Im Verlaufe eines

solchen Coaching-Prozesses ergeben sich irgendwo Richtungs-änderungen, Persönlichkeitsveränderungen". Coaching „kann für eine persönliche Entwicklung sein". „Manchmal kann durch eine Frage etwas ausgelöst werden, was eine ziemlich nachhaltige Wirkung hat. Und dieser überraschende Moment bringt einen dann gedanklich auf eine neue Schiene". Coaching kann dazu dienen: „Letztlich jemanden auch weiter zu bringen" oder wie ein anderer Experte darlegt: „Mit einem Coaching hat jemand vielleicht nochmals die Möglichkeit etwas zu lernen, etwas zu verändern".

(Personal-)Entwicklungs-Massnahme (9)
Die beiden Begriffe Entwicklungsmassnahme und Personalentwicklungsmassnahme wurden in den Interviews vielfältig verwendet. Coaching ist eine „Lern- und Entwicklungsmethodik", eine „gezielte Entwicklungsmassnahme", eine „individuelle massgeschneiderte Entwicklungsmassnahme", soll die „Selbstreflexion weiterentwickeln", kann aus „Entwicklungsprogrammen heraus ein Coaching" nach sich ziehen. „Coaching wird als Personalentwicklungsmassnahme eingesetzt".

Fördern/ Förderung der Selbstverantwortung (8)
In zwei Interviews wird allgemein thematisiert, dass Coaching Förderung bedeutet: Eine „individualisierte Förderungsmassnahme" bzw. „es hat für mich mit Förderung zu tun". Ein Experte hat dies im Interview insgesamt vier Mal erwähnt und es scheint für ihn eine besondere Wichtigkeit zu haben. Spezifischer wird auf das Thema Förderung im Zusammenhang mit Selbstverantwortung eingegangen: „Förderung der Selbstverantwortung", „denn ich möchte die Selbstermächtigung erreichen, für die Person, die zu mir kommt" und „der Person helfen, Verantwortung zu übernehmen". Die beiden eher allgemeinen Aussagen „Selbstermächtigung" und „Verantwortung" wurden der Codierung Förderung der Selbstverantwortung zugeteilt. Beide Aussagen beinhalten mit „helfen" und „erreichen" einen Anspruch an die Rolle des Coachs selber, indem die Förderung durch die Intervention des Coachs erfolgt.

Wachstum fördern (7)
„Nicht nur da jemanden ein wenig aus dem Sumpf herausziehen, sondern jemand der wirklich da schon auf der Hundert-Meter-Bahn startet, noch sagen, jetzt nimmst du noch ein bisschen Isostar, jetzt, und dort vorne ist das Ziel". Weitere Beispiele sind: „An einer sehr guten Leistung, die ich da schon habe oder, oder an einer sehr guten Situation und ich möchte vielleicht dort noch etwas mehr draufsetzen", „jemanden an die Hand geben, damit er wachsen kann", „herausfordernde Arbeitssituationen, es muss ja nicht nur immer negativ sein". Der Begriff Wachstum ist bei den Expertenaussagen eher in Umschreibungen zu finden, als in direkten Nennungen.

Potential entwickeln (5)
In fünf Interviews erwähnen die Experten, dass es beim Coaching auch um Potentialentwicklung gehen kann. „Einer Person zu helfen, ihr Potential zu erkennen und Verantwortung übernehmen, aus diesem Potential etwas zu machen". „Das Potential erkennen in sich und das irgendwo hervorbringen, also Talente und Stärken in den Vordergrund zu bringen ist nochmals ein Grund wo ich finde, ist in einem Coaching wichtig".

Leistung optimieren (4)
Die Leistungsoptimierung wurde insgesamt viermal codiert, allerdings betrifft sie nur ein einziges Interview. Diesem Experten ist dieser Bezug zur Leistung sehr wichtig zu sein: „Es geht um eine Leistungsoptimierung". Es wird im Interview nicht näher darauf eingegangen, wie dies in der Praxis konkret aussieht.

nicht (nur) defizitär (3)
In Bezug auf den Defizitansatz sind die Experten unterschiedlicher Meinung: „Coaching muss nicht unbedingt einen Misszustand haben" oder. das ist „ein Widerspruch in sich, wenn ich Coaching als eine Form von Defizitbehebung ansehe, also das ist, genau nicht der Ansatz von Coaching". Hingegen antwortet ein anderer Experte auf die Frage, ob die Ursachen für die Teilnahme an einem Coaching eher persönlicher oder struktureller Art sind: „Es gibt natürlich immer beides" und nimmt bezüglich persönlicher Ursachen wie folgt Stellung: Es „muss ja jemand das Einsehen haben, dass er ein Defizit hat und muss auch die Bereitschaft haben dort etwas zu verändern".

5. Beratung als Oberbegriff

ist ein Begleiten und Unterstützen (15)
Relativ häufig wird in den Interviews Coaching mit „Begleiten" und „Unterstützen" umschrieben: „Systematisch unterstützen", „unterstützen eine gute Arbeit zu machen", „dass ich jemanden unterstütze, betreue, berate", „Begleitung in komplexen Fragestellungen", einen „Coach zur Seite stellen … der sie begleitet".

Beratung (9)
Coaching wird bezeichnet als ein „temporäres Angebot von Beratung" oder eine „rollen- und aufgabenbezogene Beratung". Ein Experte sagt in diesem Zusammenhang: „man kann es als Beratung bezeichnen oder als Coaching, ich unterscheide das noch ein wenig". Drei Experten grenzen sich klar von diesem Begriff ab: „Er darf auf keinen Fall beraten. Und ich meine mit Beraterhaltung so die Unternehmensberaterhaltung" oder: „wenn ich coache, dann berate ich ja nicht". Viele Expertenaussagen können in dem Sinne verstanden werden, dass Coaching ein spezifi-

sches Angebot von Beratung ist. Die Aussagen zur Abgrenzung beziehen sich zumeist auf die Interventionen und das Vorgehen des Coachs, der keine Tipps oder
Ratschläge geben soll.

nicht direktiv (8)
Wie auch schon im Zusammenhang mit „Beratung" zeigen die Aussagen ein variab-
les Bild in Bezug auf die Aussage, Coaching sei nicht direktiv. Etwas mehr wie die
Hälfte der Experten ist sich einig: „Coaching ist nicht direktiv": „ich verstehe nicht
darunter, dass ich den Leuten sage, was sie zu tun haben", „und es geht nicht darum einer Person zu sagen tun sie dies oder tun sie das, sondern rausfinden, was ist
jetzt im Moment für die Person möglich". In Abgrenzung dazu sagt ein Experte,
dass er manchmal, wenn auch ungern, ein direktives Vorgehen wählt, aber „wenn es
irgendwie geht, lasse ich die Leute entwickeln". Ein weiteres Beispiel zeigt dies noch
genauer: „Kommt darauf an, welche Methode man anwendet, wie direktiv man
vorgeht. Also für mich gibt es eben auch die Option von einem sehr direktiven
Coaching, ich mache es nicht gerne und nicht häufig, aber es ist manchmal angezeigt. Widerspricht jedem Coaching Lehrbuch, aber na ja ähm, die Praxis zeigt halt,
dass es manchmal auch sinnvoll ist, relativ deutlich eben, zu beratschlagen böse
gesagt … aber wenn es angezeigt ist und Sinn macht, kann es einen Prozess be-
schleunigen". Die beiden Experten, die manchmal ein direktives Vorgehen einsetzen, tun dies widerwillig.

nicht Tipps geben (6)
Die folgenden drei Stellungnahmen der Experten zeigen, dass die Einstellung zu
„Tipps geben" in der Praxis unterschiedlich gehandhabt wird. Der eine stellt dem
Klient ausschliesslich Fragen, beim zweiten Beispiel versucht der Experte möglichst
wenige Empfehlungen abzugeben und der dritte Experte setzt seinen persönlichen
Erfahrungsschatz ein: „Also Coaching, da gebe ich überhaupt keine Lösung, keinen
Rat und nichts, sondern da gebe ich überhaupt nichts mit auf den Weg, sondern ich
stelle nur die Fragen". „Ich versuche sowieso, so wenig wie möglich zu empfehlen
im Rahmen eines Coaching, wenn möglich gar nichts". „Ich verlasse z.T. die reine
Coaching-Haltung, also nur noch mit Fragen und Entdecken, ich bin auch durchaus
bereit mal von mir aus auch zu erzählen, wie ich das vielleicht einmal gemacht habe
und wo ich dann angestanden bin, also aus meiner persönlichen Erfahrung profitieren konnte. Ich bin auch durchaus bereit mal Tipps und Tricks abzugeben, Ratschläge zu verteilen, oder. Ich glaube, das hilft meinem Gegenüber möglicherweise
schneller, als wenn ich ihn permanent mit Fragen plage".

Tabellenverzeichnis

Abbildungsverzeichnis

Beratung – Supervision – Coaching

Falko von Ameln / Josef Kramer /
Heike Stark

Organisationsberatung beobachtet

Hidden Agendas und Blinde Flecke
2009. 344 S. Br. EUR 34,90
ISBN 978-3-531-15893-8

Das Buch beschreibt latente Funktionen und Hidden Agendas, die Beratungsprozesse entscheidend prägen und im Beratungsalltag viel zu wenig Beachtung finden. Eine wichtige Orientierungshilfe für Berater, Entscheider in Organisationen oder von Veränderungsprozessen Betroffene.

Astrid Schreyögg

Coaching für die neu ernannte Führungskraft

2008. 284 S. mit 5 Abb. u. 2 Tab.
(Coaching und Supervision) Br. EUR 49,90
ISBN 978-3-531-15876-1

In diesem Buch widmet sich die Autorin einem Anlass, der im Arbeitsleben jeder Führungskraft mindestens einmal eine Rolle spielt: dem Wechsel in eine neue Führungsposition. Das Buch liefert wissenschaftliche Grundlagen, konzeptionelles und methodisches Rüstzeug sowie handfeste Praxisanweisungen.

Bernd Birgmeier (Hrsg.)

Coachingwissen

Denn sie wissen nicht, was sie tun?
2009. 420 S. Br. ca. EUR 39,90
ISBN 978-3-531-16306-2

Das Buch stellt die Frage nach der aktuellen Wissensbasis und theoretischen Grundlage, auf der die Arbeit von Coachs basiert. Warum und wann ist Coaching erfolgreich? Mit welcher Begründung werden gewisse Methoden und Techniken eingesetzt? Welche Grundlagendisziplinen spielen im Coaching eine Rolle, auf welche Wissensbestände wird zurückgegriffen? Führende Coaching-Experten aus Deutschland, Österreich und der Schweiz nehmen Stellung zur theoretischen und wissenschaftlichen Grundlegung von Coaching.

Doris Ostermann

Gesundheitscoaching

2009. ca. 300 S. (Integrative Modelle in Psychotherapie, Supervision und Beratung) Br. ca. EUR 34,90
ISBN 978-3-531-16694-0

Das Buch liefert eine umfassende Einführung in das Gesundheitscoaching. Besondere Aufmerksamkeit liegt dabei auf dem Integrativen Gesundheitscoaching, welches sowohl in der Theorie als auch in der praktischen Anwendung ausführlich dargestellt wird.

Erhältlich im Buchhandel oder beim Verlag.
Änderungen vorbehalten. Stand: Juli 2009.

www.vs-verlag.de

VS VERLAG FÜR SOZIALWISSENSCHAFTEN

Abraham-Lincoln-Straße 46
65189 Wiesbaden
Tel. 0611.7878-722
Fax 0611.7878-400